审计学原理与实务

贺鸣 田真 主编
吴川惠 王昭 副主编

PRINCIPLES AND PRACTICE OF AUDITING

普通高等院校经管系列『十四五』规划教材·数字化财税应用系列

立信会计出版社
LIXIN ACCOUNTING PUBLISHING HOUSE

图书在版编目(CIP)数据

审计学原理与实务 / 贺鸣,田真主编. —上海 :
立信会计出版社,2023.8
ISBN 978-7-5429-7283-5

Ⅰ. ①审… Ⅱ. ①贺… ②田… Ⅲ. ①审计学—高等
学校—教材 Ⅳ. ①F239.0

中国国家版本馆 CIP 数据核字(2023)第 144888 号

策划编辑 张巧玲
责任编辑 张巧玲
助理编辑 窦乔伊
美术编辑 吴博闻

审计学原理与实务
SHENJIXUE YUANLI YU SHIWU

出版发行	立信会计出版社		
地　　址	上海市中山西路 2230 号	邮政编码	200235
电　　话	(021)64411389	传　　真	(021)64411325
网　　址	www.lixinaph.com	电子邮箱	lixinaph2019@126.com
网上书店	http://lixin.jd.com		http://lxkjcbs.tmall.com
经　　销	各地新华书店		

印　　刷	常熟市人民印刷有限公司	
开　　本	787 毫米×1092 毫米	1/16
印　　张	17	
字　　数	435 千字	
版　　次	2023 年 8 月第 1 版	
印　　次	2023 年 8 月第 1 次	
书　　号	ISBN 978-7-5429-7283-5/F	
定　　价	49.00 元	

普通高等院校经管系列“十四五”规划教材 · 数字化财税应用系列

编审委员会

总 序

“教材建设是事关未来的战略工程、基础工程，教材体现国家意志”。近年来，由新业务、新变化、新需求拉动企业会计准则及其应用指南、管理会计及其应用指引等的不断推陈出新，以及财务机器人、大数据、区块链、人工智能等新技术及其应用加速涌现，让广大财务、会计、税务、审计理论研究和实际工作者及学生眼花缭乱。大智移云物区时代，企业与经济发展对会计、审计和财务管理的人才要求越来越高，具备大数据思维和信息素养的财、税、审专业人才越来越受到企业欢迎。因此，进一步深化会计、审计、财务管理、税务教育改革，培养满足新时代需求的高素质会计、审计、财务管理、税务的人才，是当前我国高等学校教育的紧迫任务。我们一直努力探索会计学专业和财务管理专业的教育改革，尤其是教材改革。

从2018年起，伴随财务管理、会计学两个一流专业建设，我们启动了相关专业课程体系重构，以及相应启动“普通高等院校经管系列‘十四五’规划教材·数字化财税应用系列”的建设工作。教材编审委员会审定通过并确定的课程教材体系由特色课程教材、实务实践课程教材、信息化专业课程教材三个模块构成。特色课程教材包括《公司财务》《税法》《成本与管理会计》《战略管理会计》四种；实务实践课程教材包括《审计学原理与实务》《内部控制实务》《信息化财务管理实务》三种；信息化专业课程教材包括《管理信息系统教程》《业财一体化教程》《财务数据处理技术——基于PowerBuilder》《智能财务共享理论与实践》《区块链会计》《大数据财税》《大数据审计(智能审计)》《智能财务报表分析》八种。这套系列教材从2020年起陆续由立信会计出版社出版发行。

在此次教材建设中，我们继续坚持教材建设“关注前沿与技术、理论与实务并重、兼容并蓄、务实创新”的原则，关注会计工作的本质及其发展变化规律，基于人才培养创新的视角，以企业“业财资税审数字化转型”实际需求为基础，结合行业认知、企业运营、信息化技术等进行教材内容设计。本系列教材具有“科学性、先进性、实用性和易教易学性”四个特点：一是系统论述会计学科、审计学科和财务管理学科的基本知识、理论和技能，全面反映我国经济改革以及会计、审计、财务管理改革和研究的最新成果，体现教材的科学性。二是立足现实，面向未来，结合信息化技术，体现教材的先进性。三是既与国际趋同，又与中国实际相结合，体现教材的实用性。四是充分尊重教学规律的要求，体现教材的易教易学性。

需要特别说明的是，自2021年起新出版的“普通高等院校经管系列‘十四五’规划教材·数字化财税应用系列”，持续得到了立信会计出版社以及许多兄弟院校和广大读者的热情支持与帮助，在此一并表示衷心的感谢！同时，我们也真诚地希望会计界、审计界、财务界的专家、学者和广大读者，对本系列教材提出宝贵的意见和建议，以便再版时修订和完善。

编审委员会

2023年6月

前言

本书根据中国注册会计师协会最新发布的《中国注册会计师执业准则应用指南》及财政部于2018年修订的《企业会计准则》等法规提出的新要求，结合《中华人民共和国审计法》《中华人民共和国公司法》《中华人民共和国证券法》和相关法律法规的规定，对审计的理论及方法展开深入研究编写而成。

本书是审计学原理教科书，在各章的编写过程中通过导入案例来阐释理论，提起学生学习审计的兴趣以及增强他们对理论知识的理解。本书实务部分使用形象而生动的图表示例。本书内容丰富，以注册会计师审计为主线，注重审计理论和实践的结合，体现了风险导向审计的理论及方法。

在本书的编写过程中，我们力求突出以下特点。

1. 逻辑性强

本书在结构上，以审计理论为先导，先理论后应用，根据审计学的内在逻辑规律和学生的认知规律安排章节结构，全面系统地阐述了审计学原理与实务。

2. 实践性高

本书在实务部分把企业的生产经营活动分为若干循环，按照业务发生的顺序分别对各循环进行审计，并在各循环审计中嵌入审计工作底稿的内容，使理论知识具有高度实践性。通过本书学习，学生不仅能够掌握审计的基本理论、基本方法，还能够具备审计实务工作的思维和技能。

3. 前沿性强

随着外部环境的改变，审计的环境和审计的客体都发生了深刻的变化，审计的技术、方法及模式也随之变革。本书在第一章较为系统地阐述了数据时代审计发展的趋势，帮助学生透视未来审计的变革。

4. 价值引领

本书以党的二十大精神为指引，把握新时代新征程审计工作的定位，力求培养学生树立法治观念、依法忠实履行审计监督职责、具备较强的工作责任心和良好的职业道德，以及勇于创新的科学品质。

本书由西安欧亚学院审计课程中心教师共同编写而成，由贺鸣和田真担任主编，由吴川惠和王昭担任副主编。各章撰写分工如下：贺鸣、王昭编写第一章、第八章；田真编写第三章、第四章、第七章、第十章、第十一章；田真、罗少康编写第二章、第九章；何斯佳编写第五章;吴川惠编写第六章、第十二章、第十三章;贺鸣、张蕾编写第十四章。此外,田真和贺鸣参加了前言、第一章至第十四章的讨论、编写和修订等工作。

本书适用于高等院校会计学、审计学等专业本科生。

编者

2023 年 6 月

目 录

第一章 审计概述

教学目标

➢ 知识目标

1. 理解审计产生的四种假说(监督论、信息传递理论、信息系统理论、保险论)。
2. 了解国内外民间审计的发展历程。
3. 理解审计产生的根本原因。
4. 了解政府审计、民间审计与内部审计的分类。
5. 了解审计技术的演进与发展趋势。

➢ 能力目标

1. 掌握审计的定义。
2. 能够辨别审计业务、审阅业务、其他鉴证业务和相关服务。
3. 掌握政府审计、民间审计与内部审计的区别。

➢ 素养目标

明确审计在国家治理中地位和作用,激发学生服务于国家治理的情怀和担当。

导入案例

"安然式"丑闻再现,Luckin 公司不 Lucky

2017 年 10 月,瑞幸咖啡在银河 SOHO 开办第一家门店,由此正式拉开了瑞幸咖啡发展的序幕。2018 年瑞幸咖啡开始进军国内市场,并于当年年初就已经陆续在北京、上海等 13 个城市开始试营业,截至 2018 年年底,瑞幸咖啡在全国开设的门店数量已达 2 013 家,地域覆盖 22 个城市。2019 年伊始,瑞幸咖啡作出了重大决定,计划在全国范围内新增近 2 500 家门店。如此,其门店总数将超过 4 500 家,这样一来,瑞幸将从门店数量和杯量上都超越星巴克。2019 年 5 月,瑞幸咖啡在完成两次大规模融资后在美国纳斯达克证券交易所挂牌上市。上市之初,华尔街对于瑞幸的发展前景一直非常看好,摩根士丹利称瑞幸的股票"质量好、价格实惠",KeyBanc Capital Markets 也曾表示瑞幸在中国的机遇是"全球最大的零售增长机遇之一"。然而在 2020 年 4 月 2 日,瑞幸咖啡因虚假交易额高达 22 亿元人民币，其盘前暴跌 85%。2020 年 4 月 3 日，中国证监会高度关注瑞幸咖啡财务造假事件。

在“谎言”自行揭开之前，其实也并非完全没有征兆。在 2020 年年初，做空机构“浑水”就收到了一份关于瑞幸咖啡的匿名报告，报告中对瑞幸咖啡 2019 年第三季度的财务数据和运营数据都提出了严重的质疑。虽然历经一波三折，但最后美国多家律师事务所还是因为其可能作出虚假或误导性陈述而对瑞幸咖啡提起了集体诉讼。国家市场监督管理总局及上海、北京市场监管部门，对瑞幸咖啡等 45 家关联涉案公司作出行政处罚决定，处罚金额共计 6 100 万元。

资料来源：根据 MBA 智库、腾讯新闻资料整理编写。

思考：上述案例中，请简要描述审计是否发挥了重要作用。结合案例并查找资料，简述现代审计于何时形成。瑞幸咖啡应当如何进行改进？

第一节　审计的起源与发展

社会的发展和科技的进步带来的是市场经济的高速发展，与此同时产生的经济关系也在不断变化，而审计作为一种经济监督机制，其审计对象也随之发生着变化，审计在经济发展中的重要性日益凸显。了解审计的起源与发展，研究审计产生和发展的动因，可以揭示出审计的价值及意义。

一、我国审计的起源与发展

我国审计经历了很漫长的发展过程，按照时间序列分为了六个阶段：①西周时期是我国审计的初步形成阶段；②秦汉时期是我国审计的基本确立阶段；③隋唐宋时期是我国审计走向逐步健全的阶段；④元明清时期是我国审计的停滞不前阶段；⑤民国时期是我国审计的不断演进阶段；⑥中华人民共和国成立后是我国审计的发展振兴阶段。

（一）初步形成阶段：西周时期

我国审计的产生可以追溯到西周时期（公元前 1046 年—公元前 771 年），根据《周礼》记载，西周在天子之下设立天、地、春、夏、秋、冬六卿，冢宰为六卿之首，相当于后世王朝的宰相一职。西周的财计机构由掌管财政收入的“地官司徒”系统及负责财务支出的“天官冢宰”系统组成。在“天官冢宰”系统中，天官所属的中大夫司会，为主官之长，负责西周王朝财政经济的审核和监督，其中宰夫一职是隶属于“天官冢宰”系统，但独立于财计机构之外的官职。

（二）基本确立阶段：秦汉时期

秦汉时期是我国审计与会计由合一逐渐分离走向独立的阶段，也是我国审计的基本确立阶段。在秦汉时期，我国审计的主要特点有以下三个方面：一是初步形成了统一的审计模式，即全国审计机构与监察机构相结合，经济法制与审计监督制度相统一。例如，国家设立“三公”“九卿”来辅佐政务，御史大夫作为“三公”之一，拥有弹劾、纠察之权，专司监察全国的民政、财政以及财务审计事项。汉承秦制，西汉初中央仍设立“三公”“九卿”，御史大夫拥有监督审计之权。二是“上计”制度趋于完善。“上计”是指皇帝亲自参与听取并审核各地方官吏的财政财务报告,以决定赏罚的制度。该制度始于周朝,趋于完善于秦汉时期。三是审计地位提高,职权扩大。御史大夫既有军事监察之权,又有经济监督之权,可以控制和监督财政收支活动。

(三) 逐步健全阶段:隋唐宋时期

隋唐时期是我国封建社会的鼎盛时期,宋朝是我国封建社会经济的持续发展时期。随着中央集权的不断加强,审计在制度体系方面也逐步健全起来。隋朝开创了一代新制,设置了比部,隶属于都官或刑部,掌管国家财计监督权,行使国家审计职权。唐朝实行三省六部制,彼时比部虽隶属于刑部,但独立于财计机构。比部的出现标志着我国政府审计有了专设的独立机构,比部的权力一直延伸到下设的州、县。由此可见,唐代的比部审计范围更广、审计项目更多,而且具有较高的独立性和较强的权威性。宋朝时期,宋太宗淳化三年(公元 992 年)设置了“审计司(院)”,这也是我国审计机构的正式命名,从此,“审计”一词便成为我国财政监督的专用名词,对后世中外审计建制具有深远的影响。

(四) 停滞不前阶段:元明清时期

元明清时期是我国审计的停滞不前阶段。元代取消了比部,户部兼管会计报告的审核工作,独立的审计机构即告消亡。明初虽设比部,但不久即取消。明代均未设立独立的审计机构,洪武十五年(1382 年)设置都察院,以左右督察御史为长官,审查中央财计。清承明制,设置都察院,执掌“对君主进行规谏,对政务进行评价,对大小官吏进行纠弹”,成为当时国家最高的监察、监督、弹劾建议的机构。由于取消了比部这样独立的审计机构,与唐代行使司法审计监督职能的比部相比,元明清时期的审计职能受到了严重削弱。

(五) 不断演进阶段:民国时期

辛亥革命以后,中华民国成立,由此我国审计进入了一个新的发展时期。北洋政府于 1912 年在“行政院”下设审计处,并于 1914 年将其改为审计院,同年颁布了《民三审计法》。根据孙中山先生五权分立的理论,下设司法、立法、行政、考试、监察五院,审计院由监察院负责,各省(市)设立审计处,若无法按照行政区域划分,则按实际需要设立审计办事处,分别对中央及地方行政机关以及单位的财政财务收支进行审计。1918 年,北洋政府农商部颁布了《会计师暂行章程》,标志着我国民间审计的诞生,同年年底谢霖创办的正则会计师事务所成为我国第一家会计师事务所。1925 年 3 月,我国最早的民间审计职业组织——上海会计师公会成立。立信会计师事务所由我国会计泰斗潘序伦先生于 1927 年在上海创建,是我国最早建立和最有影响的会计师事务所之一。

(六) 发展振兴阶段:中华人民共和国成立后

中华人民共和国成立初期,我国没有建立独立专职的审计机构。我国以财政、银行、税务等主管部门通过不定期的会计检查进行财政经济监督,并赋予会计人员会计监督权。但是,随着我国经济的不断发展,这种没有专门的审计监督制度的局限性明显显露出来。为了适应经济发展的需要,1982 年 12 月 4 日第五届全国人民代表大会第五次会议发布的《中华人民共和国宪法》中明确规定实行审计监督制度,从宪法的高度确定了审计的特殊地位。据此,我国在改革开放后各项审计工作走向了新的发展与振兴道路。目前,我国已经形成了政府审计、民间审计和内部审计三位一体的审计监督体系,它们各自在不同的领域实施审计监督,相互联系、相互依存、相互促进地发挥各自的职能,共同促进了我国审计制度和工作的振兴与发展。

2002年5月,中国内部审计学会更名为中国内部审计协会。2003年5月1日,审计署颁布并实施《审计署关于内部审计工作的规定》。2003—2005年,中国内部审计协会陆续颁布并实施了《内部审计基本准则》《内部审计具体准则》《内部审计实务指南》等,规范了内审工作,内部审计在我国迅速发展。2006年2月,中国注册会计师协会拟订了《中国注册会计师鉴证业务基本准则》等22项准则,修订了《中国注册会计师审计准则第1142号——财务报表审计中对法律法规的考虑》等26项准则,并自2007年1月1日起施行。这标志着适应我国市场经济发展要求,与国际惯例趋同的注册会计师审计准则体系正式建立。此外,在第十届全国人民代表大会常务委员会第二十次会议上颁布了《中华人民共和国审计法》(2006年修订)(以下简称《审计法》),对1995年施行的《审计法》作出了大量修改,自2006年6月1日起施行。审计署在2008年制定了《审计署2008年至2012年审计发展规划》。

2010年2月2日,国务院第100次常务会议通过了《中华人民共和国审计法实施条例》,并于2010年5月1日起实施。2010年10月31日,中国注册会计师协会通过了修订后的《中国注册会计师审计准则第1101号——注册会计师的总体目标和审计工作的基本要求》等38项准则,于2010年11月1日由财政部正式发布,自2012年1月1日起施行。在《审计署2008年至2012年审计发展规划》的基础上,审计署于2011年制定了《审计署"十二五"审计工作发展规划》。为了适应内部审计的最新发展,更好地发挥内部审计准则在规范内部审计行为、提升内部审计质量方面的作用,2013年8月,中国内部审计协会发布关于《中国内部审计准则》的公告,对自2003年以来发布的内部审计准则进行了全面和系统的修订,并于2014年1月1日实施。至此,内部审计已成为我国审计体系的一个重要组成部分。2016年6月,审计署发布了《"十三五"国家审计工作发展规划》,这是我国第一个全国性的国家审计工作的五年规划,该规划对"十三五"时期全国审计工作的目标、任务和措施作出了安排部署。

二、西方审计的起源与发展

随着经济和技术的发展,西方国家的审计也经历了一个漫长的发展过程,政府审计的产生早于民间审计和内部审计。

(一)西方政府审计的起源与发展

早在奴隶制度下的古罗马、古埃及和古希腊时期,已经有官厅审计机构的存在。相关的审计人员负责监督监察工作,通过"听证"的方式对掌管国家财物和税赋的官吏进行考核。在历代的封建王朝中,也设有对国家的财政收支进行监督和检查的机构和人员,但因当时经济发展的限制,这些机构和人员不管是从机构组织还是方法上,都处于不完善的阶段。

随着经济的发展和资产阶级国家政权组织形式的完善,政府审计也在稳步发展。在现代资本主义国家,大多实行的是立法、行政、司法三权分立,议会为国家的最高立法机关,并对政府行使包括财政监督在内的监督权。目前,全球已经有160多个国家(地区)建立了适合自己国情的政府审计模式。例如,美国于1912年成立的总审计局就是隶属于国会的一个独立经济监督机构,负责为国会行使立法权和监督权,以及提供信息和建议。

(二)西方民间审计的起源与发展

伴随着商品经济的发展,西方民间审计起源于意大利的合伙企业,形成于产业革命后的英国，发展和完善于美国发达的资本市场。16世纪末期，地中海出现了为筹集资金而进行贸易活动的合伙经营方式，这样就意味着财产的所有权与经营权相分离，这便有了民间审计的萌芽。1581年，威尼斯会计协会成立，这是世界上第一个会计职业团体。1720年，英国的“南海泡沫事件”是注册会计师审计产生的“催产剂”，它促成了独立会计师、注册会计师的诞生。1720年，查尔斯·斯内尔受托对南海公司破产案进行审查，并编制了一份审计报告书，从此，审计正式走向了民间审计，查尔斯·斯内尔成为世界上第一位社会审计人员。英国议会于1844年颁布的《公司法》规定股份公司必须设监察人，负责审查公司账目。1845年，由英国议会修订的《公司法》规定，股份公司可以聘请执业会计师协助办理此项业务，这一规定无疑对民间审计的发展起推动作用。1853年，爱丁堡会计师协会成立，这是世界上第一个注册会计师团体。1917年，美国公共会计师协会(1957年更名为美国注册公共会计师协会)编制了“关于资产负债表的备忘录”，从而开创了信用审计的时代。

20世纪40年代后，民间审计逐步走向国际化，国际会计公司出现了“八大”，到20世纪80年代合并成了“六大”，之后又发展成为“五大”，直到现在被普遍接受的“四大”。这些会计师事务所包括普华永道、毕马威、德勤、安永等，它们有统一的工作程序和质量标准，能够适应不同国家及地区的业务环境。此时注册会计师业务也扩展到了代理纳税、代理记账、咨询服务等，在国际经济活动中起到了重要的作用。

(三) 西方内部审计的起源与发展

内部审计活动的萌芽可以追溯到古代，它是随着受托经济责任关系的建立而产生的。当人类进入奴隶社会以后，私有制开始出现，财产的所有权与经营权出现了分离，财产的所有者往往会委派自己信任的人作为第三者受托进行经济监督。这一时期西方出现了宫廷审计、寺院审计、行会审计、银行审计和庄园审计等内部审计形式，但是早期的内部审计由于主要还是以查错防弊为主，审查单位内部承担经济责任者的诚实性，其与外部审计在原则上并无差异。

20世纪40年代到70年代属于现代企业内部审计发展的初期，其中财务审计居于主要地位。第二次世界大战后，资本主义经济得到了空前发展，竞争更加激烈，企业管理者对于降低成本、提高经济效益的要求也更加迫切，这种新的发展使企业管理者和外部审计人员对内部审计更加关注，也促进了内部审计的发展。1941年，在北美公司内部审计负责人约翰·瑟斯顿的领导下，成立了内部审计师协会(The Institute of Internal Auditors, IIA)，它是目前世界上唯一致力于推动内部审计发展的国际性组织，该组织的成立标志着内部审计已经成为一门独立的职业。20世纪70年代后，新兴审计项目发展起来，逐步取代了财务审计的主导地位，企业内部审计受到了前所未有的重视，内部审计机构隶属于企业最高权力机构，向总经理、董事长及审计委员会汇报工作并负责。内部审计人员不仅要掌握会计、审计、内控方面的知识，还要懂得企业管理的基本知识和方法。

三、审计起源和发展的动因

从上述我国与西方国家审计起源和发展的历史可以看出，财产所有者与经营者之间形成的受托经济责任关系，是审计存在的客观基础。

(一) 受托经济责任关系是审计起源的基础

从审计行为的萌芽到政府审计、内部审计、外部审计的“三足鼎立”，都同财产所有权与经营管理权相分离而产生的受托经济责任关系有关。审计是一种经济监督活动，是社会生产力发展到一定阶段的必然产物，是为了满足社会需要而产生和发展的。而这种社会需要就是审计产生的客观经济基础，即责任委托人与受托责任人之间存在的受托责任关系。在两权分离下，财产所有者将财产的经营、管理、使用权委托给他人，形成了委托和受托关系的经济责任关系，即受托经济责任关系。在这种关系下，财产所有者将其财产委托其他人代管或者经营，财产所有者为了维护自身权益，客观上需要了解受托方执行的经营管理情况，这就产生了对审计的需要。审计因受托经济责任而产生和发展，受托经济责任关系内涵的丰富和范围的扩大，不仅促进了政府审计、民间审计和内部审计的全面发展，而且加速了审计目的、审计特征、审计体系、审计内容、审计方法和审计规范方面的变化，促进了现代审计的形成。

（二）监督经济发展效果是审计发展的动力

人类社会在生产活动中，力求以较少的劳动消耗和劳动占用取得最大的劳动成果，以不断提高经营效率和经济效果，这是社会进步和发展的客观要求。审计作为独立的经济监督活动，通过对企业内部控制系统和经济活动客观、公正的评价，可以为经营管理者提供正确且有用的资料和审计结论。由于审计所处的独立的第三者地位，其一般不带有任何偏见，审计结论容易被社会各阶层所接受，能作为评价一个部门或单位财务状况和经营成果的依据。审计的目的不仅在于审查账目和财务报表，而且包括评价企业的生产经营管理，并及时提出积极、合理的建议，如哪些环节和步骤存在不合理的开支，哪些制度不适应生产经营的发展，增加企业收入的途径有哪些，怎样改善企业的生产经营管理等。事前审计、经营审计、管理审计、经济审计、效率审计和效果审计都是适应上述需要而发展起来的审计种类和方式。

（三）科学技术为审计发展提供手段和方法

科学技术的逐步发展、计算机方法的持续运用，加速了审计的发展和更新。同时，审计人员在审计过程中，运用系统论、信息论、控制论等原理对审计事项进行总体的全面验证和综合分析，使审计结论朝着更加精确、可靠和卓有成效的方向发展。计算机应用于管理和会计系统，使审计的对象发生了重大变化。随着信息技术在社会经济生活中的广泛运用，信息安全审计和非现场审计也应运而生；随着大数据、云计算、区块链、人工智能等技术的发展，先进科学技术在审计中的应用前景十分广阔，互联网审计、大数据审计、云审计、区块链自主审计、智能审计等新审计模式得到运用。

第二节/审计的定义及分类

一、审计的定义

财务报表审计是注册会计师的传统核心业务。财务报表审计是指注册会计师对财务报表是否不存在重大错报提供合理保证，以积极方式提出意见，增强除管理层之外的预期使用者对财务报表信赖的程度。

上述审计的定义可以从以下几个方面理解：一是审计的用户是财务报表的预期使用者，即审计可以用来有效满足财务报表预期使用者的需求。二是审计的目的是改善财务报表的质量或内涵，增强预期使用者对财务报表的信赖程度，即以合理保证的方式提高财务报表的可信度，但不涉及如何利用信息而提供建议。三是合理保证是一种高水平保证。当注册会计师获取充分、适当的审计证据将审计风险降至可接受的低水平时，就获取了合理保证。审计存在固有限制，注册会计师据以得出结论和形成审计意见的大多数审计证据是说服性而非结论性的，因此，审计只能提供合理保证，不能提供绝对保证。四是审计的基础是独立性和专业性。审计通常由具备专业胜任能力和独立性的注册会计师来执行，注册会计师应当独立于被审计单位和预期使用者。五是审计的最终产品是审计报告。注册会计师针对财务报表是否在所有重大方面按照财务报表编制基础编制并实现公允反映发表审计意见，并以审计报告的形式予以传达。

二、审计的分类

（一）按审计主体分类

按审计主体分类，审计可分为政府审计、内部审计和民间审计。

政府审计也称国家审计，是由国家审计机关依法独立检查被审计单位的会计凭证、会计账簿、财务会计报告以及其他与财政收支、财务收支有关的资料和资产，监督财政收支、财务收支真实、合法和效益的行为。政府审计的特殊之处体现在它具有强制性，其具体审计内容主要包括政府财政收支审计、政府绩效审计和国有企业财务审计。

内部审计是一种独立、客观的确认和咨询活动，它通过采取系统和规范的方法，审查和评价组织的业务活动、内部控制和风险管理的适当性和有效性，以促进组织完善治理、增加价值和实现目标。内部审计实际上属于内部管理制度的一部分，它主要服务于组织的最高管理当局并向其报告。大型企业或其他经济组织一般都设立内部审计机构，其中内部审计机构和内部审计人员应当保持独立性和客观性，内部审计人员还应当具备相应的专业胜任能力并遵守职业道德。

民间审计又称独立审计、注册会计师审计，它是一种由民间审计组织（即会计师事务所这类非官方的审计机构）接受委托而实施的审计。民间审计根据公认会计原则和公认审计准则，对被审企事业单位的财务报告和会计信息进行客观的评价和鉴证。民间审计的最大特点在于其由外部的独立审计人员执行并服务于作为第三方的财务报表使用者。

（二）按审计内容分类

按审计内容分类，审计可分为经营审计、合规性审计和财务报表审计。

经营审计也称管理审计或绩效审计，是审计人员为了评价被审计单位经营活动的效果和效率，而对其经营程序和方法进行的审计。经营审计的审计内容是根据被审计单位的经营目标与制度，对被审计单位的内部控制制度、人事管理制度等方面的效果与效率进行考核和评价并提出改进措施。在经营审计中，审计的对象不仅包括会计，还包括组织机构、计算机信息系统、生产方法、市场营销以及审计人员能胜任的其他领域。

合规性审计是指审计人员确定被审计单位在执行业务的过程中是否遵循特定的法律、

法规、程序和规则，或者是否遵循经营合同或财务报告的要求。合规性审计的既定标准有很多方面，其中最为普遍的应属政府某机构的各种规章制度。例如，审计企业和个人是否按照税法及时申报纳税，或者检查企业的工薪率是否符合工薪法规定的最低限额等。

财务报表审计是确定财务报表整体（被验证的信息）是否按特定标准进行编制并对此发表意见，它主要对被审计单位的财务报表与会计资料进行审计。为确定财务报表是否按照会计准则进行公允列报，审计人员应当收集证据以确定报表是否存在重大错报或其他错报。

（三）按财务报表审计的技术方法分类

按财务报表审计的技术方法分类，审计可分为账表导向审计、内部控制导向审计和风险导向审计。

账表导向审计是最早的财务报表审计方法。在审计发展的早期，审计人员主要对会计凭证和会计账簿作详细检查。当时的注册会计师审计主要是为了满足财产所有者对会计核算进行独立检查的要求而采用这样的审计方法，因此其也称作详细审计。账表导向审计的审计对象是会计账簿，审计目的是以揭弊查错、保护企业资产的安全和完整为主，预期使用者主要是企业的股东。19 世纪中叶到 20 世纪 40 年代，账表导向审计在英国得到迅速发展。然而，随着企业规模的日渐增大和审计范围的不断扩大，审计人员对被审计单位的账目记录进行详细审查的成本越来越高，围绕账表事项进行详细审查既费时又耗力。随着内部控制理论与实务的成熟发展，以及统计抽样方法的日益完善，内部控制导向审计应运而生。

随着经济的发展，企业规模不断扩大，企业业务持续增加，会计账目也越来越多，财务报表的外部使用者越来越关注企业的经营管理活动以及内部控制情况。审计人员在这一阶段发现企业内部控制制度与企业会计信息质量息息相关，即企业的内部控制制度越健全有效，财务报表发生错误和舞弊的可能性就越小，会计信息质量就越高，需要实施审计测试的范围就越小。因此，与账表导向审计相比，内部控制导向审计调整了工作重点，保证了审计质量，降低了审计成本，同时审计效率在一定程度上得以提高。当然，由于内部控制存在固有局限性，不可避免地给内部控制导向审计的效率性和效果性带来不足。21 世纪初，国内外出现了许多财务舞弊事件，人们逐渐开始对审计风险给予更多关注。因此，审计模式和方法逐渐进入风险导向审计阶段。

风险导向审计要求审计人员综合考虑企业面临的环境和经营风险，把握企业各方面情况，分析企业经济业务中可能出现的错误和舞弊行为并以此为出发点，制订与客户风险状况相适应的审计计划，以确保审计工作的效率和效果。风险导向审计可以进一步细分为传统风险导向审计和风险导向战略系统审计。

按照传统风险导向审计方法，审计人员实施审计程序的性质、时间安排和范围取决于可接受的检查风险水平。具体而言，审计人员为了将审计风险控制在会计师事务所确定的可接受的风险水平，需要了解被审计单位及其环境，评价被审计单位的内部控制，对固有风险和控制风险作出适当评价，从而确定可接受的检查风险水平并据此设计和实施实质性程序。传统风险导向审计的不足在于固有风险和控制风险在实践中难以准确区分，并且传统风险导向审计采用的自下而上的审计思路容易造成审计资源的浪费。因此，传统风险导向审计模式逐渐向风险导向战略系统审计模式过渡。

风险导向战略系统审计仍然采用审计风险模型并根据风险评估结果分配审计资源，因此其在具体实施上在一定程度上仍然保持与传统风险导向审计相类似的审计程序。风险导向战略系统审计和传统风险导向审计的不同之处主要体现在以下方面：首先，风险导向战略系统审计能从宏观上把握审计面临的风险，更注重对被审计单位经营战略的分析。其次，风险导向战略系统审计更注重运用分析程序来识别可能存在的重大错报风险。再次，在评价内部控制有效性时，风险导向战略系统审计更注重对例外项目的详细审计，而减少对接近预期值的账户余额的测试。最后，风险导向战略系统审计所指的审计证据不仅包括传统风险导向审计中实施控制测试和实质性程序获得的证据，还包括对企业及其环境进行了解而获取的证据。因此，与传统风险导向审计相比，风险导向战略系统审计的视角更为广阔，更注重对被审计单位的战略、经营及风险的分析。

第三节 审计相关业务概述

审计按主体的不同，可以划分为政府审计、民间审计和内部审计。民间审计发展至今，其内容不断丰富，也产生了多种多样的业务类型。会计师事务所作为承接民间审计业务的主要机构，其业务类型也大幅度拓展。

一、审计相关业务

（一）审计业务

1. 财务报表审计

财务报表审计是注册会计师通过执行审计工作，对财务报表是否按照规定的标准编制发表审计意见的过程。其中，规定的标准通常是企业会计准则和相关会计制度。财务报表通常包括资产负债表、利润表、现金流量表、所有者权益（或股东权益）变动表以及财务报表附注。在财务报表审计业务中，审计人员的最终工作成果是对上述财务报表是否遵循适用的会计准则进行公允表达并出具书面审计报告。财务报表审计也是会计师事务所提供的最常见的保证服务。

2. 内部控制审计

内部控制审计是对内部控制的有效性发表审计意见，同时对内部控制审计过程中注意到的非财务报告内部控制重大缺陷进行披露的过程。内部控制审计业务要求企业应当出具关于其内部控制有效性的管理层评估报告，审计人员就管理层评估报告对其内部控制有效性进行鉴证。在实际工作中，通常内部控制审计和财务报表审计被审计人员整合在一起，即执行整合审计。整合审计可以提高审计效率和效果，使财务信息的预期使用者增加对财务信息的信任度。

（二）审阅业务

与财务报表审计业务类似，在财务报表审阅业务中，企业管理层应当认定其所有报表均按照会计准则进行公允表达。但与财务报表审计业务相比不同的是，财务报表审阅业务的目标是审计人员在实施审阅程序的基础上，说明是否注意到某些事项可能使其相信财务报表没有按照适用的会计准则和相关会计制度的规定编制，未能在所有重大方面公允反映被审阅单位的财务状况、经营成果和现金流量。此外，相对于财务报表审计业务，财务报表审阅业务提供的保证水平更低，财务报表审阅业务所需的证据也比财务报表审计业务少。财务报表审计业务与财务报表审阅业务的区别如表 1-1 所示。

表 1-1　　财务报表审计业务与财务报表审阅业务的区别

项目	财务报表审计业务	财务报表审阅业务
保证程度	合理保证	有限保证
目标	在可接受的低审计风险下，以积极方式对财务报表整体发表审计意见，提供高水平的保证	在可接受的审阅风险下，以消极方式对财务报表整体发表审阅意见，提供有意义水平的保证。该保证水平低于财务报表审计业务的保证水平
证据收集程序	通过一个不断修正的、系统化的执业过程，获取充分、适当的证据，证据收集程序包括检查记录或文件、检查有形资产、观察、询问、函证、重新计算、重新执行、分析程序等	通过一个不断修正的、系统化的执业过程，获取充分、适当的证据，证据收集程序受到有意识的限制，主要采用询问和分析程序获取证据
所需证据数量	较多	较少
检查风险	较低	较高
财务报表的可信性	较高	较低
提出结论的方式	以积极方式提出结论。例如，“我们认为，ABC 公司财务报表在所有重大方面按照企业会计准则的规定编制，公允反映了 ABC 公司 2×22 年 12 月 31 日的财务状况以及 2×22 年度的经营成果和现金流量”	以消极方式提出结论。例如“根据我们的审阅，我们没有注意到任何事项使我们相信 ABC 公司财务报表没有按照企业会计准则的规定编制，未能在所有重大方面公允反映被审阅单位的财务状况、经营成果和现金流量”

（三）其他鉴证业务

1. 预测性财务信息审核

预测性财务信息是指被审核单位依据对未来可能发生的事项或采取的行动的假设而编制的财务信息。预测性财务信息可以表现为预测、规划或两者的结合，其可能包括财务报表的一项或多项要素。预测性财务信息审核是指注册会计师接受委托，对被审核单位的盈利预测进行检查与复核，并发表审计意见。

2. 信息技术的鉴证服务

在当今信息技术飞速发展的大背景下，信息技术在实务中的广泛应用使得审计人员需要对信息技术实施鉴证。通常信息技术的鉴证包括网络认证服务和系统认证服务。无论是网络认证服务还是系统认证服务，其目的都在于对电子信息的可靠性和安全性作出鉴证。

（四）相关服务

1. 会计服务

会计服务是会计师事务所提供的非鉴证业务的一种，包括代理记账、编制会计报表、处理工资单等。特许公认会计师公会（ACCA）的职业道德准则明确规定，若被审计单位是上市公司，则承担其审计业务的会计师事务所不能为其提供编制会计报表的服务，但并未对会计师事务所为非上市公司提供该项服务作出明令禁止。事实上，会计服务更多地向规模不大、内部控制制度不够健全的中小企业提供，因为这些企业通常人才有限，与规模庞大、内部控制制度成熟的大型企业相比，它们更需要注册会计师代为编制财务报表。

2. 税务服务

税务服务通常包括税务代理和税务筹划。会计师事务所的税务代理一般是帮助其审计客户和非审计客户编制企业和个人纳税申报表并办理纳税事项。税务筹划是会计师事务所站在客户的角度，从客户的利益出发，根据纳税发生时间和范围等的不同，为客户制定不同的纳税方案。这些方案通常都是在符合相关法规的前提下，能够使客户尽量少缴纳税金的方案。

3. 管理咨询服务

管理咨询服务是目前多数会计师事务所都会向客户提供的服务，其目的是帮助客户提高经营效率。管理咨询服务的范围较广，包括对企业的治理结构、信息系统、预算管理、人力资源管理等方面提供意见和建议。当前，管理咨询服务已经成为会计师事务所收入的主要来源之一。

二、审计相关业务要素

注册会计师通过收集充分、适当的证据来评价财务报表是否在所有重大方面符合会计准则，并出具审计报告，从而提高财务报表的可信性。因此，对财务报表审计而言，审计相关业务要素包括财务报表审计业务的三方关系人、财务报表、财务报表编制基础、审计证据和审计报告。

（一）财务报表审计业务的三方关系人

三方关系人分别是注册会计师、被审计单位管理层（责任方）、预期使用者。注册会计师对由被审计单位管理层负责的财务报表发表审计意见，以增强除管理层之外的预期使用者对财务报表的信赖程度。由于财务报表是由被审计单位管理层负责的，注册会计师的审计意见主要是向除被审计单位管理层之外的预期使用者提供的。在某些情况下，被审计单位管理层和预期使用者可能来自同一企业，但并不意味着两者就是同一方。例如，某被审计单位同时设有董事会和监事会，监事会需要对董事会和管理层负责编制的财务报表进行监督。

由于审计意见有利于提高财务报表的可信性，有可能对被审计单位管理层有用，在这种情况下，被审计单位管理层也会成为预期使用者之一，但不是唯一的预期使用者。例如，管理层是审计报告的预期使用者之一，但同时预期使用者还包括企业的股东、债权人、监管机构等。因此，是否存在三方关系是判断某项业务是否属于审计业务的重要标准之一。

1. 注册会计师

注册会计师是指取得注册会计师证书并在会计师事务所执业的人员，通常是指项目合伙人或项目组其他成员，有时也指其所在的会计师事务所。

按照审计准则的规定对财务报表发表审计意见是注册会计师的责任。为履行这一职责，注册会计师应当遵循相关职业道德要求，按照审计准则的规定，计划和实施审计工作，获取充分、适当的审计证据，并根据获取的审计证据得出合理的审计结论，发表恰当的审计意见。注册会计师通过签署审计报告确认其责任。

如果审计业务涉及的特殊知识和技能超出了注册会计师的能力，注册会计师可以利用专家协助执行审计业务。在这种情况下，注册会计师应当确信包括专家在内的项目组整体已具备执行该项审计业务所需的知识和技能，并充分参与该项审计业务和了解专家所承担的工作。

2. 被审计单位管理层

被审计单位管理层是指对被审计单位经营活动的执行负有经营管理责任，以及对财务报表编制负责的人员。某些被审计单位管理层包括部分或全部的治理层成员，如治理层中负有经营管理责任的人员，或参与日常经营管理的业主(以下简称业主兼经理)。治理层是指对被审计单位战略方向以及管理层履行经营管理责任负有监督责任的人员或组织。治理层的责任包括监督财务报告过程。某些被审计单位治理层可能包括管理层，如治理层中负有经营管理责任的人员，或业主兼经理。

与管理层和治理层责任相关的执行审计工作的前提(以下简称执行审计工作的前提)，是指管理层和治理层(如适用)认可并理解其应当承担下列责任，这些责任构成注册会计师按照审计准则的规定执行审计工作的基础：一是按照适用的财务报表编制基础编制财务报表，并使其实现公允反映(如适用)；二是设计、执行和维护必要的内部控制，以使财务报表不存在由于舞弊或错误导致的重大错报；三是向注册会计师提供必要的工作条件，包括允许注册会计师接触与编制财务报表相关的所有信息(如记录、文件和其他事项)，向注册会计师提供审计所需的其他信息，允许注册会计师在获取审计证据时不受限制地接触其认为必要的内部人员和其他相关人员。

财务报表审计并不减轻管理层或治理层的责任。财务报表编制和财务报表审计是财务信息生成链条上的不同环节，两者各司其职。法律法规要求管理层和治理层对编制财务报表承担责任，有利于从源头上保证财务信息质量。同时，在某些方面，注册会计师与管理层和治理层之间可能存在信息不对称。管理层和治理层作为内部人员，对企业的情况更为了解，更能作出适合企业特点的会计处理决策和判断。因此，管理层和治理层理应对编制财务报表承担完全责任。尽管在审计过程中，注册会计师可能向管理层和治理层提出调整建议，甚至在不违反独立性的前提下为管理层编制财务报表提供某些咨询或协助，管理层仍然对编制财务报表承担责任，并通过签署财务报表确认这一责任。如果财务报表存在重大错报，而注册会计师通过审计没有能够发现，也不能因为财务报表已经被注册会计师审计这一事实而减轻管理层和治理层对财务报表负有的责任。

3. 预期使用者

预期使用者是指预期使用审计报告和财务报表的组织或人员。如果审计业务服务于特定的使用者或具有特殊目的，注册会计师可以很容易地识别预期使用者。例如，企业向银行贷款，银行要求企业提供一份经审计的反映财务状况的财务报表，那么，银行就是该审计报告的预期使用者。

注册会计师可能无法识别使用审计报告的所有组织和人员，尤其在各种可能的预期使用者对财务报表存在不同的利益需求时。此时，预期使用者主要是指那些与财务报表有重要和共同利益的主要利益相关者。例如，在对上市公司财务报表的审计中，预期使用者主要是指上市公司的股东。注册会计师应当根据法律法规的规定或与委托人签订的协议识别预期使用者。

审计报告的收件人应当尽可能地明确为所有的预期使用者，但在实务中往往很难做到这一点。原因很简单，有时审计报告并不向某些特定组织或人员提供，但这些组织或人员也有可能使用审计报告。例如，注册会计师为上市公司提供财务报表审计服务，其审计报告的收件人为“××股份有限公司全体股东”，但除了股东，公司债权人、证券监管机构等显然也是预期使用者。

（二）财务报表

在财务报表审计中，审计对象是历史的财务状况、经营业绩和现金流量，审计对象的载体是财务报表。财务报表是指依据财务报表编制基础对被审计单位历史财务信息作出的结构性表述，旨在反映某一时点的经济资源或义务，以及某一时期经济资源或义务的变化。财务报表通常是指整套财务报表，有时也指单一财务报表。披露包括适用的财务报表编制基础所要求的、明确允许的或通过其他形式允许作出的解释性或描述性信息。披露是财务报表不可分割的组成部分，主要在财务报表附注中反映，也可能在财务报表表内反映，或通过财务报表中的交叉索引予以提及。

管理层和治理层（如适用）在编制财务报表时需要：一是根据相关法律法规的规定确定适用的财务报表编制基础；二是根据适用的财务报表编制基础编制财务报表；三是在财务报表中对适用的财务报表编制基础作出恰当的说明。编制财务报表要求管理层根据适用的财务报表编制基础运用判断作出合理的会计估计，选择和运用恰当的会计政策。

财务报表可以按照某一财务报表编制基础编制，旨在满足下列需求之一：一是广大财务报表使用者共同的财务信息需求（即通用目的财务报表的目标）；二是财务报表特定使用者的财务信息需求（即特殊目的财务报表的目标）。整套财务报表通常包括资产负债表、利润表、现金流量表、所有者权益（或股东权益）变动表和相关附注。

（三）财务报表编制基础

注册会计师在运用职业判断对审计对象作出合理一致的评价或计量时，需要有适当的标准。在财务报表审计中，财务报表编制基础即是标准。适用的财务报表编制基础是指法律法规要求采用的财务报表编制基础；或者管理层和治理层（如适用）在编制财务报表时，就被审计单位性质和财务报表目标而言，采用的可接受的财务报表编制基础。财务报表编制基础分为通用目的编制基础和特殊目的编制基础。通用目的编制基础，旨在满足广大财务报表使用者共同的财务信息需求的财务报表编制基础，主要是指企业会计准则和相关会计制度。特殊目的编制基础，旨在满足财务报表特定使用者对财务信息需求的财务报表编制基础，包括计税核算基础、监管机构的报告要求和合同的约定等。

（四）审计证据

注册会计师对财务报表提供合理保证是建立在获取充分、适当证据的基础上的。审计证据是指注册会计师为了得出审计结论和形成审计意见而使用的必要信息。

审计证据在性质上具有累积性，主要是在审计过程中通过实施审计程序获取的。然而，审计证据还可能包括从其他来源获取的信息，如以前审计中获取的信息（前提是注册会计师已确定自上次审计后是否已发生变化，这些变化可能影响这些信息对本期审计的相关性）或会计师事务所接受与保持客户或业务时实施质量控制程序获取的信息。除从被审计单位内部其他来源和外部来源获取的信息外，会计记录也是重要的审计证据来源。同样，被审计单位雇用或聘请的专家编制的信息也可以作为审计证据。审计证据既包括支持和佐证管理层认定的信息，又包括与这些认定相矛盾的信息。在某些情况下，信息的缺乏（如管理层拒绝提供注册会计师要求的声明）本身也构成审计证据，可以被注册会计师所利用。在形成审计意见的过程中，注册会计师的大部分工作是获取和评价审计证据。

审计证据的充分性和适当性相互关联。充分性是对审计证据数量的衡量。注册会计师需要获取的审计证据的数量受其对重大错报风险评估的影响（评估的重大错报风险越高，需要的审计证据就可能越多），并受审计证据质量的影响（审计证据质量越高，需要的审计证据就可能越少）。然而，注册会计师仅靠获取更多的审计证据可能无法弥补其质量上的缺陷。审计证据的适当性是对审计证据质量的衡量，即审计证据在支持审计意见所依据的结论方面具有的相关性和可靠性。审计证据的可靠性受其来源和性质的影响，并取决于获取审计证据的具体环境。

（五）审计报告

注册会计师应当针对财务报表在所有重大方面是否符合适当的财务报表编制基础，以书面报告的形式发表能够提供合理保证程度的意见。如果对财务报表发表无保留意见，除非法律法规另有规定，注册会计师应当在审计意见中使用“财务报表在所有重大方面按照[适用的财务报表编制基础（如企业会计准则等）]编制，公允反映了……”的措辞。

如果存在下列情形之一时，注册会计师应当对财务报表清楚地发表恰当的非无保留意见：一是根据获取的审计证据，得出财务报表整体存在重大错报的结论；二是无法获取充分、适当的审计证据，不能得出财务报表整体不存在重大错报的结论。

除审计准则规定的注册会计师对财务报表出具审计报告的责任外，相关法律法规可能对注册会计师设定了其他报告责任。如果注册会计师在对财务报表出具的审计报告中履行了其他报告责任，应当在审计报告中将其单独作为一部分，并以“按照相关法律法规的要求报告的事项”为标题。

第四节 / 政府审计与内部审计

审计组织是指有权或有资格行使审计职能并开展审计工作的组织。审计组织的人员在从事相应审计业务时，要遵循相应的执业规范。我国审计组织按审计主体的不同，分为政府审计机关、内部审计机构和会计师事务所。相应地，其组织的审计规范分别为政府审计执业规范、内部审计执业规范和注册会计师审计执业准则体系。本节主要介绍政府审计与内部审计的相关内容、组织形式和业务活动。

一、政府审计

（一）政府审计的内涵

政府审计是指政府审计机关独立检查会计账户，监督财政、财务收支真实性、合法性、效益性的行为，其实质是对政府受托经济责任履行结果进行独立的监督。

政府审计机关是代表政府依法行使审计监督权的行政机关，它具有宪法赋予的独立性和权威性。我国现行《宪法》第九十一条规定："国务院设立审计机关，对国务院各部门和地方各级政府的财政收支，对国家的财政金融机构和企事业组织的财务收支，进行审计监督。审计机关在国务院总理领导下，依照法律规定独立行使审计监督权，不受其他行政机关、社会团体和个人的干涉。"

政府审计机关实行统一领导、分级负责的原则。国务院设审计署，在总理领导下，负责组织领导全国的审计工作，对国务院负责并报告工作。审计署设审计长一人，副审计长若干人。审计长由国务院总理提名，全国人民代表大会决定，国家主席任命，副审计长由国务院任命。

（二）政府审计的组织形式

我国实行的是行政型审计模式。目前，我国政府审计机关由政府领导分为两个层次、四个级别。其中，我国政府审计机关的两个层次为中央审计机关和地方审计机关。我国政府审计机关的四个级别为审计署（国务院的组成部门）、省级审计（厅）局、地级审计局、县级审计局。此外，中国人民解放军系统也设置了审计机构。审计署和地方各级审计（厅）局根据工作需要，可在重点地区、部门设立派出机构，进行审计监督。我国各级审计机关，实行统一领导、分级管理、双重管理体制。

1. 中央审计机关

根据我国《宪法》规定，1983 年国务院设立审计署，在国务院总理领导下，主管全国的审计工作。审计署是我国最高政府审计机关，接受国务院的领导和指示，执行国务院的行政法规、决定和命令。审计署按统一领导、分级负责的原则组织和领导全国的审计工作，对国务院负责并报告工作。

2. 地方审计机关

根据我国《宪法》《审计法》等有关规定，县级以上的地方各级人民政府设立审计机关。地方各级审计机关接受本级政府和上一级审计机关的双重领导，负责本级人民政府行政管辖区内的审计工作，并接受上一级审计机关授权或委托实施的审计工作；对本级人民政府和上一级审计机关负责并报告工作。为了保障地方审计机关依法独立行使职权，地方政府任免审计机关领导人员，必须征得上一级审计机关同意。

（三）政府审计的主要业务

1. 财政审计

财政审计是以国家法律法规为依据，对政府财政及其他预算执行部门分配、管理和使用公共资源，提供公共产品和公共服务等履行公共经济责任的行为，进行监督、评价和报告的独立控制活动，是与市场经济条件下公共财政相联系的一种审计形式。我国《宪法》规定，中央和地方各级审计机关负责对中央和地方各级人民政府财政收支的预算和执行情况进行审计监督，向国务院和本级人民政府提交审计结果报告，并代表政府向全国人大常委会和本级人民代表大会报告审计工作。

2. 金融审计

金融审计是指审计机关对国家金融机构财务收支的真实性、合法性和效益性进行审计监督的一种经济监督活动。其主要是对国家金融机构执行信贷计划、财务计划，以及与财务收支有关的各项经济活动及其经济效益等进行的审计监督。其也是对中央银行的财务收支、银保监会等监管机关预算执行情况、国有和国有资本占控股或者主导地位的金融机构的资产、负债和损益进行的审计监督。

3. 固定资产投资审计

固定资产投资审计是指审计机关运用一定的技术和方法，对国民经济各部门固定资产投资活动以及与之相联系的各项工作进行的审查、监督与评价。根据《审计法》的规定，审计机关对政府投资和以政府投资为主的建设项目的预算执行情况和决算进行审计监督，与国家建设项目直接相关的建设、设计、施工、监理、采购等单位的财务收支，也应当接受审计监督。

4. 绩效审计

绩效审计是指国家审计机关及其审计人员通过综合运用各种审计技术和方法，对组织机构的行为及其各项活动的经济性、效益性、效果性、公共性进行审计。在发现问题、找出问题的基础上提出有效建议，并进一步审核与评价有关部门针对改进意见的落实情况，从而促进各部门受托责任特别是绩效部门、社会公共责任及环保责任的全面有效履行，此外，其也兼顾了公平性和环境可持续性。

5. 经济责任审计

经济责任审计以促进领导干部推动本地区、本部门(系统)、本单位科学发展为目标，以领导干部任职期间本地区、本部门(系统)、本单位财政收支以及有关经济活动的真实、合法和效益为基础，重点检查领导干部守法、守纪、守规、尽责情况。针对不同类型的领导干部所实施的经济责任审计的内容存在一定的差异。

二、内部审计

(一) 内部审计的内涵

内部审计是企业内部的一种独立、客观的鉴证和咨询活动，它通过运用系统、规范的方法，审查和评价组织的业务活动、内部控制和风险管理的适当性和有效性，以促进组织完善治理、增加价值和实现目标。内部审计的功能整体上可划分为两大类——鉴证和咨询。鉴证功能是指内部审计人员对相关事项，如法律法规的遵守性，业务流程的合理性，经营绩效、内部控制、风险管理及公司治理系统的设计和执行有效性等，提供独立的评价意见。咨询功能是指审计人员应组织的要求对具体事项(包括业务、流程、系统、组织整体所涉及的各方面内容)提供专业的评估与改进意见，帮助组织改善经营管理、实现价值增长，其在本质上是一种顾问服务。从工作属性上看，两者似乎相互排斥，前者要求独立，后者强调服务。但就理论和实践而言，两者是各有侧重、互为补充、融于一体的关系。具体体现为：一是鉴证是核心、咨询源于鉴证，依不同业务和不同时间阶段各有侧重，两者统一于内部审计系统之中。只强调咨询功能，则失去了审计的本质属性；二是只强调鉴证功能，又失去了除外部审计之外另设内部审计的必要性。因此，正确定位内部审计的功能对内部审计的价值实现具有十分重要的意义。

(二) 内部审计的组织保障

在实际工作中，内部审计能够同时发挥鉴证与咨询功能。因此，在执行鉴证业务时，需要在组织上确保内审机构及其人员的独立性;在进行咨询服务时,对独立性并不作强制要求。这就要求内部审计不仅要对公司管理层负责,还需要以独立于管理层的身份向董事会提供合理保证。审计委员会是董事会下属的具有独立地位的专门委员会,其职责是通过监控公司财务报告体系的运行和内外部审计过程,提高信息披露质量,全面确保公司受托责任的履行和解除。此时,内部审计在组织结构上可不再只是隶属于管理层,而是需要同时向管理层和审计委员会负责,并且内部审计人员的聘用和薪酬也由包括审计委员会成员在内的董事会统筹决定。通过这样的组织结构设计,使得内部审计能更好地发挥鉴证和咨询功能。

(三)内部审计的主要业务

1. 财务审计

财务审计是内部审计人员针对公司日常经营活动中体现财务收支活动及其变化情况的财务报表项目进行的审查活动。其主要目标是审查财务报表是否按照适用的会计准则和相关会计制度的规定编制,财务报表是否在所有重大方面公允反映了被审计单位的财务状况、经营成果和现金流量。财务审计又分项目审计和业务循环审计两种。

2. 内部绩效审计

内部绩效审计是内部审计机构和内部审计人员对本组织经济管理活动的经济性、效率性和效果性进行的审查和评价活动。内部绩效审计可以同时对组织经营管理活动的经济性、效率性和效果性进行整体审查评价,也可以只侧重对某一方面进行审查和评价。

3. 内部经济责任审计

内部经济责任审计是内部审计机构对所在组织的领导干部的经济责任的履行情况进行的监督、评价和鉴证活动。内部审计机构应当根据被审计领导干部的职责权限和履行经济责任情况,结合其所在组织或者原任职组织的实际情况,确定内部经济责任审计的内容。

4. 风险管理审计

风险管理审计是企业内部审计机构采用一种系统化、规范化的方法,对组织风险管理信息系统、各业务循环及相关职能部门的风险识别、分析、评价、管理及应对等过程进行监督与评价活动,并在此基础上开展的一系列鉴证和咨询活动。风险管理审计要对企业的风险管理机制本身进行审查,风险管理机制主要包括风险识别、风险评估和风险应对。

5. 信息系统审计

信息系统审计是内部审计机构和内部审计人员对组织的信息系统及相关的信息技术内部控制和流程进行的审查与评价活动。信息系统审计的内容主要是对组织层面信息技术控制、信息技术一般性控制和业务流程层面相关应用控制进行审查和评价。

6. 舞弊审计

舞弊审计是指内部审计人员对组织的内部人员及有关人员为谋取自身利益或为使本组织获得不正当经济利益而其自身也可能获得相关经济利益采用违法手段使组织经济利益受损的不正当行为,使用检查、查询等审计程序进行取证并向委托者或者授权者出具审计报告的一种监督活动。从社会公众对舞弊审计的需求来看,舞弊审计可分为内部控制审核、舞弊关注审计和舞弊专门审计三个层次。

第五节 审计技术的演进与趋势

随着信息技术的广泛运用，社会经济已逐步进入全面数字化时代。在此背景下，审计环境与审计客体也将发生深刻的变化，对审计技术、方法与模式都将产生革命性的影响。同时，区块链、人工智能等新兴技术也开始应用于审计业务，正在逐步改变传统的审计模式。

一、大数据时代下的信息系统审计与数据审计

根据 IBM 对大数据的定义，大数据主要具备 5V 特征，即大规模(volume)、高速增长(velocity)、多样化(variety)、低价值密度(value)和真实性(veracity)。在大数据背景下，被审计单位数据呈现出大规模和结构多样化特征，这就决定了传统基于纸质凭证、账簿的抽样审计取证模式无法适应现实需求。随着数据分析能力的大幅提升，传统的局部样本抽样审计将转向全样本数据分析审计，而其中的关键则是信息系统审计与数据审计。

信息系统审计是通过收集和评价证据，以确定信息系统与相关资源能否适当地保护资产、维护数据完整、提供相关和可靠的信息、有效地完成组织目标、高效率地利用资源并且存在有效的内部控制，以确保满足业务、运作和控制目标，并在发生非期望事件的情况下，能够及时地组织、检测或更正的过程。

数据审计是以被审计单位的电子数据作为审计的主要对象，不再需要如传统审计模式下将账目转化为电子套账，而是直接将电子数据作为审计对象。数据审计常用的方法有：一是常规数据分析方法，包括筛选、排序、趋势分析、数字分析等；二是数据挖掘方法，包括聚类、分类、回归、关联分析等；三是大数据审计方法，包括社会网络分析方法、可视化分析方法、文本挖掘分析方法等。

二、区块链审计

区块链是分布式数据存储、点对点传输、共识机制、加密算法等计算机技术的新型应用模式。区块链技术在审计流程中的应用，将显著提高审计效率并降低审计风险。

(1) 使用区块链记录交易和账目信息，因无法被篡改，且有共识机制要求多数据节点认同，增加了财务数据造假的难度。

(2) 通过区块链网络获取审计需求信息，可以实现点对点的对接，节省了信息收集和整理时间，同时基于区块链的加密算法也解除了企业对数据隐私的担忧。

(3) 区块链技术的共识机制使所有数据在第一时间得到共同确认，能够充分保证数据的及时性和准确性，大幅提高数据的真实性和完整度。

此外，采用区块链技术对审计数据进行分布式存储，相比于存储在统一服务器的中心化存储模式，更不容易出现数据丢失或者被篡改的情况。

三、人工智能审计

人工智能是利用数字计算机或者数字计算机控制的机器模拟、延伸和扩展人的智能，感

知环境、获取知识并使用知识获得最佳结果的理论、方法、技术及应用系统。人工智能其中一项最重要的特征是，其系统能够通过预先输入的学习模式对数据进行自主推理求解。

人工智能审计是大数据时代产生的新型审计作业模式，能够将图像识别、语言识别、结构化数据采集、非结构化数据采集、信息系统审计规则和数据审计规则等封装进入智能机器人或软件系统，实现审计数据采集、数据平台构建、数据分析、报告撰写和延伸取证的高度自动化，从而提高审计工作的效率和效果。

此外，会计师事务所还提供如电子商务保证、风险评估保证、绩效评价保证等其他保证服务。

复习思考题

1. 审计产生的原因有哪些?
2. 如何理解审计的含义?
3. 审计业务有哪些分类?

第二章 注册会计师执业准则体系、职业道德及其法律责任

教学目标

➢ 知识目标

1. 掌握注册会计师执业准则体系的构成。
2. 熟悉鉴证业务基本准则、审阅准则、其他鉴证业务准则、相关服务准则的整体框架。
3. 熟悉注册会计师职业道德规范体系，职业道德的基本原则和概念框架。
4. 了解注册会计师法律规范体系，熟悉不同类型法律责任的相关条款规定。

➢ 能力目标

1. 熟悉法律法规和道德规范并自觉遵守，从而形成自律能力。
2. 理解执业准则、道德规范、法律规范的要求，培养灵活运用职业规范分析审计案例、参与审计工作的应变能力。
3. 结合职业规范和实务现象，培养敏锐的洞察能力和强大的分析能力。

➢ 素养目标

理解注册会计师职业道德规范，并致力于成为德才兼备、坚守底线的审计人才。

导入案例

*ST 凯乐财务造假案例

牵涉"专网通信"骗局的上市公司湖北凯乐科技股份有限公司（以下简称*ST 凯乐）于 2023 年 2 月 15 日正式摘牌，成为 2023 年退市第一股。根据证监会对*ST 凯乐开具的《行政处罚及市场禁入事先告知书》，2016—2020 年，其虚增营业收入 512.25 亿元，虚增利润总额 59.36 亿元。根据*ST 凯乐公告显示，其与中天运的合作自 2014 年开始，于 2020 年结束。期间，中天运负责审计了*ST 凯乐 2015—2020 年 6 年的财务报表，以及*ST 凯乐资产重组时所收购的公司业绩完成情况等。在*ST 凯乐被查明财务造假的 2016—2020 年，中天运均出具了标准无保留意见的审计报告，5 年间一共收取了*ST 凯乐 440 万元的审计费用。2021 年 4 月，*ST 凯乐公布续聘中天运作为公司财务审计机构和内部控制审计机构的公

告。“专网通信案”东窗事发后，2022 年 1 月，* ST 凯乐公告将审计机构从中天运变为和信会计师事务所，理由是中天运因人力资源紧张无法派出足够的审计人员按时完成公司 2021 年度的审计工作。新的审计机构为 * ST 凯乐的 2021 年度财务报表出具了无法表示意见的审计报告。

在原本打算续约的 2021 年，中天运便已经为 * ST 凯乐的财务问题“买过一次单”。2021 年 3 月，中天运及旗下注册会计师马晓红、高冠涛因对 * ST 凯乐 2019 年财务报表审计和内部控制审计过程中出现了多个问题而收到湖北证监局的警示函。当时警示函中提到，中天运及其两位会计师在审计承接、计划，以及内控了解、控制测试方面存在一些问题及不足。更重要的是，在后续审计中，中天运被查明实施程序审计不充分、不完善。虽然此次事件仅收到了监管部门的警示函，但可以看出在执业质量及对审计工作的勤勉尽责上，中天运并未做到尽善尽美。

资料来源：时代财经. * ST 凯乐 500 亿营收造假，审计机构中天运能否自保？三年已收 8 次罚单[EB/OL]. (2022-12-12) [2023-06-01]. http://finance.ce.cn/stock/gsgdbd/202212/12/t20221212_38283683.shtml.

思考：从会计师事务所和注册会计师的角度上看，中天运在审计 * ST 凯乐的过程中，存在哪些问题？中天运违反了注册会计师执业准则中的哪项准则，以及违反职业道德中的哪些原则？

第一节　注册会计师执业准则体系

在审计发展的历史上，最早出现的审计准则就是独立审计准则。美国是颁布独立审计准则最早的国家，各国独立审计准则的制定都深受美国的影响。国际会计师联合会（International Federation of Accountants，IFAC）下设的国际审计实务委员会（International Auditing Practice Committee，IAPC）负责制定的国际审计准则影响最大。国际审计实务委员会现已更改为国际审计与鉴证准则委员会（International Auditing and Assurance Standards Board，IAASB）。

一、国际审计准则

随着经济的全球化和国际商品、资本、知识、劳动力、信息的交流，会计准则和审计准则的国际化发展成为必然的趋势。国际投资者要求会计信息具有较高的可靠性和可比性，能让来自不同国家、地区的信息使用者理解，同时国际性会计师事务所的业务发展，也要求在全球范围内审计准则的协调一致。1977 年，IFAC 成立，旨在协调世界范围内的标准，使会计师能站在社会公众利益的角度提供持续高质量的会计服务和审计服务。IFAC 是一个由不同国家和地区的职业会计师组织组成的非营利性、非政府性和非政治性的机构，在瑞士日内瓦注册，总部设在美国纽约。IFAC 代表着受雇从事公共事务和在工商业、公共部门、教育部门任职的会计师，其会员分为正式会员、准会员和联系会员。我国于 1997 年加入 IFAC。

自 2002 年起，国际审计与鉴证准则委员会制定的国际审计准则（ISA）、国际审阅业务准则(ISRE)、国际鉴证业务准则(ISAE)和国际相关服务准则(ISRS)共同被称为国际审计与鉴证委员会业务准则。国际审计与鉴证业务准则的结构如图 2-1 所示。

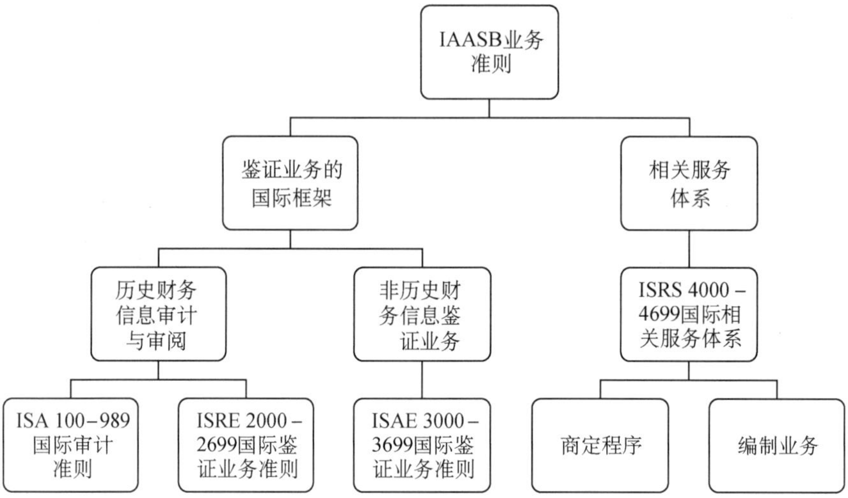

图 2-1　国际审计与鉴证业务准则结构图

二、我国注册会计师执业准则体系

(一)我国注册会计师执业准则体系的建设过程

审计准则作为规范注册会计师执业活动的标准,与社会公众的利益密切相关。同以前制定的审计准则相比,我国注册会计师执业准则体系更加突出了维护社会公众利益的宗旨,强化了注册会计师的执业责任,针对实务中暴露出的不足,制定了严格的程序,要求注册会计师切实承担起保护社会公众利益的责任。

1. 制定执业规则阶段(1991—1993 年)

财政部非常重视注册会计师审计准则建设工作,十分支持中国注册会计师协会(以下简称中注协)在推进审计准则建设方面所做的努力。中注协成立后不久,就着手进行执业规则的建设。1991—1993 年,中注协先后发布了《注册会计师检查验证会计报表规则(试行)》等 7 个执业规则。这些执业规则对我国注册会计师行业走向正规化、法治化和专业化起到了积极作用。

2. 中国独立审计准则体系建立阶段(1994—2004 年)

1993 年 10 月 31 日,第八届全国人大常委会第四次会议通过《中华人民共和国注册会计师法》,规定中注协依法拟订执业准则、规则,报国务院财政部门批准后施行。经财政部批准同意,中注协自 1994 年 5 月开始,起草独立审计准则。

到了 2004 年,中注协先后分 6 批制定了独立审计准则,包括 1 个准则序言、1 个基本准则、28 个具体准则、10 个实务公告以及 5 个执业规范指南。此外,还包括 3 个相关基本准则(职业道德基本准则、质量控制基本准则和后续教育基本准则),共计 48 个项目。

3. 国际趋同与完善阶段(2005 年至今)

随着独立审计准则体系的基本建立,制定工作转向完善审计准则体系与提高准则质量并重,我国成立了中国审计准则委员会,明确提出了国际趋同的主张,制订了审计准则国际趋同的计划，在审计准则国际趋同方面取得了重大成果。2006 年 2 月，39 项企业会计准则和 48 项注册会计师审计准则正式发布，标志着我国独立审计准则体系建设阶段结束，开始有计划、有步骤地颁布与修订中国注册会计师执业准则体系，适应我国市场经济发展要求、与国际惯例趋同的注册会计师审计准则体系正式建立。

为了规范注册会计师的执业行为、提高执业质量、维护社会公众利益、促进构成社会主义市场经济的健康发展，2016 年 12 月 23 日，财政部印发《在审计报告中沟通关键审计事项》等 12 项中国注册会计师审计准则。2019 年 2 月 20 日，财政部发布《关于印发〈中国注册会计师审计准则第 1101 号——注册会计师的总体目标和审计工作的基本要求〉等 18 项准则的通知》(财会〔2019〕5 号)，于 2019 年 7 月 1 日起施行。2020 年 11 月 19 日，财政部批准印发《会计师事务所质量管理准则第 5101 号——业务质量管理》等 3 项中国注册会计师执业准则。

（二）我国注册会计师执业准则体系的内容

1. 中国注册会计师执业准则体系

中国注册会计师执业准则体系包括鉴证业务准则、相关服务准则和会计师事务所质量控制准则。为了方便社会公众理解，有时将执业准则简称为“审计准则”。中国注册会计师执业准则体系如图 2-2 所示。

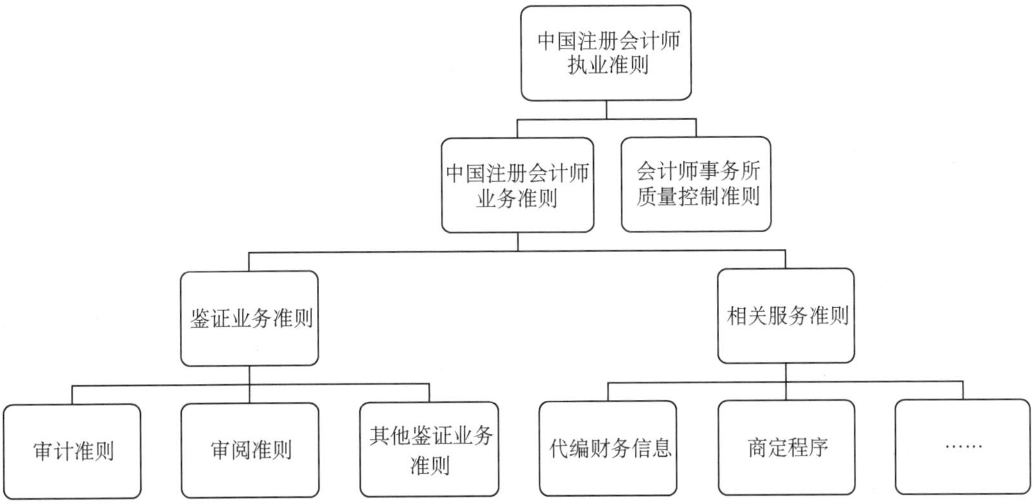

图 2-2　中国注册会计师执业准则体系

鉴证业务准则(general assurance standards)是指注册会计师在执行鉴证业务的过程中所应遵守的执业规范。由鉴证业务基本准则统领，按照鉴证业务提供的保证程度和鉴证对象的不同，分为中国注册会计师审计准则、中国注册会计师审阅准则和中国注册会计师其他鉴证业务准则(以下分别简称审计准则、审阅准则和其他鉴证业务准则)。其中，审计准则是整个执业准则体系的核心。

审计准则(auditing standards)是注册会计师执行历史财务信息审计业务所应遵守的执业规范。在提供审计服务时，注册会计师对所审计信息是否不存在重大错报提供合理保证，并以积极方式提出结论。

审阅准则(review standards)是注册会计师执行历史财务信息审阅业务所应遵守的执业规范。在提供审阅服务时,注册会计师对所审阅信息是否不存在重大错报提供有限保证,并以消极方式提出结论。

其他鉴证业务准则(other assurance standards)是注册会计师执行除历史财务信息审计或审阅以外的其他鉴证业务所应遵守的执业规范。注册会计师执行其他鉴证业务,根据鉴证业务的性质和业务约定的要求,提供有限保证或合理保证。

相关服务准则(related services standards)是注册会计师代编财务信息、执行商定程序,提供管理咨询等其他服务所应遵守的执业规范。在提供相关服务时,注册会计师不提供任何程度的保证。

会计师事务所质量控制准则(quality control standards)是会计师事务所在执行各类业务时应当遵守的质量控制政策和程序,是对会计师事务所质量控制提出的制度要求。目前,中国注册会计师执业准则体系共包括52项准则,其具体构成是:

(1) 中国注册会计师鉴证业务基本准则(1项)。

(2) 中国注册会计师审计准则第1101号、第1633号(45项)。

(3) 中国注册会计师审阅准则第2101号(1项)。

(4) 中国注册会计师其他鉴证业务准则第3101号、第3111号(2项)。

(5) 中国注册会计师相关服务准则第4101号、第4111号(2项)。

(6) 会计师事务所质量控制准则第5101号(1项)。

2. 中国注册会计师执业准则应用指南

为了帮助正确理解和运用注册会计师执业准则,中国注册会计师协会在执业准则框架下制定了应用指南,与中国注册会计师执业准则同步施行。应用指南是对注册会计师执业准则的细化、深化和具体化,为注册会计师如何正确理解和运用执业准则提供了可操作性的指导意见。

3. 中国注册会计师审计准则问题解答

为了指导注册会计师更好地运用审计准则、解决审计实务问题、防范审计风险,自2013年起,中国注册会计师协会开始发布审计准则问题解答。问题解答从四个方面提供指导:一是对注册会计师难以理解或执行的准则条款作出进一步解释和说明;二是对注册会计师在执业实践中遇到的普遍性的复杂问题予以答复;三是对实务中舞弊风险较高的领域予以提示;四是对实务中存在的准则执行不到位的做法予以提示和纠正。

中国注册会计师执业准则是对注册会计师执行业务的目标和核心作出规范;应用指南是对执业准则条款的进一步解释和说明;问题解答是根据审计准则规定,为注册会计师如何正确理解审计准则及应用指南、解决实务问题提供实务指导和提示。注册会计师在执行审计业务时,应将审计准则及应用指南与问题解答一并掌握和执行。

第二节 / 注册会计师职业道德规范

道德属于一种社会意识形态,是调整人与人之间、个人与社会之间的关系的行为规范的总和，它以真诚与虚伪、善与恶、正义与非正义、公正与偏私等观念来衡量和评价人们的思想、行动。通过各种形式的教育和社会舆论力量，人们逐渐形成一定的信念、习惯和传统。注册会计师行业需要更高的道德水准，其理由有三：其一，维护公众利益是行业的宗旨，这决定了行业的注册会计师需要超越个人、客户或所在单位的利益和法律法规的最低要求，恪守更高的职业道德要求，履行好对社会公众、客户、同行等所肩负的职责。其二，诚信是注册会计师行业核心价值之一，也是行业的立身之本，注册会计师只有展现出较高的道德水准才能取信于社会公众。其三，注册会计师行业是专家行业，其工作的技术复杂性决定了社会公众很难判断其执业质量，制定并贯彻严格的职业道德规范有助于社会公众增强对行业的信心。

为了规范中国注册会计师职业行为、提高职业道德水准、维护职业形象，中国注册会计师协会制定了《中国注册会计师职业道德守则》和《中国注册会计师协会非执业会员职业道德守则》。中国注册会计师协会会员包括注册会计师和非执业会员。非执业会员是指加入中国注册会计师协会但未取得中国注册会计师证书的人员，通常在工业、商业、服务业、公共部门、教育部门、非营利组织、监管机构或职业团体从事专业工作。中国注册会计师协会会员职业道德守则规定了职业道德基本原则和职业道德概念框架，会员应当遵守职业道德基本原则，并能够运用职业道德概念框架解决职业道德问题。

一、注册会计师职业道德基本原则

注册会计师为实现执业目标，必须遵守一些基本的原则。与职业道德有关的基本原则包括诚信、独立性、客观和公正、专业胜任能力和应有的关注、保密、良好职业行为。

（一）诚信

诚信是指诚实、守信。诚信是市场经济的基石，这是因为市场经济就是信用经济。现在许多行业都将诚信作为其职业道德的一部分，这实际上是为了适应市场经济的需要。对注册会计师行业来说，将诚信作为其职业道德的重要部分，不仅是适应市场经济的需要，更重要的还是诚信是行业的生存之本，没有诚信，这个行业就没有存在的必要。独立审计业务作为注册会计师行业最基本的业务，之所以能够存在几百年，就是因为社会公众信任注册会计师，而社会公众的信任是建立在注册会计师诚信的基础上的。

诚信原则要求注册会计师应当在所有的职业关系和商业关系中保持正直和诚实、秉公处事、实事求是。注册会计师如果认为业务报告、申报资料或其他信息存在下列问题，则不得与这些有问题的信息发生牵连：一是含有严重虚假或误导性的陈述；二是含有缺乏充分依据的陈述或信息；三是存在遗漏或含糊其词的信息。

注册会计师如果注意到已与有问题的信息发生牵连，应当采取措施消除牵连。在鉴证业务中，如果存在注册会计师依据执业准则出具了恰当的非标准业务报告，不被视为违反上述要求。

（二）独立性

独立性是注册会计师执行鉴证业务的灵魂，这是因为注册会计师要以其自身的信誉向社会公众表明，被审计单位的财务报表是真实与公允的。在市场经济条件下，投资者主要依赖财务报表判断投资风险，在投资机会中作出选择。如果注册会计师与客户之间不能保持独立，存在经济利益、关联关系或屈从于外界压力，就很难取信于社会公众。

关于独立性，较早给出权威解释的是美国注册会计师协会。美国注册会计师协会在1947年发布的《审计暂行标准》中指出："独立性的含义相当于完全诚实、公正无私、无偏见、客观认识事实、不偏袒。"传统观点认为，注册会计师的独立性包括两个方面：实质上的独立和形式上的独立。美国注册会计师协会在《职业行为准则》中要求："在公共业务领域中的会员（执业注册会计师），在提供审计和其他鉴证业务时应当保持实质上与形式上的独立。"国际会计师联合会《职业会计师道德守则》也要求执行公共业务的职业会计师（执业注册会计师）保持实质上的独立和形式上的独立。中国注册会计师协会《职业道德守则》要求注册会计师执行审计和审阅业务以及其他鉴证业务时，应当从实质上和形式上保持独立性，不得因任何利害关系影响其客观性。其中，实质上的独立是一种内心状态，使得注册会计师在提出结论时不受损害职业判断的因素影响，诚信行事，遵循客观和公正原则，保持职业怀疑态度；形式上的独立是种外在表现，使得一个理性且掌握充分信息的第三方，在权衡所有相关事实和情况后，认为会计师事务所或审计项目组成员没有损害诚信原则、客观和公正原则以及职业怀疑态度。

为指导注册会计师识别对独立性的不利影响、评价不利影响的严重程度、必要时采取防范措施消除不利影响或将其降低至可接受的水平，《职业道德守则》建立了独立性概念框架。独立性概念框架要求注册会计师在确定是否接受或保持某项业务，或者某一特定人员能否作为审计项目组成员时，会计师事务所应当识别和评价各种对独立性的不利影响；如果不利影响超出可接受的水平，在确定是否接受某项业务或某一特定人员能否作为审计项目组成员时，会计师事务所应当确定能否采取防范措施以消除不利影响或将其降低至可接受的水平；在确定是否保持某项业务时，会计师事务所应当确定现有的防范措施是否仍然有效，如果无效，是否需要采取其他防范措施或者终止业务；在执行业务过程中，如果注意到对独立性产生不利影响的新情况，会计师事务所应当运用独立性概念框架评价不利影响的严重程度。如果无法采取适当的防范措施消除不利影响或将其降低至可接受的水平，注册会计师应当消除产生不利影响的情形，以及拒绝接受审计业务委托或终止审计业务。

（三）客观和公正

客观性是一种思想状态，一种能为注册会计师的服务增加价值的品质，也是一项职业的特征。客观性原则要求注册会计师应当力求公平，不得因为成见、利益冲突或他人影响而损害独立性。也就是说，注册会计师应该按照事物的本质去考察，在执业中要做到一切从实际出发、注重调查研究，只有这样，才能取得主观与客观的一致，做到审计结论有理有据。

注册会计师的服务涉及多方利益，因此，不可避免地会受到来自客户或其他方面的压力，公正性原则要求注册会计师应当具备正直、诚实的品质，在各种压力面前不屈服，能够公平公正、不偏不倚地对待利益各方，不以牺牲一方的利益为条件而使另一方受益。客观性原则和公正性原则适用于注册会计师提供的各种专业服务，而不仅仅局限于鉴证业务。

（四）专业胜任能力和应有的关注

专业胜任能力和应有的关注原则要求注册会计师通过教育、培训和执业实践获取和保持专业胜任能力。注册会计师应当持续了解并掌握当前法律、技术和实务的发展变化，将专业知识和技能始终保持在应有的水平，确保为客户提供具有专业水准的服务。

注册会计师作为专业人士，在许多方面都要履行相应的责任，保持和提高专业胜任能力是其中的重要内容之一。专业胜任能力是指注册会计师具有专业知识、技能和经验，能够经济、有效地完成客户委托的业务。注册会计师如果不能保持和提高专业胜任能力，就难以完成客户委托的业务。事实上，如果注册会计师在缺乏足够的知识、技能和经验的情况下提供专业服务，就构成了一种欺诈。一个合格的注册会计师，不仅要充分认识自己的能力，对自己充满信心，更重要的是，还必须清醒地认识到自己在专业胜任能力方面存在的不足。如果注册会计师不能认识到这一点，承接了难以胜任的业务，就可能给客户乃至社会公众带来危害。

注册会计师在应用专业知识和技能时，应当合理运用职业判断。专业胜任能力可分为两个独立阶段：一是专业胜任能力的获取；二是专业胜任能力的保持。注册会计师应当持续了解和掌握相关的专业技术和业务的发展，以保持专业胜任能力。持续职业发展能够使注册会计师发展和保持专业胜任能力，使其能够胜任特定业务环境中的工作。

注册会计师应当保持应有的关注，遵守执业准则和职业道德规范要求，勤勉尽责，认真、全面、及时地完成工作任务。在审计过程中，注册会计师应当保持职业怀疑态度，运用专业知识、技能和经验，获取和评价审计证据。同时，注册会计师应当采取措施以确保在其授权下工作的人员得到适当的培训和督导。在必要的情况下，注册会计师应当使客户、工作单位及业务报告的其他使用者了解专业服务的固有局限性。

（五）保密

注册会计师能否与客户维持正常的关系，依赖于双方能否自愿而又充分地进行沟通和交流，不掩盖任何重要的事实和情况。只有这样，注册会计师才能有效地完成工作。与客户的沟通，必须建立在为客户信息保密的基础上。这里所说的客户信息，通常是指涉密信息。一旦涉密信息被泄露或被利用，往往会给客户造成损失。因此，许多国家规定，在会计师事务所工作的注册会计师，在没有取得客户同意的情况下，不能泄露任何客户的涉密信息。

保密原则要求注册会计师应当对在职业活动中获知的涉密信息予以保密，不得有下列行为：

(1) 未经客户授权或法律法规允许，向会计师事务所以外的第三方披露其所获知的涉密信息。

(2) 利用所获知的涉密信息为自己或第三方谋取利益。

注册会计师在社会交往中应当履行保密义务，警惕无意泄密的可能性，特别是警惕无意中向近亲属或者关系密切的人员泄密的可能性。近亲属是指配偶、父母、子女、兄弟姐妹、祖父母、外祖父母、孙子女、外孙子女。

另外，注册会计师应当对拟接受的客户或拟受雇的工作单位向其披露的涉密信息保密。在终止与客户或工作单位的关系之后，注册会计师仍然应当对在职业关系和商业关系中获知的信息保密。如果变更工作单位或获得新客户，注册会计师可以利用以前的经验，但不应利用或披露以前职业活动中获知的涉密信息。注册会计师应当明确在会计师事务所内部保密的必要性，采取有效措施，确保其下级员工、为其提供建议和帮助的人员遵守保密义务。

注册会计师在下列情况下可以披露涉密信息：

(1) 法律法规允许披露，并且取得客户或工作单位的授权。

(2) 根据法律法规的要求，为法律诉讼、仲裁准备文件或提供证据，以及向有关监管机构报告发现的违法行为。

(3) 法律法规允许的情况下,在法律诉讼、仲裁中维护自己的合法权益。

(4) 接受注册会计师协会或监管机构的执业质量检查,答复其询问和调查。

(5) 法律法规、执业准则和职业道德规范规定的其他情形。

(六) 良好的职业行为

注册会计师应当遵守相关法律法规,避免发生任何损害职业声誉的行为。注册会计师在向公众传递信息以及推介自己和工作时,应当客观、真实、得体,不得损害职业形象。

注册会计师应当诚实、实事求是,不得有下列行为:

(1) 夸大宣传提供的服务、拥有的资质和获得的经验。

(2) 贬低或无根据地比较其他注册会计师的工作。

二、职业道德概念框架

(一) 职业道德概念框架的含义

实务中,注册会计师会遇到对遵循职业道德基本原则产生不利影响的具体情形。在职业道德守则中,不可能对各式各样的情形予以逐一界定并给出相应的应对措施。因此,中国注册会计师职业道德守则提出职业道德概念框架,以指导注册会计师遵循职业道德基本原则,履行维护公众利益的职责。职业道德概念框架是解决职业道德问题的思路和方法,用以指导注册会计师:识别对职业道德基本原则的不利影响;评价不利影响的严重程度;必要时采取防范措施消除不利影响或将其降低至可接受的水平。职业道德概念框架具有普遍适用性,指导注册会计师处理对职业道德基本原则产生不利影响的各种情形,能够防止注册会计师错误地认为只要是守则未明确禁止的情形就是允许的。

在运用职业道德概念框架时,注册会计师应当运用职业判断。如果发现存在可能违反职业道德基本原则的情形,注册会计师应当评价其对职业道德基本原则的不利影响。在评价不利影响的严重程度时,应当从性质和数量两个方面予以考虑。如果认为对职业道德基本原则的不利影响超出可接受的水平,注册会计师应当确定是否能够采取防范措施消除不利影响或将其降低至可接受的水平。

在运用职业道德概念框架时,如果某些不利影响是重大的,以及合理的防范措施不可行或无法实施,注册会计师可能面临不能消除不利影响或将其降至可接受水平的情形。如果无法采取适当的防范措施,注册会计师应当拒绝或终止所从事的特定专业服务,必要时与客户解除合约关系,或向其工作单位辞职。

(二) 对遵循职业道德基本原则产生不利影响的因素及防范措施

注册会计师对职业道德基本原则的遵循可能受到多种因素的不利影响。不利影响的性质和严重程度因注册会计师提供服务类型的不同而不同。可能对职业道德基本原则产生不利影响的因素包括自身利益、自我评价、过度推介、密切关系和外在压力。

(1) 自身利益导致的不利影响。如果经济利益或其他利益对注册会计师的职业判断或行为产生不当影响,将产生自身利益导致的不利影响。

(2) 自我评价导致的不利影响。如果注册会计师对其(或者其所在会计师事务所、工作单位的其他人员)以前的判断或服务结果作出不恰当的评价,并且将据此形成的判断作为当前服务的组成部分,将产生自我评价导致的不利影响。

（3）过度推介导致的不利影响。如果注册会计师过度推介客户或工作单位的某种立场或意见，使其客观性受到损害，将产生过度推介导致的不利影响。

（4）密切关系导致的不利影响。如果注册会计师与客户或工作单位存在长期、亲密的关系，过于倾向他们的利益，或者认可他们的工作，将产生密切关系导致的不利影响。

（5）外在压力导致的不利影响。如果注册会计师受到实际的压力或感受到压力（包括对注册会计师实施不当影响的意图）而无法客观行事，将产生外在压力导致的不利影响。

防范措施是指可以消除不利影响或将其降至可接受水平的行动或其他措施。应对不利影响的防范措施包括两类：一是法律法规和职业规范规定的防范措施；二是在具体工作中采取的防范措施。

法律法规和职业规范规定的防范措施主要包括：

（1）取得会员资格必需的教育、培训和经验要求。

（2）持续的职业发展要求。

（3）公司治理方面的规定。

（4）执业准则和职业道德规范的规定。

（5）监管机构或注册会计师协会的监控和惩戒程序。

（6）由依法授权的第三方对会员编制的业务报告、申报资料和其他信息进行外部复核。

某些防范措施可以增加识别或制止不道德行为发生的可能性。由行业、法律法规、监管机构以及工作单位规定的这类防范措施包括：由所在工作单位、行业以及监管机构建立有效的公开投诉系统，使同行、工作单位以及社会公众能够注意到不专业或不道德的行为；明确规定会员有义务报告违反职业道德守则的行为或情形。

（三）道德冲突的解决

在遵循职业道德基本原则时，注册会计师应当解决遇到的道德冲突问题。在解决道德冲突问题时，应当考虑下列因素：

（1）与道德冲突问题有关的事实。

（2）涉及的道德问题。

（3）道德冲突问题涉及的职业道德基本原则。

（4）会计师事务所或工作单位制定的解决道德冲突问题的程序。

（5）可供选择的措施。

在考虑上述因素并权衡可供选择措施的后果后，注册会计师应当确定适当的措施。如果道德冲突问题仍无法解决，注册会计师应当考虑向会计师事务所或工作单位内部的适当人员咨询，寻求帮助解决问题。如果道德问题涉及注册会计师与某一组织的冲突或是组织内部的冲突，还应当确定是否向该组织的治理层（如董事会）咨询。

如果某项重大冲突未能解决，注册会计师可以考虑向相关职业团体或法律顾问获取专业建议。如果以不提及相关方的方式与相关职业团体讨论所涉事项，或在法律特权保护下与法律顾问讨论所涉事项，注册会计师通常能够在不违反保密原则的条件下获得解决道德问题的指导。在考虑所有相关可能措施后，如果道德冲突仍未解决，注册会计师应当在可能的情况下拒绝继续与产生冲突的事项发生关联。注册会计师可视情况确定是否解除业务约定，或退出某项特定任务，或完全退出该项业务，或向所在会计师事务所、工作单位辞职。

第三节 注册会计师的法律责任

注册会计师在社会中为不同法律主体的组织和个人提供专业服务，各种服务的保证程度不同，其中审计的保证程度最高，需要承担的责任也最大。法律责任是指因违法行为而引起的、由违法者承担的相应的法律后果。法律责任的特点是：它以一定的义务存在为前提，并出现了违反此种义务的事实。注册会计师有违法行为也应当承担法律责任，注册会计师在审计中，必须保持应有的职业谨慎态度，不断提升自己的专业能力，保障审计质量。也正是由于注册会计师需要承担法律责任，社会才对注册会计师提供高质量审计服务形成了基本的信心和信赖。

一、注册会计师法律责任的要素

注册会计师法律责任是指注册会计师在承办业务的过程中，未能履行合同条款，或者未能保持应有的职业谨慎，或出于故意未按专业标准出具合格报告，致使审计报告使用者遭受损失，依照有关法律法规，注册会计师或会计师事务所应承担的法律责任。在讨论注册会计师的法律责任之前，需要明确被审计单位的会计责任和注册会计师的审计责任。

（一）会计责任与审计责任

1. 会计责任

保证会计资料的真实、完整，是被审计单位的会计责任。单位负责人是单位的法定代表人，代表单位依法行使职权，应当对本单位的会计行为负责，是承担会计责任的主体。

（1）被审计单位管理层的责任。被审计单位管理层的责任主要体现为：在治理层的监督下建立良好的控制环境，维护有关政策和程序，以保证有序和有效地开展业务活动；按照适用范围的会计准则和相关会计制度的规定编制财务报表等。

（2）被审计单位治理层的责任。被审计单位治理层的责任主要体现为：监督管理层建立和维护内部控制，保证管理层在树立诚信文化方面的受托责任；监督编制财务报告的过程，包括审查或监督企业的重大会计政策、审核或监督企业财务报告和披露程序、审核或监督与财务报告相关的企业内部控制、组织和领导企业内部审计、审核和批准企业的财务报告和相关信息披露、聘任和解聘负责企业财务报表审计工作的注册会计师并与其进行沟通等。

2. 审计责任

审计责任，就是注册会计师在审计报告中清楚地表达审计意见，并对其出具的审计报告负责。审计责任是注册会计师对被审计单位应尽的义务，是审计职业赖以生存和发展的基础。

审计责任不能替代、减轻或免除被审计单位负责人的会计责任。当注册会计师遵循审计准则和职业规范的要求进行审计时，仍有可能没有发现财务报表中的某些错报（含漏报）以致出具了与事实不符的审计报告。在这种情况下，由于注册会计师已按职业规范执业，就不能认定是审计失败，也无须承担任何法律责任。然而，如果注册会计师不具备专业胜任能力、没有做到应有的职业谨慎、没有依据审计准则的要求执业、没有实施必要的审计程序并获取充分的审计证据，或者与被审计单位合谋舞弊，出具了虚假、错误的审计报告，就必须承担相应的审计责任。此时，注册会计师也不能以财务报表是由被审计单位负责人提供为借口而不承担过失责任。

(二) 经营失败、审计失败和审计风险

1. 经营失败

经营失败是指企业由于经济或经营条件的变化(如经济衰退、不当的管理决策或出现意料之外的行业竞争等)而无法满足投资者的预期。经营失败的极端情况是申请破产。被审计单位在经营失败时，也可能会连累注册会计师。很多会计和法律专业人员认为，会计报表使用者控告会计师事务所的主要原因之一，是其不理解经营失败和审计失败之间的差别。众所周知，资本投入或借给企业后就面临某种程度的经营风险。经营风险是指企业由于经济或经营条件变化，如经济萧条、决策失误和同行之间意想不到的竞争等，而无力归还借款或无法达到投资人期望的收益。

2. 审计失败

审计失败是指注册会计师由于没有遵守审计准则的要求而发表了错误的审计意见。例如，注册会计师可能指派了不合格的助理人员去执行审计任务，未能发现应当发现的财务报表中存在的重大错报。

经营失败不等于审计失败，它们的区别是：审计失败是指发表不当的审计意见，无论审计报告的阅读者是否信赖审计报告、是否由于信赖审计报告而作出错误的投资或经营决策、是否由此造成损失，都属于审计失败。而经营失败是指经营过程中遭受重大损失，在很大程度上，这是经营者作出不当的决策造成的，或者也有可能是不可预见的事项导致的。

3. 审计风险

审计风险是指财务报表中存在重大错报，而注册会计师遵守了审计准则，却发表不恰当审计意见的可能性。由于审计中的固有限制影响注册会计师发现重大错报的能力，注册会计师不能对财务报表整体不存在重大错报获取绝对保证。特别是如果被审计单位管理层精心策划和掩盖舞弊行为，注册会计师尽管完全按照审计准则执业，有时还是不能发现某项重大舞弊行为。但如果注册会计师在审计过程中没有尽到应有的职业谨慎，就属于审计失败。

二、注册会计师法律责任成因

尽管注册会计师被控告起诉的事件增加了，注册会计师的法律责任也扩展了，仍然有必要分析一下导致其法律责任的原因。在当今社会，注册会计师被控告的原因可能是多方面的，有的是被审计单位方面的责任，有的是注册会计师方面的责任，有的是双方的责任，还有的是使用者误解的原因。其中，被审计单位的责任和注册会计师的责任是重要的。

(一) 被审计单位的责任

被审计单位存在某些严重错报和舞弊而注册会计师未能查出，这往往会给他人造成损失，注册会计师可能遭到委托单位及有关方面的控告。当然，由于审计的固有限制，不能苛求注册会计师发现和揭露财务报表中的所有错误与舞弊情况。因此，既不能要求注册会计师对所有未查出的财务报表中的错误与舞弊情况负责，又不意味着注册会计师对未能查出的财务报表中的重大会计错误与舞弊没有任何责任，关键要看未能查出的原因是否源自注

册会计师本身的过错。

1. 错报

错报是指某一财务报表项目的金额、分类、列报或披露,与按照适用的财务报表编制基础应当列示的金额、分类、列报或披露之间存在的差异;或根据注册会计师的判断,为使财务报表在所有重大方面实现公允反映,需要对金额、分类、列报或披露作出的必要调整。导致错报的事项有:

(1) 收集或处理用以编制财务报表的数据时出现错误。

(2) 遗漏某项金额或披露。

(3) 疏忽或明显误解有关事实导致作出不正确的会计估计。

(4) 注册会计师认为管理层对会计估计作出不合理的判断或对会计政策作出不恰当的选择和运用。

2. 舞弊

舞弊是指被审计单位的管理层、治理层、员工或第三方使用欺骗手段获取不当或非法利益的故意行为。舞弊分为两种类型:舞弊性财务报告和资产侵占。

舞弊性财务报告的表现形式有:

(1) 对会计记录或相关文件记录的操纵、伪造和篡改。

(2) 对交易、事项或其他重要信息在财务报表中的不真实表述或故意遗漏。

(3) 对会计政策和会计估计的故意误用。

资产侵占是指被审计单位的管理层或员工非法占用被审计单位的资产。资产侵占的表现形式有:

(1) 贪污收入款项。

(2) 盗取货币资金、实物资产和无形资产。

(3) 使被审计单位对虚构的商品或劳务付款。

(4) 将被审计单位资产挪为私用。

针对舞弊,治理层、管理层的责任是防止或发现舞弊,治理层负有监督责任。治理层的监督包括考虑管理层凌驾于控制之上或对财务报告过程施加其他不当影响的可能性。

注册会计师对发现舞弊方面的责任可以从正、反两个方面界定。在按照审计准则的规定执行审计工作时,注册会计师有责任对财务报表整体是否不存在舞弊或错误导致的重大错报获取合理保证。由于审计的固有限制,即使注册会计师按照审计准则的规定恰当地计划和执行了审计工作,也不可避免地存在财务报表中的某些重大错报未被发现的风险。注册会计师不能对财务报表整体不存在重大错报获取绝对保证。

(二) 注册会计师法律责任

注册会计师法律责任的出现,通常是因为注册会计师在执业时没有保持应有的职业谨慎,并导致了对其他人权利的损害。应有的职业谨慎是指注册会计师应当具备足够的专业知识和业务能力,按照执业准则的要求执业。

1. 注册会计师的法律责任认定

注册会计师的法律责任认定包括违约、过失和欺诈三种。

(1) 违约。违约是指合同的一方或几方未能达到合同条款的要求。当违约给他人造成损失时,注册会计师应承担违约责任。例如,会计师事务所在商定的期间内违反了与被审计单位订立的保密协议。

(2) 过失。在一定条件下,注册会计师缺乏应有的合理谨慎,给他人造成了损失,应当承担过失责任。过失按其程度不同可分为普通过失和重大过失。普通过失(也称一般过失),通常是指没有保持职业上应有的合理的谨慎,对注册会计师而言,其则是指没有完全遵循专业准则的要求。例如,未按特定审计项目获取充分、适当的审计证据就出具审计报告的情况,可视为一般过失。重大过失是指连起码的职业谨慎都没有保持,对注册会计师而言,其则是指根本没有遵循专业准则或没有按专业准则的基本要求执行审计工作。

(3) 欺诈。欺诈又称舞弊,是以欺骗或坑害他人为目的的一种故意的错误行为。作案具有不良动机是欺诈的重要特征,也是欺诈与普通过失和重大过失的主要区别之一。对于注册会计师而言,欺诈就是为了欺骗他人,明知委托单位的财务报表有重大错报,却加以虚伪地陈述,出具无保留意见的审计报告。与欺诈相关的另一个含义是"推定欺诈",又称"涉嫌欺诈",是指虽无故意欺诈或坑害他人的动机,却存在极端或异常的过失。

2. 注册会计师可能被判承担的责任

注册会计师因违约、过失或欺诈,给被审计单位或其他利害关系人造成损失的,可能被判承担行政责任、民事责任或刑事责任。这三种责任可以单处,也可以并处。

(1) 行政责任是指其违反法律法规的规定,并给有关各方造成经济等方面的损害后,政府主管部门或自律组织对其所追究的具有行政性质的责任。对于个人来说,追究的行政责任包括警告、暂停营业、吊销注册会计师证书等;对于会计师事务所而言,追究行政责任包括警告、没收违法所得、罚款、暂停营业、撤销等。

(2) 民事责任是指注册会计师或审计机构因违反合同或法定民事义务所引起的法律后果,依法承担赔偿经济损失的法律责任,主要包括赔偿经济损失、支付违约金等。

(3) 刑事责任是指注册会计师由于重大过失、欺诈行为违反了刑法,所应承担的相应法律责任,主要包括管理、拘留、判刑、剥夺政治权利和罚金、没收财产等。

一般来说,因违约和过失可能使注册会计师负行政责任和民事责任,因欺诈可能会使注册会计师负民事责任和刑事责任。

三、注册会计师避免法律诉讼的措施

注册会计师职业本身就决定了它是一个容易遭受法律诉讼的行业,如何规避法律诉讼就显得尤为重要。

(一) 严格遵循职业道德守则和执业准则的要求

不能苛求注册会计师对财务报表中的所有错报都承担法律责任,注册会计师是否要承担法律责任关键在于注册会计师是否有过失或故意行为。要判断注册会计师是否有过失的关键在于注册会计师是否按执业准则要求执业。因此,保持良好的职业道德行为,严格遵循执业准则的要求执行工作、出具报告,对于避免法律诉讼或在提起诉讼中保护注册会计师具有非常重要的作用。

(二) 建立健全会计师事务所质量控制制度

会计师事务所不同于一般企业,质量控制是会计师事务所各项工作的核心和关键,如果一个会计师事务所质量控制不严,很有可能因为某一个人或某个部门,导致整个会计师事务所遭受灭顶之灾。随着企业规模的扩大、业务的复杂化和计算机技术的应用，审计业务更为复杂，注册会计师的责任范围不断扩大，会计师事务所只有且必须建立全套严格、科学的内部控制制度，并把这套制度推行到每一个人、每个部门和每一项业务，只有迫使注册会计师按照专业标准的要求执业，才能保证整个事务所的业务质量。

（三）与委托人签订业务约定书

业务约定书具有法律效力，它是会计师事务所和委托人签订的委托合同。如果忽视业务约定书的作用，在涉及法律诉讼时，将很难分清注册会计师与委托人之间的责任，这不利于注册会计师。会计师事务所无论承办何种业务，都要按照要求与委托人签订约定书，这样才能在发生法律诉讼时更好地保护注册会计师。

（四）审慎选择客户

会计师事务所若想避免法律诉讼，必须审慎选择被审计单位，以降低风险。如果忽视了解被审计单位的情况，只要有客户，不论风险的高低，统统照单全收，纳为自己的审计客户，无疑给自己埋下了一颗颗定时炸弹。在选择客户时要注意以下几个方面：一是选择正直的客户，如果客户对其顾客、员工、政府部门或其他方面没有正直的品格，也必然会欺骗注册会计师；二是对陷入财务和法律困境的客户尤为注意，周转不灵或面临破产的公司，其股东和债权人总想寻找“替罪羊”，要注重了解客户的情况，对高风险行业的客户予以关注，将注册会计师可能发生法律诉讼的隐患降到最低。

（五）深入了解被审计单位业务

了解客户情况是指对客户所处的经济环境及所在行业的一般了解和对客户内部情况的具体了解。在很多案件中，注册会计师之所以未能发现错误，一个重要的原因就是不了解被审计单位所在行业的情况及被审计单位的业务。会计是经济活动的综合反映，不熟悉被审计单位的经济业务和生产经营实际，仅局限于有关的会计资料，就可能发现不了某些错误。

（六）提取风险基金及购买责任保险

会计师事务所要按规定提取风险基金，在条件允许的情况下购买责任保险，这样在发生法律诉讼的情况下，能够防止或减少诉讼失败时会计师事务所发生的财物损失。特别是脱钩改制后的会计师事务所，注册资本金大多在几十万元至几百万元，如稍有不慎遇到法律诉讼，很可能“倾家荡产”。因此，提取风险基金和购买责任保险对于注册会计师行业的健康发展起到一定的保护作用。

（七）聘请熟悉注册会计师法律责任的律师

会计师事务所有条件的话尽可能聘请熟悉相关法规及注册会计师法律责任的律师。在执业过程中，如遇到重大法律问题，注册会计师应与本所的律师或外聘律师详细讨论所有潜在的危险情况并仔细考虑律师的建议。一旦发生法律诉讼，也应请有经验的律师参加诉讼。

（八）按规定保管审计工作底稿

会计师事务所侵权赔偿责任的归责原则为过错推定原则，也称过失推定，在侵权行为法上，就是受害人在诉讼中，能证明违法行为与损害事实之间的因果关系的情况下，如果加害人不能证明损害的发生自己无过错，那么就从损害事实的本身推定被告在致人损害的行为中有过错，并为此承担赔偿责任。会计师事务所只要能证明自己没有过错，就可以不承担赔偿责任,事务所有无过错主要看是否按执业标准执业,其有力证据是审计工作底稿,因此,按规定妥善保管审计工作底稿,遇到法律诉讼及时提供对规避审计风险具有重要意义。

第四节 会计师事务所及其组织形式

一、会计师事务所的含义

会计师事务所(accounting firms)是指依法独立承担注册会计师业务的中介服务机构,是由有一定会计专业水平、经考核取得证书的会计师(如中国的注册会计师、美国的执业会计师、英国的特许会计师、日本的公认会计师等)组成的,受当事人委托承办有关审计、会计、咨询、税务等方面业务的组织。

二、会计师事务所的类型及特点

综观注册会计师行业在各国的发展,会计师事务所主要有独资、普通合伙制、有限责任公司制、有限责任合伙制四种组织形式。

(一) 独资会计师事务所

独资会计师事务所由具有注册会计师执业资格的个人独立开业,承担无限责任。它的优点有对执业人员的需求不多,容易设立,执业灵活,能够在代理记账、代理纳税等方面很好地满足小型企业对注册会计师服务的要求,虽然承担无限责任,但实际发生风险的可能性相对较小。它的缺点有无力承担大型业务、缺乏发展后劲。

(二) 普通合伙制会计师事务所

普通合伙制会计师事务所是由两位或两位以上注册会计师组成的合伙组织。合伙人以各自的财产对事务所的债务承担无限连带责任。它的优点有风险的牵制和共同利益的驱动,促使事务所强化专业发展、扩大规模、提高规避风险的能力。它的缺点有建立一个跨地区、跨国界的大型会计师事务需要经历一个漫长的过程。同时,任何一个合伙人执业中的失误或舞弊行为,都可能给整个会计师事务所带来灭顶之灾。

(三) 有限责任公司制会计师事务所

有限责任公司制会计师事务所(limited liability companies, LLCs),由注册会计师认购会计师事务所股份,并以其所认购股份对会计师事务所承担有限责任。会计师事务所以其全部资产对其债务承担有限责任。它的优点是可以通过公司制形式迅速聚集一批注册会计师,建立规模型大所,承办大型业务。它的缺点是降低了风险责任对执业行为的高度制约,弱化了注册会计师的个人责任。

(四) 有限责任合伙制会计师事务所

有限责任合伙制会计师事务所(limited liability partnerships, LLPs)最明显的特征是合伙人只需承担有限责任。无过失的合伙人对其他合伙人的过失或不当执业行为以自己在事务所的财产为限承担责任,不承担无限责任,除非该合伙人参与了过失或不当执业行为。

它的最大特点在于，既融入了合伙制和有限责任公司制会计师事务所的优点，又摒弃了它们的不足。这种组织形式是为顺应经济发展对注册会计师行业的要求，于 20 世纪 90 年代初兴起的，许多国家和地区的大中型会计师事务所也陆续开始转型，有限责任合伙制会计师事务所已成为当今注册会计师职业界组织形式发展的趋势。我国自 2007 年 6 月 1 日起施行的修订的《中华人民共和国合伙企业法》，明确了特殊的普通合伙这一新合伙企业组织形式适用于会计师事务所，为会计师事务所等专业服务机构的改制、发展提供了法律支持。

会计师事务所必须经过行业主管机关或注册会计师协会的批准登记并由注册会计师协会予以公告。独资会计师事务所和合伙制会计师事务所经过这个程序即可开业，有限责任公司制会计师事务所一般还应当进行公司登记。

三、我国会计师事务所的设立条件

会计师事务所是注册会计师依法承办业务的机构。我国《注册会计师法》规定，合伙制和有限责任制为会计师事务所的法定组织形式。

（一）合伙制会计师事务所的设立条件

合伙设立的会计师事务所的债务，由合伙人按照出资比例或者协议约定，以各自的财产承担责任。普通合伙制会计师事务所的设立条件包括：有 2 名以上的合伙人；有书面的合伙协议；有会计师事务所的名称；有固定的办公场所。

成为合伙人或股东的条件包括：持有注册会计师证书；在会计师事务所执业；成为股东或合伙人前 3 年内没有因为执业行为受到行政处罚；有取得注册会计师证书后最近连续 5 年在会计师事务所从事法定审计业务的经历，其中，在境内会计师事务所的经历不少于 3 年；成为合伙人或者股东前 1 年内没有因为不正当手段申请设立会计师事务所而被省级财政部门作出不予受理、不予批准或者撤销的决定。

（二）有限责任制会计师事务所的设立条件

有限责任制会计师事务所以其全部资产对其债务承担责任。有限责任制会计师事务所的设立条件包括：有 5 名以上的合伙人；有一定数量的专职从业人员；有股东共同制定的章程；有不少于人民币 30 万元的注册资本；有会计师事务所的名称；有固定的办公场所。

合伙制与有限责任制相比，有以下几个方面的区别。

1. 出资者所负的责任不同

在合伙制形式下，当合伙制事务所发生索赔案件时，合伙人先以事务所的合伙财产按其承担债务的比例来清偿。如果不足，则要以个人财产或家庭共有财产来清偿。并且，各合伙人之间承担连带责任。相比之下，有限责任制对投资人的约束力就要小得多，事务所的财产与出资者的个人财产分离，出资者仅以其出资额为限承担责任，因此，有限责任制会计师事务所承担的风险和责任比合伙制小得多。

2. 人员结构稳定程度不同

合伙制会计师事务所人员结构稳定。由于合伙人共同经营管理事务所，对公司债务负连带责任，合伙人的变动对于其他合伙人及债权人来说都是非常重要的问题。对于合伙人的变动，合伙协议有严格的规定，如合伙人转让股份要受很多约束，这使得合伙制会计师事务所人员趋于稳定。相对于合伙制而言，有限责任制会计师事务所的股东转让股份，可以不经其他股东同意，股东变动自由，这降低了对事务所成员的约束力，也在一定程度上降低了他们的责任感。

3. 规模的可塑性不同

股东人数的多寡在一定程度上影响到会计师事务所规模的大小，股东人数多，资金就多，设立的公司的规模就相对大，反之亦然。合伙制会计师事务所由于合伙人共同经营管理事务所，对公司债务负连带责任，合伙人之间必然是相互监督、相互信任的，新合伙人的加入要经过全体合伙人的同意，这就限制了合伙人加入。相对于合伙制，有限责任制会计师事务所的股东只依据自己的出资额承担债务，对新股东的加入没有过多限制，股东人数的规定弹性比较大，有限责任制会计师事务所的规模的可塑性强。

复习思考题

1. 注册会计师执业准则体系包括哪些方面？各个方面规范的内容是什么？
2. 注册会计师职业道德规范的含义是什么？
3. 注册会计师职业道德规范分为几个层次？各层次之间有何联系？
4. 什么是职业道德概念框架？
5. 我国注册会计师法律责任包括哪些？

第三章
审计目标、审计证据和审计工作底稿

教学目标

➢ 知识目标

1. 理解并识记审计的总体目标及具体目标，能够区分每一类认定中的单个认定。

2. 熟悉审计证据的特征及审计证据的类型。

3. 理解审计证据的适当性与充分性。

4. 理解审计工作底稿的编制、归档和保存要求，熟悉审计目标、审计程序与审计工作底稿之间的关系。

➢ 能力目标

1. 掌握审计程序的特点及其适用的情形。

2. 培养审计思维能力，能够将审计目标及审计程序灵活地运用到审计工作中。

➢ 素养目标

1. 将注册会计师的职业使命感融入审计目标中，增强审计人员的责任感。

2. 掌握搜集证据的审计方法，灵活运用于审计监督或鉴证工作，提升审计推进国家治理的能力。

导入案例

重要科目底稿缺失，会计师事务所受罚

2023 年 1 月，北京中天华茂会计师事务所收到江苏证监局对其的警示函。北京中天华茂会计师事务所在对美尚生态景观股份有限公司（以下简称 * ST 美尚或公司）2021 年财务报表审计和内部控制审计中发现以下问题：其一，未见 * ST 美尚本部存货、递延所得税资产、应交税费、所得税费用等重要科目底稿；多个重要科目仅有审定表、明细表；底稿中部分科目的明细表、审定表、单体报表金额不一致。其二，货币资金相关审计证据控制程序缺失，如未见获取企业开立账户清单、银行对账单、部分银行函证的控制过程记录；未对获取的相关审计证据进行核对分析。其三，应收款项函证程序执行不当，部分函证无控制过程记录。在审计中，部分科目回函比例极低，并且未执行有效的替代测试。此外，部分回函日期晚于审计报告日；部分客户回函印章异常；部分客户回函与其他审计证据矛盾。其四，对存货、固定资产相关审计程序执行不当，注册会计师对公司存货监盘均在资产负债表日后，未倒轧至资产负债表日；部分存货监盘程序执行不当，对无法抽盘的存货则直接认可了其账面价值；部分固定资产盘点无相关人员签字；部分固定资产无盘点及监盘记录；注册会计师认可公司不对存货及固定资产计提减值的会计处理，但未取得充分适当审计证据。

资料来源：根据《江苏证监局关于对北京中天华茂会计师事务所（普通合伙）及张清、常媛媛采取出具警示函措施的决定》（〔2023〕16 号）整理编写。

思考：上述案例中，注册会计师对 * ST 尚美的审计搜集的证据是否充分、适当？审计程序的执行是否与审计目标相匹配？结合本案例，注册会计师应如何将审计目标、审计程序与审计证据结合，以应对财务舞弊？

第一节　审计目标

审计作为一个人造系统，有自己的运行目标，审计活动就是围绕审计目标而展开。审计目标分为审计的总体目标和具体审计目标。审计的总体目标是指注册会计师为完成整体审计工作而达到的预期目的。审计的具体审计目标是指注册会计师通过实施审计程序以确定管理层在财务报表中确认的各类交易、账户余额、披露层次认定是否恰当。

一、审计的总体目标

《中国注册会计师审计准则第 1101 号——注册会计师的总体目标和审计工作的基本要求》对财务报表的总体目标作出了规定。该准则指出，财务报表审计的总体目标是注册会计师通过执行审计工作，对财务报表以下两个方面发表审计意见：对财务报表整体是否不存在舞弊或错误导致的重大错报获取合理保证，使得注册会计师能够对财务报表是否在所有重大方面按照适用的财务报表编制基础编制发表审计意见；按照审计准则的规定，根据审计结果对财务报表出具审计报告，并与管理层和治理层沟通。在任何情况下，如果不能获取合理保证，并且在审计报告中发表保留意见也不足以实现向预期使用者报告的目的，注册会计师应当按照审计准则的规定出具无法表示意见的审计报告，以及在法律法规允许的情况下终止审计业务或解除业务约定。

注册会计师是否按照审计准则的规定执行了审计工作，取决于注册会计师在具体情况下实施的审计程序，由此获取的审计证据的充分性和适当性，以及根据总体目标和对审计证据的评价结果而出具审计报告的恰当性。

二、认定与具体审计目标

审计总体目标的实现，依赖于财务报表各项目具体审计目标的实现。认定与具体审计目标密切相关，注册会计师的基本职责就是确定被审计单位对财务报表的认定是否恰当。

（一）认定的含义

认定是指管理层在财务报表中作出的明确或隐含的表述，注册会计师将其用于考虑可能发生的不同类型的潜在错报。

当管理层声明财务报表已按照适用的财务报表编制基础编制，在所有重大方面作出公允反映时，就意味着管理层对各类交易和事项、账户余额或披露的确认、计量和列报作出了认定。管理层在财务报表上的认定有些是明确表达的，有些则是隐含表达的。例如，管理层在资产负债表中列报存货及其金额，意味着作出下列明确的认定：记录的存货是存在的；存货以恰当的金额包括在财务报表中，与之相关的计价或分摊调整已恰当记录。同时，管理层也作出下列隐含的认定：所有应当记录的存货均已记录；记录的存货都由被审计单位所有。

（二）关于所审计期间各类交易、事项及相关披露的认定和具体审计目标

关于所审计期间各类交易、事项及相关披露的认定反映的是企业在一定期间内所开展经营活动及其成果的信息，通常对应利润表账户。该类认定及对应的具体审计目标如下：

（1）发生：记录或披露的交易和事项已发生，且这些交易和事项与被审计单位有关。

审计目标：确认被审计单位已记录的交易是真实发生的。例如，如果没有发生销售交易，但在销售日记账中记录了一笔销售，则违反了该目标。

发生认定所要解决的问题是管理层是否把那些不曾发生的项目列入财务报表，它主要与利润表组成要素的高估有关。

（2）完整性：所有应当记录的交易和事项均已记录，所有应当包括在财务报表中的相关披露均已包括。

审计目标：确认被审计单位已发生的交易确实已经记录，所有应包括在财务报表中的相关披露均已包括。例如，如果发生了销售交易，但没有在销售明细账和总账中记录，则违反了该目标。

发生和完整性强调的是相反的关注点。发生目标针对多记、虚构交易（高估），而完整性目标则针对漏记交易（低估）。

（3）准确性：与交易和事项有关的金额及其他数据已恰当记录，相关披露已得到恰当计量和描述。

审计目标：确认被审计单位已记录的交易是按正确金额反映的。例如，如果在销售交易中，发出商品的数量与账单上的数量不符，或是开账单时使用了错误的销售价格，或是账单中的乘积或加总有误，或是在销售明细账中记录了错误的金额，则违反了该目标。

（4）截止：交易和事项已记录于正确的会计期间。

审计目标：确认被审计单位接近于资产负债表日的交易记录于恰当的期间。例如，如果本期交易推到下期，或下期交易提到本期，则均违反了截止目标。

（5）分类：交易和事项已记录于恰当的账户。

审计目标：确认被审计单位记录的交易和事项经过适当分类。例如，将出售经营性固定资产所得的收入记录为营业收入，则违反了分类的目标。

（6）列报：交易和事项已被恰当地汇总或分解且表述清楚，相关披露在适用的财务报表编制基础下是相关的、可理解的。

审计目标：确认被审计单位的交易和事项已被恰当地汇总或分解且表述清楚，相关披露

在适用的财务报表编制基础下是相关的、可理解的。

(三) 关于期末账户余额及相关披露的认定和具体审计目标

关于期末账户余额及相关披露的认定反映的是企业截至特定时点的账户余额信息，通常对应资产负债表账户。该类认定及对应的具体审计目标如下：

(1) 存在：记录的资产、负债和所有者权益是存在的。

审计目标：确认被审计单位资产负债表上表述的各项资产、负债和权益账户的余额在资产负债表日确实存在。例如，在应收账款的期末余额中存在某顾客的应收账款，但实际上并不存在，则违反了存在目标。

(2) 权利和义务：记录的资产由被审计单位拥有或控制，记录的负债是被审计单位应当履行的偿还义务。

审计目标：确认资产归属于被审计单位的权利，负债属于被审计单位的义务。例如，将他人寄售商品列入被审计单位的存货中，违反了权利目标；将不属于被审计单位的债务记入账内，违反了义务目标。

(3) 完整性：所有应当记录的资产、负债和所有者权益均已记录，所有应当包括在财务报表中的相关披露均已包括。

审计目标：确认被审计单位已存在的金额均已记录，所有应包括在财务报表中的相关披露均已包括。例如，如果存在某顾客的应付账款，而应付账款明细表中却没有列入，则违反了完整性目标。

(4) 准确性、计价和分摊：资产、负债和所有者权益以恰当的金额包括在财务报表中，与之相关的计价或分摊调整已恰当记录，相关披露已得到恰当计量和描述。

审计目标：确认被审计单位的资产、负债和所有者权益以恰当的金额包括在财务报表中，与之相关的计价或分摊调整已恰当记录。

(5) 分类：资产、负债和所有者权益已记录于恰当的账户。

审计目标：确认被审计单位的资产、负债和所有者权益已记录于恰当的账户。

(6) 列报：资产、负债和所有者权益已被恰当地汇总或分解且表述清楚，相关披露在适用的财务报表编制基础下是相关的，可理解的。

审计目标：确认被审计单位的资产、负债和所有者权益已被恰当地汇总或分解且表述清楚，相关披露在适用的财务报表编制基础下是相关的、可理解的。

第二节 审计证据

审计人员通过执行一系列的审计程序来获取充分、适当的审计证据。从某种意义上来讲，审计的过程就是收集、鉴定和评价审计证据的过程。

一、审计证据的含义与特征

(一) 审计证据的含义

《中国注册会计师审计准则第 1301 号——审计证据》将审计证据定义为：“注册会计师

为了得出审计结论和形成审计意见而使用的信息。审计证据包括构成财务报表基础的会计记录所含有的信息和从其他来源获取的信息。”由此可以看出，审计证据是审计人员在审计过程中通过采用各种审计程序与方法获取的、用以证实或否定客户财务报表所反映的财务状况和经营成果的公允性，并作为审计意见形成基础的一切资料。

1. 会计记录所包含的信息

会计记录是被审计单位管理层编制财务报表的依据，主要包含原始凭证、记账凭证、总分类账和明细分类账、未在记账凭证中反映的对财务报表的其他调整等。例如，支票、电子资金转账记录、发票和合同；支持成本分配、计算、调节和披露的手工计算表和电子数据表。

2. 其他信息

会计记录中包含的信息本身并不足以提供充分的审计证据作为对财务报表发表审计意见的基础。因此，注册会计师还应当获取用作审计证据的其他信息，其他信息主要包括：注册会计师从除被审计单位内部或外部获取的会计记录以外的信息，如被审计单位会议记录、内部控制手册、询证函的回函、分析师的报告、与竞争者的比较数据等；通过询问、观察和检查等审计程序获取的信息，如通过检查存货获取存货存在的证据等；自身编制或获取的可以通过合理推断得出结论的信息，如注册会计师编制的各种计算表、分析表等。

会计记录中包含的信息和其他的信息共同构成了审计证据，两者缺一不可。只有将两者结合在一起，才能将审计风险降至可接受的低水平，为注册会计师发表审计意见提供合理基础。

（二）审计证据的特征

《中国注册会计师审计准则第 1301 号——审计证据》第九条规定：“注册会计师的目标是，通过恰当的方式设计和实施审计程序，获取充分、适当的审计证据，以得出合理的审计结论，作为形成审计意见的基础。”由此可见，审计证据作为审计意见形成的基础，应具备充分性和适当性两方面的特征。

1. 审计证据的充分性

审计证据的充分性是对审计证据数量的衡量，主要与注册会计师确定的样本量有关。例如，对某个审计项目实施某一选定的审计程序，从 200 个样本项目中获得的证据要比从 100 个样本项目中获得的证据更充分。获取的审计证据应当充分，足以将与每个重要认定相关的审计风险限制在可接受的水平。

注册会计师需要获取的审计证据的数量受其对重大错报风险评估的影响（评估的重大错报风险越高，需要的审计证据可能越多），并受审计证据质量的影响（审计证据质量越高，需要的审计证据可能越少）。然而，注册会计师仅靠获取更多的审计证据可能无法弥补其质量上的缺陷。

2. 审计证据的适当性

审计证据的适当性是对审计证据质量的衡量，即审计证据在支持审计意见所依据的结论方面具有的相关性和可靠性。相关性和可靠性是审计证据适当性的核心内容，只有相关、可靠的审计证据，才是高质量的审计证据。

相关性是指审计证据必须与特定的审计目标和管理层认定相关。例如，审计人员监盘存货获得的有关存货存在性的证据并不能证明这些存货的所有权和计价认定，更不能用来证明其他不相关的审计项目。在确定审计证据的相关性时，审计人员应当考虑：特定的审计程序可能只为某些认定提供相关的审计证据，而与其他认定无关；有关某一特定认定（如存货的存在认定）的审计证据，不能替代与其他认定（如该存货的计价认定）相关的审计证据；不同来源或不同性质的审计证据可能与同一认定相关。

可靠性是指证据的可信赖程度，通常受审计证据来源和性质的影响，并取决于获取审计证据的具体环境。例如，注册会计师亲自检查存货所获得的证据，比被审计单位管理层提供给注册会计师的存货数据更可靠。审计人员在判断审计证据的可靠性时，通常会考虑下列原则：

（1）从被审计单位外部独立来源获取的审计证据比从其他来源获取的审计证据更可靠。

（2）相关控制有效时内部生成的审计证据比控制薄弱时内部生成的审计证据更可靠。

（3）直接获取的审计证据比间接获取或推论得出的审计证据更可靠。

（4）以文件记录形式（包括纸质、电子或其他介质）存在的审计证据比口头形式的审计证据更可靠。

（5）从原件获取的审计证据比从复印、传真或通过拍摄、数字化，以及其他方式转化成电子形式的文件获取的审计证据更可靠。

通常情况下，注册会计师以函证方式直接从被询证者获取的审计证据，比被审计单位内部生成的审计证据更可靠。通过函证等方式从独立来源获取的相互印证的信息，可以提高注册会计师从会计记录或管理层书面声明中获取的审计证据的保证水平。

充分性和适当性是审计证据的两个重要特征，两者缺一不可，只有充分、适当的审计证据，才是有证明力的审计证据。注册会计师需要获取的审计证据的数量也受审计证据质量的影响。审计证据质量越高，需要的审计证据数量可能越少。也就是说，审计证据的适当性会影响审计证据的充分性。例如，被审计单位内部控制健全时生成的审计证据更为可靠，注册会计师只需获取适量的审计证据，就可以为发表审计意见提供合理的基础。

二、审计证据的种类

审计证据是复杂多样的。审计人员为了提高审计效率，必须对审计证据进行科学的分类。一般来说，审计证据可以分为文件证据、实物证据、口头证据、询证证据、数学证据和分析性证据六类。

（一）文件证据

文件证据是审计人员在被审计单位内部获取的各种以书面文件为形式的一类证据，它由会计记录、支持这些会计记录的原始凭证以及其他诸如会议记录、合同书等重要文件组成。文件证据的具体内容如下：

（1）会计记录：总分类账、现金日记账、银行存款日记账、月报、季报等。

（2）货币资金：支票存根、银行对账单等。

（3）采购：订购单、申购单、验收单、入库单、购货发票和付款凭单等。

（4）生产：计时卡片、考勤卡、工资汇总表、存货清单等。

（5）销售：销售订单、销售发票、发运单、提货单和运费单等。

（6）其他重要文件：公文、合同等。

文件证据形成于被审计单位的内部，其证明力不及审计人员自己取得的实物证据和从被审计单位以外的第三方取得的询证证据。但它提供了交易最初的证明，是审计证据中最大量、最基本的证据，在大多数审计项目中占据十分重要的地位。

(二) 实物证据

实物证据是指用以确定某些实物资产是否确实存在的证据。例如，可以利用实物证据核实库存现金、有价证券、存货和固定资产的存在性和数量。实物证据提供了证明资产存在性的初步证据，但其存在以下缺陷：一是只能证明实物资产的存在性，而不能保证资产的所有权归被审计单位所有；二是可以证明实物资产的数量，但难以确保实物资产的质量。

(三) 口头证据

口头证据是由被审计单位的员工或其他有关人员对审计人员的询问所作出的口头答复而形成的一类证据。它可以用于每一类认定的评价过程，但由于其证明力较弱，在通过询问获得口头证后，审计人员还必须通过获取其他类型的证据对其进行进一步的确证。尽管如此，口头证据还是广泛应用于整个审计过程中。这是因为：一是被询问人员的答复可能为审计人员提供尚未获悉的信息或佐证证据；二是被询问人员的答复也可能提供与审计人员已取得的信息存在重大差异的其他信息。

(四) 询证证据

询证证据是指审计人员通过向被审计单位以外的第三方发出询证函而取得的一种审计证据。询证函主要针对的是与特定账户余额及其项目相关的认定，但不仅限于账户余额。例如，审计人员可能会对与被审计单位签订协议和交易条款的第三方发询证函，询问协议是否作过修改，如果有，则要求被询证者提供相关信息。

(五) 数学证据

数学证据是指审计人员在实施计算、重新计算和对账等审计程序时所产生的证据。它是审计人员直接进行数据计算的结果，因此是一种直接形式的审计证据。其目的是要证明准确性、计价和分摊认定，数学证据涉及的审计项目大多数都是有关计价或分摊的应计项目，如资产处置的利得或损失、折旧、利息费用等。

此外，数学证据也形成于一些其他特定的审计项目。例如，审计人员在核对总账和明细账各账户余额之和后，将其结果记录下来，这一程序也形成了数学证据。类似的还有银行存款日记账和银行对账单的核对等，这类证据可以用于证明账簿记录的准确。

(六) 分析性证据

分析性证据是指审计人员通过分析程序所获得的证据。通过获取分析性证据，审计人员可以发现一些可能需要进一步调查的重要领域。例如，在审计计划阶段获取的分析性证据，可以帮助审计人员识别高风险的审计领域，以确定是否要在这些领域分配更多的审计资源，执行更加详细的实质性程序。

三、获取审计证据的审计程序

在审计过程中，注册会计师可根据需要单独或综合运用以下审计程序，以获取充分、适当的审计证据。

(一) 检查

检查是指注册会计师对被审计单位内部或外部生成的，以纸质、电子和其他介质形式存在的记录和文件进行审查，或对资产进行实物审查。检查记录或文件可以提供可靠程度不同的审计证据，审计证据的可靠性取决于记录或文件的性质和来源。在检查内部记录或文件时，其可靠性则取决于生成该记录或文件的内部控制的有效性。将检查用作控制测试，是检查记录以获取关于授权的审计证据。

某些文件是表明一项资产存在的直接审计证据，如构成金融工具的股票或债券，但检查此类文件并不一定能提供有关所有权或计价的审计证据。此外，检查已执行的合同可以提供与被审计单位运用会计政策（如收入确认）相关的审计证据。

检查有形资产可为其存在提供可靠的审计证据，但不一定能够为权利和义务或计价等认定提供可靠的审计证据。对个别存货项目进行的检查，可与存货监盘一同实施。

（二）观察

观察是指注册会计师查看相关人员正在从事的活动或实施的程序。例如，注册会计师对被审计单位人员执行的存货盘点或控制活动进行观察。观察可以提供执行有关过程或程序的审计证据，但观察所提供的审计证据仅限于观察发生的时点，而且被观察人员的行为可能因被观察而受到影响，这也会使观察提供的审计证据受到限制。

（三）询问

询问是指注册会计师以书面或口头方式，向被审计单位内部或外部的知情人员获取财务信息和非财务信息，并对答复进行评价的过程，它是获取口头证据的重要方式。由于通过询问获取口头证据后，审计人员还必须通过获取其他类型的证据对其进行进一步的确证，询问程序并不是孤立存在的，而是应和其他的审计程序结合起来使用。

（四）函证

函证是指注册会计师直接从第三方（被询证者）获取书面答复以作为审计证据的过程，书面答复可以采用纸质、电子和其他介质等形式。当针对的是与特定账户余额及其项目相关的认定时，函证常常是相关的程序。然而，函证不必仅仅局限于账户余额。例如，注册会计师可能要求对被审计单位与第三方之间的协议和交易条款进行函证。

（五）重新计算

重新计算是指注册会计师对记录或文件中的数据计算的准确性进行核对。注册会计师可以通过手工方式或电子方式进行重新计算。

（六）重新执行

重新执行是指注册会计师独立执行原本作为被审计单位内部控制组成部分的程序或控制。例如，根据被审计单位的银行存款日记账和银行对账单重新编制银行存款余额调节表，并将其与被审计单位编制的银行存款余额调节表作对比。

（七）分析程序

分析程序是指注册会计师通过分析不同财务数据之间，以及财务数据与非财务数据之间的内在关系，对财务信息作出评价。分析程序还包括在必要时对识别出的、与其他相关信息不一致和与预期值差异重大的波动和关系进行调查。

上述审计程序基于审计的不同阶段和目的单独或组合起来，可用作风险评估程序、控制测试和实质性程序。

第三节 审计工作底稿

一、审计工作底稿概述

（一）审计工作底稿的含义

审计工作底稿是指注册会计师对制订的审计计划、实施的审计程序、获取的相关审计证据，以及得出的审计结论作出的记录。审计工作底稿是审计证据的载体，是注册会计师在审计过程中形成的审计工作记录和获取的资料。它形成于审计过程，也反映整个审计过程。

（二）审计工作底稿的作用

1. 审计工作底稿是形成审计结论、发表审计意见的依据

注册会计师的审计结论和审计意见是审计过程中一系列专业判断的结果，这些专业判断的客观依据是审计证据。注册会计师所搜集到的审计证据与形成的专业判断都完整记录在审计工作底稿中，不但记录了审计证据本身反映的内容，还记载了注册会计师对审计证据的评价分析情况以及得出的审计结论。这些审计证据和注册会计师的专业判断是形成审计结论、发表审计意见的直接依据。

2. 审计工作底稿为审计质量控制与质量检查提供了基础依据

审计质量是注册会计师审计工作质量和审计报告质量的总称，审计报告质量又依赖于审计工作质量，因此严格控制审计工作质量是保证审计质量的关键。审计工作质量很大程度上体现在审计工作底稿上，要控制审计工作质量，必须对审计工作底稿的编制和符合规定一整套严格的程序。审计工作底稿编制指南对审计工作底稿的基本内容规定了编制要求，每个注册会计师都应按规定执行。

审计质量检查通常是由注册会计师协会或其他有关单位组织进行的，其核心工作就是对审计工作底稿规范程度的检查。审计工作底稿要有严格的复核制度，不同层次做到层层把关，发现有不符合要求的工作底稿，要退回去补做或重做，直到符合要求为止。只有这样，才能保证应该实施的审计程序没有遗漏，已实施的审计程序足够说明问题以及所作的专业判断是合适的，才能使审计质量的控制和监督落到实处。

3. 审计工作底稿具有的参考价值

由于审计工作有很密切的联系性和连续性，前一年度的审计情况经常可以作为后一个年度开展审计业务的参考、借鉴资料。一般说来，当年度财务报表审计开始时，要仔细阅读上一年度的审计工作底稿，了解该企业、单位内部控制的薄弱环节在哪里，要求企业调整的会计事项有哪些，重点审计的内容是什么，有哪些或有负债，审计报告是哪种类型等，作为本年度审计计划的参考。

另外，前任注册会计师审计业务也可以作为后任注册会计师开展审计业务的参考、备查资料。这些参考、借鉴和备查资料的作用往往是通过调阅审计工作底稿而得以实现的。因

此，审计准则不仅要求注册会计师要认真编制和复核审计工作底稿，还要求注册会计师必须妥善保管审计工作底稿，建立与保管有关的保密、调阅等管理制度。

（三）审计工作底稿的内容

审计工作底稿的内容通常包括总体审计策略、具体审计计划、重大事项概要、分析表、问题备忘录、核对表、询证函回函、有关重大事项的往来信件（包括电子邮件）、管理层书面声明。注册会计师还可以将被审计单位文件记录的摘要或复印件（如重大的合同）作为审计工作底稿内容的一部分。

此外，审计工作底稿的内容通常还包括业务约定书、管理建议书、项目组内部或项目组与被审计单位举行的会议记录、与其他人士（如其他注册会计师、律师、专家等）的沟通文件及错报汇总表等。然而，审计工作底稿不能代替被审计单位的会计记录。

一般情况下，重大事项概要包括审计过程中识别的重大事项及其如何得到解决，以及对其他支持性审计工作底稿的交叉索引。重大事项通常包括：

（1）引起特别风险的事项。

（2）实施审计程序的结果，该结果表明财务信息可能存在重大错报，或需要修正以前对重大错报风险的评估和针对这些风险拟采取的应对措施。

（3）导致注册会计师难以实施必要审计程序的情形。

（4）导致出具非标准审计报告的事项。注册会计师应当考虑编制重大事项概要，将其作为审计工作底稿的组成部分，以有效地复核和检查审计工作底稿，并评价重大事项的影响。

分析表主要是指对被审计单位财务信息执行分析程序的记录。例如，记录对被审计单位本年各月收入与上一年度的同期数据进行比较的情况，记录对差异的分析等。

问题备忘录一般是指对某一事项或问题的概要的汇总记录。在问题备忘录中，注册会计师通常记录某事项或问题的基本情况、执行的审计程序或具体审计步骤，以及得出的审计结论。例如，有关存货监盘审计程序或审计过程中发现问题的备忘录。

核对表一般是指会计师事务所内部使用的、为便于核对某些特定审计工作或程序而完成情况的表格。例如，特定项目（如财务报表列报）审计程序核对表、审计工作完成情况核对表等。它通常以列举的方式列出审计过程中注册会计师应当进行的审计工作或程序以及特别需要提醒注意的问题，并在适当情况下索引至其他审计工作底稿，便于注册会计师核对是否已按照审计准则的规定进行审计。

需要特别注意的是，审计工作底稿通常不包括以下内容：

（1）已被取代的审计工作底稿的草稿或财务报表的草稿。

（2）反映不全面或初步思考的记录。

（3）存在印刷错误或其他错误而作废的文本。

（4）重复的文件、记录等。

二、审计工作底稿的格式、要素和范围

（一）确定审计工作底稿的格式、要素和范围时考虑的因素

审计工作底稿的格式、要素和范围取决于诸多因素，实务中通常应当考虑下列因素：

（1）实施审计程序的性质。

（2）已识别的重大错报风险。

（3）在执行审计工作和评价审计结果时需要作出判断的范围。

（4）已获取审计证据的重要程度。

（5）已识别的例外事项的性质和范围。

（6）当从已执行审计工作或获取审计证据的记录中不易确定结论或结论的基础时，记录结论或结论的基础的必要性。

（7）使用的审计方法和工具。

在考虑以上因素时需注意，根据不同情况确定审计工作底稿的格式、内容和范围均是为达到审计准则中所述的编制审计工作底稿的目的，特别是提供证据的目的。例如，细节测试和实质性程序的审计工作底稿所记录的审计程序有所不同，但两类审计工作底稿都应当充分、适当地反映注册会计师执行的审计程序。

（二）审计工作底稿的要素、范围和格式

通常来说，审计工作底稿包括下列全部或部分要素：

（1）审计工作底稿的标题。

（2）审计过程记录。

（3）审计结论。

（4）审计标识及说明。

（5）索引号及编号。

（6）编制、复核人员和日期。

每张审计工作底稿应当包括被审计单位的名称、审计项目的名称，以及资产负债表日或底稿覆盖的会计期间（如果与交易相关）。审计工作的每一部分都应包含与已实施审计程序的结果及其是否实现既定审计相关的结论，还应包括审计程序识别出的例外情况和重大事项如何得到解决的结论。审计工作底稿中可使用各种审计标识，但应说明其含义，并保持前后一致。通常来说，审计工作底稿需要注明索引号及顺序编号，相关审计工作底稿之间需要保持清晰的勾稽关系。

此外，为了明确责任，在各自完成与特定工作底稿相关的任务之后，编制者和复核者都应在工作底稿上签名并注明编制日期和复核日期。在记录已实施审计程序的性质、时间安排和范围时，注册会计师应当记录：

（1）测试的具体项目或事项的识别特征。

（2）审计工作的执行人员及完成审计工作的日期。

（3）审计工作的复核人员及复核的日期和范围。

（4）项目质量控制复核人员及复核的日期（项目需要质量控制复核情况下）。

每一张审计工作底稿上都需要注明执行审计工作的人员、复核人员、完成该项审计工作的日期，以及完成复核日期。在实务中，如果若干页的审计工作底稿记录同一性质的具体审计程序或事项，并且编制在同一个索引号中，此时可以仅在审计工作底稿的第一页上记录审计工作的执行人员和复核人员并注明日期。

三、审计工作底稿的归档

（一）审计工作底稿归档的期限

审计人员应在完成审计工作后，对其审计过程中形成的审计工作底稿进行分类、整理、和汇集并装订后予以归档保管。其归档期限为审计报告日后的60天内。如果注册会计师未能完成审计业务，审计工作底稿的归档期限为审计业务中止后的60天内。

如果针对客户的同一财务信息执行不同的委托业务，出具两个或多个不同的报告，会计师事务所应当将其视为不同的业务，根据会计师事务所内部制定的政策和程序，在规定的归档期限内分别将审计工作底稿归整为最终审计档案。

（二）审计工作底稿归档后的变动

1. 需要变动审计工作底稿的情形

注册会计师发现有必要修改现有审计工作底稿或增加新的审计工作底稿的情形主要有以下两种：一是注册会计师已实施了必要的审计程序，取得了充分、适当的审计证据并得出了恰当的审计结论，但审计工作底稿的记录不够充分；二是审计报告日后，发现例外情况要求注册会计师实施新的或追加审计程序，或导致注册会计师得出新的结论。例外情况主要是指审计报告日后发现与已审计财务信息相关，并且在审计报告日已经存在的事实，该事实如果被注册会计师在审计报告日前获知，可能影响审计报告。

2. 变动审计工作底稿时的记录要求

在完成最终审计档案的归整工作后，如果发现有必要修改现有审计工作底稿或增加新的审计工作底稿，无论修改或增加的性质如何，注册会计师均应当记录下列事项：一是修改或增加审计工作底稿的理由；二是修改或增加审计工作底稿的时间和人员，以及复核的时间和人员。需要注意的是，修改现有审计工作底稿主要是指在保持原审计工作底稿中所记录的信息，即对原记录信息不予删除（包括涂改、覆盖等方式）的前提下，采用增加新信息的方式予以修改。

（三）审计工作底稿的保存期限

会计师事务所应当自审计报告日起，对审计工作底稿至少保存10年。如果注册会计师未能完成审计业务，会计师事务所应当自审计业务中止日起，对审计工作底稿至少保存10年。值得注意的是，对于连续审计的情况，当期归整的永久性档案虽然包括以前年度获取的资料（有可能是10年以前），但由于其作为本期档案的一部分，并作为支持审计结论的基础，注册会计师对于这些对当期有效的档案，应视为当期取得并保存10年。如果这些资料在某个审计期间被替换，被替换资料可以从被替换的年度起至少保存10年。

在完成最终审计档案的归整工作后，注册会计师不得在规定的保存期限届满前删除或废弃审计工作底稿。

复习思考题

1. 审计目标的含义是什么？
2. 管理层认定是什么？认定分为几类？它与审计目标有何关系？

3. 审计证据可以分为哪几种类型？各自的证明力如何？
4. 为获得各种不同类型的审计证据，审计人员需要执行哪些相应的审计程序？
5. 审计目标、审计证据与审计程序之间存在怎样的逻辑关系？
6. 审计工作底稿的作用是什么？审计工作底稿包括哪些要素？

第四章 审计计划、重要性水平和审计风险

教学目标

➢ 知识目标

1. 了解总体审计策略和具体审计计划的内容;理解审计重要性水平的含义、评估原则。

2. 了解审计风险的含义、特征和成因;理解并识记审计风险的构成要素(重大错报风险与检查风险)。

➢ 能力目标

1. 熟悉审计计划的内容,培养制订审计计划的能力。

2. 能够在审计全过程灵活运用审计重要性水平的含义。

3. 能够判断实务中的会计师事务所面临的审计风险来源。

➢ 素养目标

以审计准则要求为标准,重视事务所和注册会计师个人名誉,正确对待审计风险较大的项目。

导入案例

凡事预则立,业务承接需谨慎

2019 年 1 月,康得新因无力按期兑付 15 亿元短期融资券本息,业绩真实性存疑,引起市场的广泛关注和高度质疑。证监会随后对康得新涉嫌信息披露违法行为立案调查。康得新涉嫌在 2015 年至 2018 年,通过虚构销售业务等方式虚增营业收入,并通过虚构采购、生产、研发费用、产品运输费用等方式虚增营业成本、研发费用和销售费用。通过上述方式,康得新共虚增利润总额高达 119 亿元。

康得新审计机构瑞华会计师事务所(以下简称瑞华)被立案调查。在康得新 2015 年至 2018 年的连续 4 份年报中,瑞华对 2015 年、2016 年、2017 年报均出具了"标准的无保留意见",仅有 2018 年报出具的是"无法表示意见"。在瑞华发布的说明中,其已按照中国注册会计师审计准则的要求,以风险审计为导向,制订了总体审计策略及具体审计计划,并对被审计单位重大风险项目执行了审计机构能够执行的应有审计程序。面对公司被大股东占用资

金的情况，连续几年财务舞弊，说明瑞华在对康得新进行审计之前并未充分了解和核实瑞华的实际情况。在审计业务的承接阶段，会计师事务所应该对舞弊风险进行评估和计划，而瑞华对被审计单位了解不足及业务承接的独立性缺乏导致其在审计康得新时未能及时发现财务舞弊，为后续具体审计业务的开展带来了巨大的隐患。

资料来源：毕淑娟. 康得新"连环炸" 瑞华所被立案调查[EB/OL]. (2019-07-15)[2022-07-23]. http://www.cubn.com.cn/company/40332.html.

思考：作为会计师事务所和注册会计师在接受审计业务委托时，是否有标准？如何评估是否应该接受一项审计业务委托？在接受业务委托之后，应该如何制订审计计划以防止日后可能发生的审计失败？

第一节 接受业务委托

在计划审计工作阶段，注册会计师需要作出的重要决策之一就是是否接受或保持客户。这一决策对未来审计风险的大小及注册会计师在审计工作结束后所承担的法律责任会产生重要影响。因此，注册会计师需要充分地考虑是否接受该业务委托。

一、初步业务活动的目的和内容

（一）初步业务活动的目的

注册会计师在本期审计业务开始时，需要开展初步业务活动，以实现以下三个主要目的：一是具备执行业务所需的独立性和能力；二是不存在因管理层诚信问题而可能影响注册会计师保持该项业务的意愿的事项；三是与被审计单位之间不存在对业务约定条款的误解。

（二）初步业务活动的内容

注册会计师应当开展下列初步业务活动：一是针对保持客户关系和具体审计业务实施相应的质量控制程序；二是评价遵守相关职业道德要求的情况；三是就审计业务约定条款达成一致意见。

针对保持客户关系和具体审计业务实施质量控制程序，并且根据相应程序的结果作出适当的决策是注册会计师控制审计风险的重要环节。《中国注册会计师审计准则第1121号——对财务报表审计实施的质量控制》及《质量控制准则第5101号——会计师事务所对执行业务实施的质量控制》含有与客户关系和具体业务的接受与保持相关的要求，注册会计师应当按照其规定开展初步业务活动。

评价遵守相关职业道德要求的情况也是一项非常重要的初步业务活动。质量控制准则含有包括独立性在内的有关职业道德要求，注册会计师应当按照其规定执行。虽然保持客户关系及具体审计业务和评价职业道德的工作贯穿审计业务的全过程，但是这两项活动需要安排在其他审计工作之前，以确保注册会计师已具备执行业务所需要的独立性和专业胜任能力，且不存在因管理层诚信问题而影响注册会计师保持该项业务的意愿等情况。

在作出接受或保持客户关系及具体审计业务的决策后，注册会计师应当按照《中国注册会计师审计准则第 1111 号——就审计业务约定条款达成一致意见》的规定，在审计业务开始前，与被审计单位就审计业务约定条款达成一致意见，签订或修改审计业务约定书，以避免双方对审计业务的理解产生分歧。

二、审计的前提条件

1. 确定财务报表编制基础的可接受性

在确定编制财务报表所采用的财务报表编制基础的可接受性时，注册会计师需要考虑下列相关因素：一是被审计单位的性质（例如，被审计单位是商业企业、公共部门实体还是非营利组织）；二是财务报表编制的目的（例如，编制财务报表是用于满足广大财务报表使用者共同的财务信息需求，还是用于满足财务报表特定使用者的财务信息需求）；三是财务报表的性质（例如，财务报表是整套财务报表还是单一财务报表）；四是法律法规是否规定了适用的财务报表编制基础。

按照某一财务报表编制基础编制的财务报表，称为通用目的财务报表，旨在满足广大财务报表使用者共同的财务信息需求。按照特殊目的编制基础编制的财务报表，称为特殊目的财务报表，旨在满足财务报表特定使用者的财务信息需求。对于特殊目的财务报表，预测财务报表使用者对财务信息的需求，决定适用的财务报表编制基础。《中国注册会计师审计准则第 160 号——对按照特殊目的编制基础编制的财务报表审计的特殊考虑》规范了如何确定旨在满足财务报表特定使用者财务信息需求的财务报表编制基础的可接受性。

2. 就管理层的责任达成一致意见

按照审计准则的规定执行审计工作的前提是管理层已认可并理解其承担的责任。审计准则并不超越法律法规对这些责任的规定。然而，独立审计的理念要求注册会计师不对财务报表的编制或被审计单位的相关内部控制承担责任，并要求注册会计师合理预期能够获取审计所需要的信息（在管理层能够提供或获取的信息范围内，包括除从总账和明细账之外的其他途径获取的信息）。因此，管理层认可并理解其责任，这一前提对执行独立审计工作是至关重要的。管理层的责任有：按照适用的财务报表编制基础编制财务报表，并使其实现公允反映（如适用）；设计、执行和维护必要的内部控制，以使财务报表不存在由于舞弊或错误导致的重大错报；向注册会计师提供必要的工作条件，包括允许注册会计师接触与编制财务报表相关的所有信息（如记录，文件和其他事项）；向注册会计师提供审计所需要的其他信息；允许注册会计师在获取审计证据时不受限制地接触其认为必要的内部人员和其他相关人员。

3. 确认的形式

按照《中国注册会计师审计准则第 1341 号——书面声明》的规定，注册会计师应当要求管理层就其履行的某些责任提供书面声明。因此，注册会计师需要获取针对管理层责任的书面声明、其他审计准则要求的书面声明，以及在必要时需要获取用于支持其他审计证据（用以支持财务报表或者一项或多项具体认定）的书面声明。

如果管理层不认可其责任，或不同意提供书面声明，注册会计师将不能获取充分、适当的审计证据。在这种情况下，注册会计师承接此类审计业务是不恰当的。除非法律法规另有规定。如果法律法规要求承接此类审计业务，注册会计师可能需要向管理层解释这种情况的重要性及其对审计报告的影响。

三、签订审计业务约定书

审计业务约定书是指会计师事务所与被审计单位签订的，用以记录和确认审计业务的委托与受托关系、审计目标和范围、双方的责任，以及报告的格式等事项的书面协议。会计师事务所承接任何审计业务，都应与被审计单位签订审计业务约定书。

（一）审计业务约定书的基本内容

审计业务约定书的具体内容和格式可能因被审计单位的不同而不同，但应当包括以下主要内容：

（1）财务报表审计的目标与范围。

（2）注册会计师的责任。

（3）管理层的责任。

（4）指出用于编制财务报表所适用的财务报表编制基础。

（5）提及注册会计师拟出具的审计报告的预期形式和内容，以及对在特定情况下出具的审计报告可能不同于预期形式和内容的说明。

（二）审计业务约定书的特殊考虑

1. 考虑特定需要

如果情况需要，注册会计师还可能考虑在审计业务约定书中列明下列内容：

（1）详细说明审计工作的范围，包括提及适用的法律法规、审计准则，以及注册会计师协会发布的职业道德守则和其他公告。

（2）对审计业务结果的其他沟通形式。

（3）关于注册会计师按照《中国注册会计师审计准则第 1504 号——在审计报告中沟通关键审计事项》的规定，在审计报告中沟通关键审计事项的要求。

（4）说明由于审计和内部控制的固有限制，即使审计工作按照审计准则的规定得到恰当的计划和执行，仍不可避免地存在某些重大错报未被发现的风险。

（5）计划和执行审计工作的安排，包括审计项目组的构成。

（6）预期管理层将提供书面声明。

（7）预期管理层将允许注册会计师接触管理层知悉的与财务报表编制相关的所有信息（包括与披露相关的所有信息）。

（8）管理层同意向注册会计师及时提供财务报表草稿（包括与财务报表及披露的确定相关的所有信息）和其他所有附带信息（如有），以使注册会计师能够按照预定的时间表完成审计工作。

（9）管理层同意告知注册会计师在审计报告日至财务报表报出日之间注意到的可能影响财务报表的事实。

（10）收费的计算基础和收费安排。

（11）管理层确认收到审计业务约定书并同意其中的条款。

（12）在某些方面对利用其他注册会计师和专家工作的安排。

（13）对审计涉及的内部审计人员和被审计单位其他员工工作的安排。

（14）在首次审计的情况下，与前任注册会计师（如存在）沟通的安排。

（15）说明对注册会计师连任可能存在的限制。

（16）注册会计师与被审计单位之间需要达成进一步协议的事项。

（17）向其他机构或人员提供审计工作底稿的文件。

2. 审计业务约定条款的变更

在完成审计业务前，如果被审计单位或委托人要求将审计业务变更为保证程度较低的业务，注册会计师应当确定是否存在合理理由予以变更。

下列原因可能导致被审计单位要求变更审计业务：一是环境变化对审计服务的需求产生影响；二是对原来要求的审计业务的性质存在误解；三是无论是管理层施加的还是其他情况引起的审计范围受到限制。上述情况通常被认为是变更审计业务的合理理由，但如果有迹象表明该变更要求与错误的、不完整的或者不能令人满意的信息有关，注册会计师不应认为该变更是合理的。

如果没有合理的理由，注册会计师不应同意变更审计业务。如果注册会计师不同意变更审计业务约定条款，而管理层又不允许继续执行原审计业务，注册会计师应当：一是在适用的法律法规允许的情况下，解除审计业务约定；二是确定是否有约定义务或其他义务向治理层、所有者或监管机构等报告该事项。

第二节 总体审计策略和具体审计计划

审计计划分为总体审计策略和具体审计计划两个层次。审计计划工作的两个层次如图 4-1 所示。注册会计师应当针对总体审计策略中所识别的不同事项，制订具体审计计划，并考虑通过有效利用审计资源以实现审计目标。虽然制定总体审计策略通常在制订具体审计计划之前，但是两项审计计划具有内在紧密联系，对其中一项的决定可能会影响甚至改变对另外一项的决定。例如，注册会计师在了解被审计单位及其环境的过程中，注意到被审计单位对主要业务的处理依赖复杂的自动化信息系统，因此，计算机信息系统的可靠性及有效性对其经营、管理、决策以及编制可靠的财务报告具有重大影响。对此，注册会计师可能会在具体审计计划中制定相应的审计程序，并相应调整总体审计策略的内容，作出利用信息风险管理专家的工作的决定。

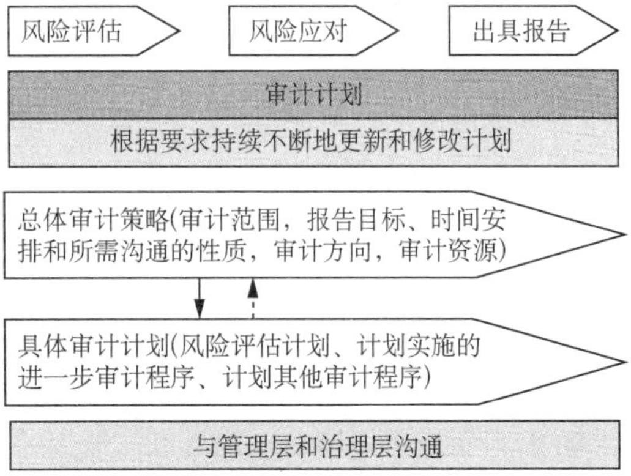

图 4-1 审计计划工作的两个层次

一、总体审计策略

注册会计师应当为审计工作制定总体审计策略。总体审计策略用以确定审计范围、时间安排和方向，并指导具体审计计划的制订。在制定总体审计策略时，应当考虑以下主要事项。

（一）审计范围

在确定审计范围时，需要考虑下列具体事项：

（1）编制拟审计的财务信息所依据的财务报表编制基础，包括是否需要将财务信息调整至按照其他财务报表编制基础编制。

（2）特定行业的报告要求，如某些行业监管机构要求提交的报告。

（3）预期审计工作涵盖的范围，包括应涵盖的组成部分的数量及所在地点。

（4）母公司和集团组成部分之间存在的控制关系的性质，以确定如何编制合并财务报表。

（5）由组成部分注册会计师审计组成部分的范围。

（6）拟审计的经营分部的性质，包括是否需要具备专门知识。

（7）外币折算，包括外币交易的会计处理、外币财务报表的折算和相关信息的披露。

（8）除了为合并目的执行的审计工作，对个别财务报表实施法定审计的需求。

（9）内部审计工作的可获得性及注册会计师拟信赖内部审计工作的程度。

（10）被审计单位使用服务机构的情况，以及注册会计师如何取得有关服务机构内部控制设计和运行有效性的证据。

（11）对利用在以前审计工作中获取的审计证据（如获取的与风险评估程序和控制测试相关的审计证据）的预期。

（12）信息技术对审计程序的影响，包括数据的可获得性和对使用计算机辅助审计技术的预期。

（13）协调审计工作与中期财务信息审阅的预期涵盖范围和时间安排，以及中期审阅所获取的信息对审计工作的影响。

（14）与被审计单位人员的时间协调和相关数据的可获得性。

（二）报告目标、时间安排和所需沟通的性质

为计划报告目标、时间安排和所需沟通的性质，需要考虑下列事项：

（1）被审计单位对外报告的时间表，包括中间阶段和最终阶段。

（2）与管理层和治理层举行会谈，讨论审计工作的性质、时间安排和范围。

（3）与管理层和治理层讨论注册会计师拟出具的报告的类型、时间安排，以及沟通的其他事项（口头或书面沟通），包括审计报告、管理建议书和向治理层通报的其他事项。

（4）与管理层讨论预期就整个审计业务中审计工作的进展进行的沟通。

（5）与组成部分注册会计师沟通拟出具的报告的类型、时间安排，以及与组成部分审计相关的其他事项。

（6）项目组成员之间沟通的预期性质和时间安排，包括项目组会议的性质、时间安排，以及复核已执行工作的时间安排。

（7）预期是否需要和第三方进行其他沟通，包括与审计相关的法定或约定的报告责任。

（三）审计方向

总体审计策略的制定应当包括考虑影响审计业务的重要因素，以确定项目组工作方向，

包括确定适当的重要性水平，初步识别可能存在较高的重大错报风险的领域，初步识别重要的组成部分和账户余额，评价是否需要针对内部控制的有效性获取审计证据，以及识别被审计单位、所处行业、财务报告要求及其他相关方面最近发生的重大变化等。

在确定审计方向时，注册会计师需要考虑下列事项：

(1) 重要性方面。具体包括为计划目的确定重要性、为组成部分确定重要性且与组成部分的注册会计师沟通、在审计过程中重新考虑重要性、识别重要的组成部分和账户余额。

(2) 重大错报风险较高的审计领域。

(3) 评估的财务报表层次的重大错报风险对指导、监督和复核的影响。

(4) 项目组人员的选择(在必要时包括项目质量控制复核人员)和工作分工，包括向重大错报风险较高的审计领域分派具备适当经验的人员。

(5) 项目预算，包括考虑为重大错报风险可能较高的审计领域分配适当的工作时间。

(6) 如何向项目组成员强调在收集和评价审计证据过程中保持职业怀疑的必要性。

(7) 以往审计中对内部控制运行有效性进行评价的结果，包括所识别的控制缺陷的性质及应对措施。

(8) 管理层重视设计和实施健全的内部控制的相关证据，包括这些内部控制得以适当记录的证据。

(9) 业务交易量规模，以基于审计效率的考虑确定是否依赖内部控制。

(10) 对内部控制重要性的重视程度。

(11) 管理层用于识别和编制适用的财务报表编制基础所要求的披露(包括从总账和明细账之外的其他途径获取的信息)的流程。

(12) 影响被审计单位经营的重大发展变化，包括信息技术和业务流程的变化，关键管理人员变化，以及收购、兼并和分立。

(13) 重大的行业发展情况，如行业法规变化和新的报告规定。

(14) 会计准则及会计制度的变化，该变化可能涉及作出重大的新披露或对现有披露作出重大修改。

(15) 其他重大变化，如影响被审计单位的法律环境的变化。

(四) 审计资源

注册会计师应当在总体审计策略中清楚地说明审计资源的规划和调配，包括确定执行审计业务所必需的审计资源的性质、时间安排和范围。

(1) 向具体审计领域调配的资源，包括向高风险领域分派有适当经验的项目组成员、就复杂的问题利用专家工作等。

(2) 向具体审计领域分配资源的多少，包括分派到重要地点进行存货监盘的项目组成员的人数、在集团审计中复核组成部分注册会计师工作的范围、向高风险领域分配的审计时间预算等。

(3) 何时调配这些资源，包括是在期中审计阶段还是在关键的截止日期调配资源等。

(4) 如何管理、指导和监督这些资源，包括预期何时召开项目组预备会和总结会、预期项目合伙人和经理如何进行复核、是否需要实施项目质量控制复核等。

二、具体审计计划

注册会计师应当为审计工作制订具体审计计划。具体审计计划比总体审计策略更加详细，其内容包括为获取充分、适当的审计证据以将审计风险降至可接受的低水平，项目组成员报实施的审计程序的性质、时间安排和范围。可以说，为获取充分、适当的审计证据，确定审计程序的性质、时间安排和范围是具体审计计划的核心。具体审计计划应当包括风险评估程序、计划实施的进一步审计程序和其他审计程序。

（一）风险评估程序

具体审计计划应当包括按照《中国注册会计师审计准则第 1211 号——通过了解被审计单位及其环境识别和评估重大错报风险》的规定，为了充分识别和评估财务报表重大错报风险，注册会计师计划实施的风险评估程序的性质、时间安排和范围。

（二）计划实施的进一步审计程序

具体审计计划应当包括按照《中国注册会计师审计准则第 1231 号——针对评估的重大错报风险采取的应对措施》的规定，针对评估的认定层次的重大错报风险，注册会计师计划实施的进一步审计程序的性质、时间安排和范围。进一步审计程序包括控制测试和实质性程序。

随着审计工作的推进，对审计程序的计划会一步步深入，并贯穿于整个审计过程。例如，计划风险评估程序通常在审计开始阶段进行，计划进一步审计程序则需要依据风险评估程序的结果进行。因此，为达到制订具体审计计划的要求，注册会计师需要完成风险评估程序，识别和评估重大错报风险，并针对评估的认定层次的重大错报风险，计划实施进一步审计程序的性质、时间安排和范围。

注册会计师计划的进一步审计程序可以分为总体方案和拟实施的具体审计程序（包括进一步审计程序的具体性质、时间安排和范围）两个层次。进一步审计程序的总体方案主要是指注册会计师针对各类交易、账户余额和披露决定采用的总体方案（包括实质性方案和综合性方案）。进一步审计程序拟实施的具体审计程序则是对进一步审计程序的总体方案的延伸和细化，通常包括控制测试和实质性程序的性质、时间安排和范围。在实务中，注册会计师通常单独制定一套包括这些具体程序的“进一步审计程序表”，待具体实施审计程序时，注册会计师将基于所计划的具体审计程序，进一步记录所实施的审计程序及结果，并最终形成有关进一步审计程序的审计工作底稿。

（三）计划其他审计程序

具体审计计划应当包括根据审计准则的规定，注册会计师针对审计业务需要实施的其他审计程序。计划的其他审计程序可以包括上述进一步程序的计划中没有涵盖的、根据其他审计准则的要求注册会计师应当执行的既定程序。

三、审计过程中对计划的更改

计划审计工作不是审计业务的一个孤立阶段，而是一个持续的、不断修正的过程，贯穿于整个审计业务的始终。由于未预期事项，条件的变化或在实施审计程序中获取的审计证据等原因，在审计过程中，注册会计师应当在必要时对总体审计策略和具体审计计划作出更新和修改。

审计过程可以分为不同阶段，通常前面阶段的工作结果会对后面阶段的工作计划产生一定的影响，而后面阶段的工作过程中又可能发现需要对已制订的相关计划进行相应的更新和修改。通常来讲，这些更新和修改可能涉及比较重要的事项。例如，对重要性水平的修改，对某类交易，账户余额或披露的重大错报风险的评估和进一步审计程序（包括总体方案和拟实施的具体审计程序）的更新和修改等。一旦计划被更新和修改，审计工作也就应当进行相应的修正。

例如，如果在制订审计计划时，注册会计师基于对材料采购交易的相关控制的设计和执行获取的审计证据，认为相关控制设计合理并得以执行，未将其评价为高风险领域并且计划执行控制测试。然而，在执行控制测试时获得的审计证据与审计计划阶段获得的审计证据相矛盾，注册会计师认为该类交易的控制没有得到有效执行，此时，注册会计师可能需要修正对该类交易的风险评估，并基于修正的评估风险修改计划的审计方案，如采用实质性方案。

如果注册会计师在审计过程中对总体审计策略或具体审计计划作出重大修改，应当在审计工作底稿中记录作出的重大修改及其理由。

四、指导、监督和复核

注册会计师应当制订计划，确定对项目组成员的指导、监督，以及对其工作进行复核的性质、时间安排和范围。项目组成员的指导、监督，以及对其工作进行复核的性质、时间安排和范围主要取决于下列因素：

（1）被审计单位的规模和复杂程度。

（2）审计领域。

（3）评估的重大错报风险。

（4）执行审计工作的项目组成员的专业素质和胜任能力。

注册会计师应在评估重大错报风险的基础上，计划对项目组成员工作的指导、监督和复核的性质、时间安排和范围。当评估的重大错报风险增加时，注册会计师通常会扩大指导与监督的范围，增强指导与监督的及时性，执行更详细的复核工作。在计划复核的性质、时间安排和范围时，注册会计师还应考虑单个项目组成员的专业素质和胜任能力。

第三节/重要性水平

一、重要性水平的含义

财务报表编制基础通常从编制和列报财务报表的角度阐释重要性水平的含义。财务报表编制基础可能以不同的术语解释重要性水平，但通常而言，重要性水平的含义可从以下几点进行理解：

（1）如果合理预期错报（包括漏报）单独或汇总起来可能影响财务报表使用者依据财务

报表作出的经济决策，则通常认为错报是重大的。

（2）对重要性水平的判断是根据具体环境作出的，并受错报的金额或性质的影响，或受两者共同作用的影响。

（3）判断某事项对财务报表使用者是否重大，是在考虑财务报表使用者整体共同的财务信息需求的基础上作出的。由于不同财务报表使用者对财务信息的需求可能差异很大，不考虑错报对个别财务报表使用者可能产生的影响。

在实施审计前，注册会计师必须对重大错报的规模和性质作出一个判断，包括确定财务报表整体的重要性水平和特定类别交易、账户余额或披露认定层次的重要性水平。当错报金额高于整体重要性水平时，就很可能被合理预期将对财务报表使用者根据财务报表作出的经济决策产生影响。

注册会计师使用整体重要性水平（将财务报表作为整体）的目的有：一是决定风险评估程序的性质、时间安排和范围；二是识别和评估重大错报风险；三是确定进一步审计程序的性质、时间安排和范围。在整个业务过程中，随着审计工作的进展，注册会计师应当根据所获得的新信息更新重要性水平。在形成审计结论阶段，要使用整体重要性水平和为了特定类别交易、账户余额或披露而确定的较低金额的重要性水平，评价已识别的错报对财务报表的影响和对审计报告中审计意见的影响。

二、重要性水平的确定

在计划审计工作时，注册会计师应当确定一个合理的重要性水平，以发现在金额上重大的错报。注册会计师在确定计划审计工作的重要性水平时，需要考虑对被审计单位及其环境的了解，审计的目标、财务报表各项目的性质及其相互关系、财务报表项目的金额及其波动幅度。

（一）财务报表整体的重要性水平

由于财务报表审计的目标是注册会计师通过执行审计工作对财务报表发表审计意见，注册会计师应当考虑财务报表整体的重要性水平。只有这样，才能得出财务报表是否公允反映的结论。注册会计师在制定总体审计策略时，应当确定财务报表整体的重要性水平。

确定多大错报会影响到财务报表使用者所作的决策，是注册会计师运用职业判断的结果。很多注册会计师根据所在会计师事务所的惯例及自己的经验，考虑财务报表整体的重要性水平。

确定重要性水平需要运用职业判断。通常先选定一个基准，再乘以某一百分比作为财务报表整体的重要性水平。在选择基准时，需要考虑的因素包括：

（1）财务报表要素（如资产、负债、所有者权益、收入和费用）。

（2）是否存在特定会计主体的财务报表使用者特别关注的项目（如为了评价财务业绩，财务报表使用者可能更关注利润、收入或净资产）。

（3）被审计单位的性质、所处的生命周期阶段以及所处行业和经济环境。

（4）被审计单位的所有权结构和融资方式（如被审计单位仅通过债务而非权益进行融资，财务报表使用者可能更关注资产及资产的索偿权，而非被审计单位的收益）。

（5）基准的相对波动性。

适当的基准取决于被审计单位的具体情况，包括各类报告收益（如税前利润、营业收入、毛利和费用总额），以及所有者权益或净资产。对于以营利为目的的企业，通常以经常性业务的税前利润作为基准。如果经常性业务的税前利润不稳定，选用其他基准，如毛利或营业收入可能更加合适。就选定的基准而言，相关的财务数据通常包括前期财务成果和财务状况、本期最新的财务成果和财务状况、本期的预算和预测结果。当然，本期最新的财务成果和财务状况、本期的预算和预测结果需要根据被审计单位情况的重大变化（如重大的企业并购），以及被审计单位所处行业和经济环境情况的相关变化等作出调整。表 4-1 举例说明了一些实务中较为常用的基准。

表 4-1　　常用的基准

被审计单位的情况	可能选择的基准
1. 企业的盈利水平保持稳定	经常性业务的税前利润
2. 企业近年来经营状况大幅度波动，盈利和亏损交替发生，或者由正常盈利变为微利或微亏，或者本年度税前利润因情况变化而出现意外增加或减少	过去 3～5 年经常性业务的平均税前利润或亏损（取绝对值）、其他基准，如营业收入
3. 企业为新设企业，处于开办期，尚未开始经营，目前正在建造厂房及购买机器设备	总资产
4. 企业处于新兴行业，目前侧重于抢占市场份额、扩大企业知名度和影响力	营业收入
5. 开放式基金，致力于优化投资组合、提高基金净值、为基金持有人创造投资价值	净资产
6. 国际企业集团设立的研发中心，主要为集团下属各企业提供研发服务，并以成本加成的方式向相关企业收取费用	成本与业费用总额
7. 公益性质的基金会	捐赠收入或捐赠支出总额

在通常情况下，对于以营利为目的的企业，利润可能是大多数财务报表使用者最为关注的财务指标，因此，注册会计师可能考虑选取经营性业务的税前利润作为基准。但是在某些情况下，如企业处于微利或微亏状态时，采用经常性业务的税前利润为基准确定重要性水平可能影响审计的效率和效果。注册会计师可以考虑采用以下方法确定基准：

（1）如果微利或微亏状态是由宏观经济环境的波动或企业自身经营的周期性所导致的，可以考虑采用过去 3～5 年经常性业务的平均税前利润作为基准。

（2）采用财务报表使用者关注的其他财务指标作为基准，如营业收入、总资产等。

注册会计师要注意的是，如果被审计单位的经营规模与上年度相比没有重大变化，通常使用替代性基准确定的重要性水平不宜超过上年度的重要性水平。

确定选定的基准的百分比需要运用职业判断。百分比和选定的基准之间存在一定的联系，如经常性业务的税前利润对应的百分比通常高于营业收入对应的百分比。例如，对以营利为目的的制造业企业，注册会计师可能认为经常性业务的税前利润的 5％是适当的；而对非营利组织，注册会计师可能认为总收入或费用总额的 1％是适当的。百分比无论是高一些还是低一些，只要符合具体情况，都是适当的。

（二）特定类别交易、账户余额或披露的重要性水平

根据被审计单位的特定情况，下列因素可能表明存在一个或多个特定类别的交易、账户余额或披露的重要性水平，其发生的错报金额虽然低于财务报表整体的重要性水平，但合理预期将影响财务报表使用者依据财务报表作出的经济决策：

（1）法律法规或适用的财务报表编制基础是否影响财务报表使用者对特定项目（如关联方交易、管理层和治理层的薪酬，以及对具有高度估计不确定性的公允价值会计估计的敏感性分析）计量或披露的预期。

（2）与被审计单位所处行业相关的关键性披露（如制药企业的研究与开发成本）。

（3）财务报表使用者是否特别关注财务报表中单独披露的业务的特定方（如关于分部或重大企业合并的披露）。

在根据被审计单位的特定情况考虑是否存在上述交易、账户余额或披露时，通常需要了解治理层和管理层的看法和预期。

（三）实际执行的重要性水平

实际执行的重要性水平是指注册会计师确定的低于财务报表整体重要性水平的一个或多个金额，旨在将未更正和未发现错报的汇总数超过财务报表整体的重要性水平的可能性降至适当的低水平。如果适用，实际执行的重要性水平还指注册会计师确定的低于特定类别的交易、账户余额或披露的重要性水平的一个或多个金额。

确定实际执行的重要性水平并非简单机械地计算，需要注册会计师运用职业判断，并考虑下列因素的影响：一是对被审计单位的了解（在实施风险评估程序的过程中更新这些了解）；二是前期审计工作中识别出的错报的性质和范围；三是根据前期识别出的错报对本期错报作出的预期。

通常而言，实际执行的重要性水平通常为财务报表整体重要性水平的50%～75%。

如果存在下列情况，注册会计师可能考虑选择较低的百分比来确定实际执行的重要性水平：

（1）首次接受委托的审计项目。

（2）审计项目总体风险较高，如处于高风险行业、管理层能力欠缺、面临较大市场竞争压力或业绩压力等。

（3）存在或预期存在值得关注的内部控制缺陷。

如果存在下列情况，注册会计师可能考虑选择较高的百分比来确定实际执行的重要性水平：

（1）连续审计项目，以前年度审计调整较少。

（2）审计项目总体风险为低到中等，如处于非高风险行业、管理层有足够能力、面临较低的市场竞争压力和业绩压力等。

（3）以前期间的审计经验表明内部控制运行有效。

审计准则要求注册会计师确定低于财务报表整体重要性水平的一个或多个金额作为实际执行的重要性水平，注册会计师无须通过将财务报表整体的重要性水平平均分配或按比例分配至各个财务报表项目的方法来确定实际执行的重要性水平，而是根据财务报表项目的风险评估结果，确定一个或多个实际执行的重要性水平。例如，根据以前期间的审计经验

和本期审计计划阶段的风险评估结果，注册会计师认为可以以财务报表整体重要性水平的75%作为大多数财务报表项目的实际执行的重要性水平。又如，与营业收入项目相关的内部控制存在缺陷，而且以前年度审计中存在审计调整，因此考虑以财务报表整体重要性水平的50%作为营业收入项目的实际执行的重要性水平，从而有针对性地对高风险领域执行更多的审计工作。

计划的重要性水平与实际执行的重要性水平之间的关系，如图4-2所示。

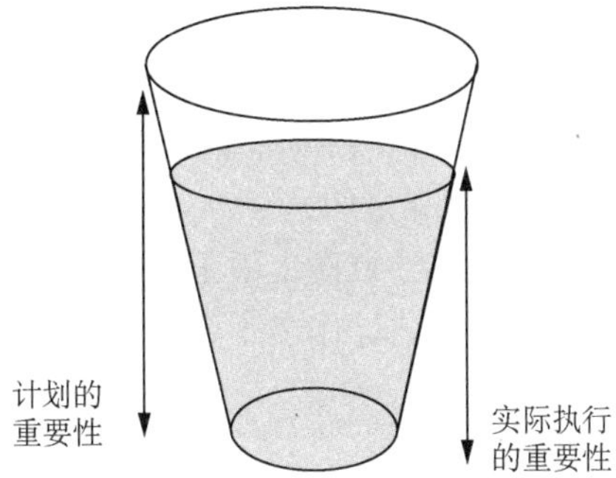

图4-2　计划的重要性水平与实际执行的重要性水平的关系图

(四) 审计过程中修改重要性水平

由于存在下列原因，注册会计师可能需要修改财务报表整体的重要性水平和特定类别的交易、账户余额或披露的重要性水平(如适用)：审计过程中发生重大变化(如决定处置被审计单位的一个重要组成部分)；获取新信息；通过实施进一步审计程序，注册会计师对被审计单位及其经营所了解的情况发生变化。例如，注册会计师在审计过程中发现，实际财务成果与最初确定财务报表整体的重要性时使用的预期本期财务成果相比存在着很大差异，则需要修改重要性水平。

(五) 在审计中运用实际执行的重要性水平

实际执行的重要性水平在审计中的作用主要体现在以下几个方面：

(1) 注册会计师在计划审计工作时可以根据实际执行的重要性水平确定需要对某些类型的交易、账户余额或披露实施进一步审计程序，即通常选取金额超过实际执行的重要性水平的财务报表项目，这是因为这些财务报表项目有可能导致财务报表出现重大错报。但是，这不代表注册会计师可以对所有金额低于实际执行的重要性水平的财务报表项目不实施进一步审计程序，主要出于以下考虑：其一，单个金额低于实际执行的重要性水平的财务报表项目汇总起来可能金额重大(可能远远超过财务报表整体的重要性水平)，注册会计师需要考虑汇总后的潜在错报风险。其二，对于存在低估风险的财务报表项目，不能仅仅因为其金额低于实际执行的重要性水平而不实施进一步审计程序。其三，对于识别出存在舞弊风险的财务报表项目，不能因为其金额低于实际执行的重要性水平而不实施进一步审计程序。

(2) 运用实际执行的重要性水平确定进一步审计程序的性质、时间安排和范围。例如，在实施实质性分析程序时，注册会计师确定的已记录金额与预期值之间的可接受差异额通常不超过实际执行的重要性水平。又如，在运用审计抽样实施细节测试时，注册会计师可以将可容忍错报的金额设定为等于或低于实际执行的重要性水平。

三、错报

（一）错报的定义

错报是指某一财务报表项目的金额、分类或列报，与按照适用的财务报表编制基础应当列示的金额、分类或列报之间存在的差异；或根据注册会计师的判断，为使财务报表在所有重大方面实现公允反映，需要对金额、分类或列报作出的必要调整。错报是错误或舞弊导致的，具体事项可能包括：

（1）收集或处理用以编制财务报表的数据时出现错误。

（2）遗漏某项金额或披露，包括不充分或不完整的披露，以及为满足特定财务报表编制基础的披露目标而被要求作出的披露（如适用）。

（3）由于疏忽或明显误解有关事实导致作出不正确的会计估计。

（4）注册会计师认为管理层对会计估计作出不合理的判断或对会计政策作出不恰当地选择和运用。

（5）信息的分类、汇总或分解不恰当。

（二）累积识别出的错报

注册会计师可能将低于某一金额的错报界定为明显微小的错报。这类错报不需要累积，这是因为注册会计师认为这些错报的汇总数明显不会对财务报表产生重大影响。“明显微小”不等同于“不重大”。明显微小错报的金额的数量级，与按照《中国注册会计师审计准则第 1221 号——计划和执行审计工作时的重要性》确定的重要性水平的数量级相比，是完全不同的（明显微小错报的数量级更小，或其性质完全不同）。这些明显微小的错报，无论单独还是汇总起来，无论从规模、性质还是其发生的环境来看，都是明显微不足道的。

为了帮助注册会计师评价审计过程中累积的错报的影响以及与管理层和治理层沟通错报事项，将错报区分为事实错报、判断错报和推断错报。

（1）事实错报。事实错报是毋庸置疑的错报。这类错报产生于被审计单位收集和处理数据的错误、对事实的忽略或误解，以及故意舞弊行为。例如，注册会计师在审计测试中发现购入存货的实际价值为 15 000 元，但账面记录的金额却为 10 000 元。因此，存货和应付账款分别被低估了 5 000 元，这里被低估的 5 000 元就是已识别的事实错报。

（2）判断错报。判断错报是指注册会计师认为管理层对财务报表中的确认、计量和列报（包括对会计政策的选择或运用）作出不合理或不恰当的判断而导致的差异。这类错报产生于两种情况：其一，管理层和注册会计师对会计估计值的判断差异。例如，包含在财务报表中的管理层作出的估计值超出了注册会计师确定的一个合理范围，导致出现判断差异。其二，管理层和注册会计师对选择和运用会计政策的判断差异。例如，注册会计师认为管理层选用的会计政策造成错报，管理层却认为其选用的会计政策适当，导致出现判断差异。

（3）推断错报。注册会计师对总体存在的错报作出的最佳估计数，涉及根据在审计样本中识别出的错报来推断总体的错报。推断错报通常是指通过测试样本估计出的总体的错报减去在测试中发现的已经识别的事实错报。例如，应收账款年末余额为 2 000 万元，注册会计师测试样本时发现样本金额有 100 万元的高估，高估部分为测试样本账面金额的 20%。注册会计师据此推断总体的错报金额为 400 万元（2 000×20%），上述 100 万元就是已识别的事实错报，其余 300 万元即推断错报。

（三）对审计过程识别出的错报的考虑

错报可能不会孤立发生，一项错报的发生还可能表明存在其他错报。例如，注册会计师识别出内部控制失效而导致的错报，或被审计单位广泛运用不恰当的假设或评估方法而导致的错报，均可能表明还存在其他错报。

抽样风险和非抽样风险可能导致某些错报未被发现。审计过程中累积错报的汇总数接近按照《中国注册会计师审计准则第 121 号——计划和执行审计工作时的重要性》的规定确定的重要性水平，则表明存在比可接受的低风险水平更大的风险，即可能未被发现的错报连同审计过程中累积错报的汇总数，可能超过重要性水平。

第四节 审计风险

审计风险是指当财务报表存在重大错报时，注册会计师发表不恰当审计意见的可能性。审计风险取决于重大错报风险和检查风险。

一、重大错报风险

重大错报风险是指财务报表在审计前存在重大错报的可能性。重大错报风险与被审计单位的风险相关，且独立于财务报表审计而存在。在设计审计程序以确定财务报表整体是否存在重大错报时，注册会计师应当从财务报表层次，各类交易、账户余额或披露的认定层次方面考虑重大错报风险。《中国注册会计师审计准则第 1211 号——通过了解被审计单位及其环境识别和评估重大错报风险》对注册会计师如何评估财务报表层次和认定层次的重大错报风险，提出了详细的要求。

（一）两个层次的重大错报风险

财务报表层次重大错报风险与财务报表整体存在广泛联系，可能影响多项认定。此类风险通常与控制环境有关，但也可能与其他因素，如经济萧条有关。此类风险难以界定于某类交易、账户余额或披露的具体认定；相反，此类风险增大了认定层次发生重大错报的可能性，与舞弊引起的风险尤其相关。

注册会计师同时考虑各类交易、账户余额或披露认定层次的重大错报风险，考虑的结果直接有助于注册会计师确定认定层次上实施的进一步审计程序的性质、时间安排和范围。注册会计师在各类交易、账户余额或披露认定层次获取审计证据，以便能够在审计工作完成时，以可接受的低审计风险水平对财务报表整体发表审计意见。《中国注册会计师审计准则第 1231 号——针对评估的重大错报风险采取的应对措施》对注册会计师如何应对评估的两个层次重大错报风险，提出了详细的要求。

（二）固有风险和控制风险

认定层次的重大错报风险又可以进一步分为固有风险和控制风险。

固有风险是指在考虑相关的内部控制之前，某类交易、账户余额或披露的某一认定易于发生错报(该错报单独或连同其他错报可能是重大的)的可能性。

某类交易、账户余额或披露及其认定的固有风险较高。例如,复杂的计算比简单的计算更可能出错;受重大计量不确定性影响的会计估计发生错报的可能性较大。产生经营风险的外部因素也可能影响固有风险。例如,技术进步可能导致某项产品陈旧,进而导致存货易于发生高估错报(计价认定)。被审计单位及其环境中的某些因素还可能与多个甚至所有类别的交易、账户余额或披露有关,进而影响多个认定的固有风险。这些因素包括维持经营的流动资金匮乏、被审计单位处于夕阳行业等。

控制风险是指某类交易、账户余额或披露的某一认定发生错报,该错报单独或连同其他错报是重大的,没有被内部控制及时防止或发现并纠正的可能性。控制风险取决于与财务报表编制有关的内部控制的设计和运行的有效性。由于控制的固有局限性,某种程度的控制风险始终存在。

二、检查风险

检查风险是指如果存在某一错报,该错报单独或连同其他错报可能是重大的,注册会计师为将审计风险降至可接受的低水平而实施程序后没有发现这种错报的风险。检查风险取决于审计程序设计的合理性和执行的有效性,由于注册会计师通常并不对所有的交易、账户余额或披露进行检查,以及其他原因,检查风险不可能降低为零。

三、检查风险与重大错报风险的反向关系

在既定的审计风险水平下,可接受的检查风险水平与认定层次重大错报风险的评估结果呈反向关系。评估的重大错报风险越高,可接受的检查风险越低;评估的重大错报风险越低,可接受的检查风险就越高。检查风险与重大错报风险的反向关系用数学模型表示如下:

$$审计风险=重大错报风险\times检查风险$$

这个模型也就是审计风险模型。假设针对某一认定,注册会计师将可接受的审计风险水平设定为5%,注册会计师实施风险评估程序后将重大错报风险评估为25%,则根据这一模型,可接受的检查风险为20%。当然,实务中,注册会计师不一定用绝对数量表达这些风险水平,而是选用"高""中""低"等文字进行定性描述。

四、审计的固有限制

注册会计师不可能将审计风险降至零,从而不能对财务报表不存在由于舞弊或错误导致的重大错报获取绝对保证。这是由于审计存在固有限制,注册会计师据以得出结论和形成审计意见的大多数审计证据是说服性而非结论性的。审计的固有限制可概括为以下三点。

(一)财务报告的限制

企业财务报告的主体和核心是财务报表。管理层编制财务报表需要根据被审计单位的事实和情况遵循适用的财务报表编制基础的规定,并且在这一过程中需要作出判断。此外,许多财务报表项目涉及主观决策、评估或一定程度的不确定性,并且可能存在一系列可接受的解释或判断。因此,某个财务报表项目的金额本身就存在一定的变动幅度,这种变动幅度

不能通过实施追加的审计程序来消除。例如，某些会计估计通常如此。审计准则要求注册会计师特别考虑在适用的财务报表编制基础下会计估计是否合理、相关披露是否充分、会计实务的质量是否良好(包括管理层判断是否可能存在偏向)。

(二) 审计程序的限制

注册会计师获取审计证据的能力受到实务和法律上的限制。例如，管理层或其他人员可能有意或无意地不提供与财务报表编制相关的或注册会计师要求的全部信息。又如，舞弊可能涉及精心策划和蓄意实施以进行隐瞒，如舞弊导致的错报涉及串通伪造文件，使得注册会计师误以为有效的证据实际上是无效的，注册会计师没有接受文件真伪鉴定方面的培训，不应被期望或为鉴定文件真伪的专家。再如，审计不是对涉嫌违法行为的官方调查。因此，注册会计师没有被授予特定的法律权力(如搜查权)，而这种权力对调查是必要的。

(三) 财务报告的及时性和成本效益的权衡

审计中的困难、时间或成本等事项本身，不能作为注册会计师省略不可替代的审计程序或满足于说服力不足的审计证据的正当理由。制订适当的审计计划有助于保证执行审计工作需要的充分的时间和资源。尽管如此，信息的相关性及其价值会随着时间的推移而降低，因此需在信息的及时性和成本效益之间进行权衡。

为了在合理的时间内以合理的成本对财务报表形成审计意见，注册会计师有必要：计划审计工作，使审计工作以有效的方式得到执行；将审计资源投向最可能存在重大错报风险的领域，并相应地在其他领域减少审计资源；运用测试和其他方法检查总体中存在的错报。

由于审计的固有限制，即使按照审计准则的规定适当地计划和执行审计工作，也不可避免地存在财务报表的某些重大错报可能未被发现的风险。相应地，完成审计工作后发现舞弊或错误导致的财务报表重大错报，其本身并不表明注册会计师没有按照审计准则的规定执行审计工作。尽管如此，审计的固有限制并不能作为注册会计师满足于说服力不足的审计证据的理由。注册会计师是否按照审计准则的规定执行审计工作，取决于注册会计师在具体情况下实施的审计程序，由此获取的审计证据的充分性和适当性，以及根据总体目标和对审计证据的评价结果而出具审计报告的恰当性。

复习思考题

1. 注册会计师接受业务委托之前需要对客户的哪些方面进行了解?
2. 计划审计工作的程序包括哪些?
3. 总体审计策略和具体审计计划的内容分别是什么?
4. 什么是审计重要性水平? 如何运用审计重要性水平?

第五章
审计抽样方法

教学目标

➢ 知识目标

理解审计抽样的基本理论，包括定义、种类、工作程序、适用性和风险控制。

➢ 能力目标

掌握属性抽样法在控制测试中的运用，以及变量抽样法在细节测试中的运用。

➢ 素养目标

保持职业怀疑与应有的职业道德，合理评价审计抽样结果。

导入案例

弱水三千，取一瓢足矣？

在现实中，若要监测三千弱水纯净与否，“取一瓢”可能不足以说明问题。审计工作中亦是如此。面对如此庞杂的物、证、账、表以及其他相关记录，若抽出的样本不具代表性，则很可能会功亏一篑。例如，瑞华会计师事务所（特殊普通合伙）（以下简称瑞华）在对辽宁振隆特产股份有限公司（以下简称振隆特产）的存货抽盘审计中就栽了大跟头。

2017 年 3 月，证监会公布了对瑞华的行政处罚决定：责令瑞华改正违法行为，没收业务收入 130 万元，并处 260 万元罚款；对 2 名签字注册会计师给予警告，并分别处以 10 万元罚款。证监会指出：瑞华未按审计准则及总体审计策略的要求，实施有效的抽盘程序。

2012 年至 2014 年，振隆特产各年年末存货余额分别占资产总额的 44%、39%和 26%。经查，振隆特产分别通过调节出成率、调低原材料采购单价，以及未在账面确认已处理霉变存货损失的方式虚增利润和存货。虚增利润金额分别占当年利润总额的 25.52%、32.85%和 32.43%；虚增存货金额分别占各年年末资产总额的 3.11%、6.51%和 7.26%。经查，2012 年至 2014 年，振隆特产虚增的，以及存放于天津代工厂的存货金额分别占各年年末存货金额的 24.84%、30.97%和 41.49%，该部分存货于各年年末在振隆特产的自有库房中是无法盘点出来的。然而，瑞华在审计底稿中记录 2012 年、2013 年和 2014 年的抽盘比例分别是 54.36%、67.85%和 88.56%，并且在实际监盘时，瑞华仅从每一垛存货中抽出部分存货进行称重或查看质量，进而认为整垛存货是经过抽盘的，故瑞华实际抽盘的比例远低于审计底稿记载的比例。此外，2013 年及 2014 年，瑞华在总体审计策略中提出要加大抽盘的范围与数量，但实际也未执行。

资料来源：根据《中国证监会行政处罚决定书（瑞华会计师事务所、侯立勋、肖捷）》（〔2017〕22 号）整理编写。

思考：上述案例中，注册会计师为什么受到证监会的处罚？注册会计师为什么没有勤勉尽责，具体表现在哪里？你认为注册会计师在抽盘的过程中应该注意什么事项？你如何看待审计抽样的重要性和必要性？

第一节　审计抽样概述

一、审计抽样的含义

审计抽样（audit sampling）是指从某一特定的审计对象（审计总体）中，按一定方式抽取一部分具有代表性的审查对象（样本）进行审查，并用样本的审查结果推断审计总体特征的审计方法。

现代审计中大量采用审计抽样方法意味着审计人员没有可能也没有必要对被审计单位的所有经济业务、所有会计记录进行全面、详细的审查，而只需恰到好处地检查部分经济业务和会计记录，就可以推断和估计全部审计对象的整体情况。

审计抽样的基本目标是在有限审计资源的限制下，收集充分、适当的审计证据，以形成和支持审计结论。抽样审计的运用，科学地解决了审计的业务量与审计结论保证程度之间的问题，扩大了审计人员的视野，极大地提高了审计工作效率。

二、审计抽样的种类

（一）按照抽样决策依据分类

1. 统计抽样

统计抽样是运用数理统计和概率论原理，遵循随机原则，对样本进行审查，然后以样本结果来推断审计总体特征的抽样方法。统计抽样具有如下特征：

第一，统计抽样能够科学地确定抽样规模。

第二，统计抽样遵循随机原则进行样本选择，审计总体中的每个个体被抽中的概率均等，减少了人为偏见。

第三，统计抽样中能够准确计算抽样误差和可靠程度，并将误差控制在预先给定的范围内。

第四，统计抽样能够运用概率统计理论对样本结果进行评价后推断审计总体特征，得出的审计结论具有科学依据。

2. 非统计抽样

非统计抽样是由审计人员凭借主观判断和个人经验，有目的地从特定审计总体中抽取样本进行审查，并以样本的审查结果来推断审计总体的抽样方法。在非统计抽样中，审计人员依靠主观判断和个人经验所取得的审计证据可能超出或低于为发表审计意见提供合理基础所需的证据数量。但是，非统计抽样只要设计合理，也可以达到与统计抽样一样的效果，而且成本更低。

统计抽样与非统计抽样的联系与区别如表 5-1 所示。

表 5-1　　统计抽样与非统计抽样的联系与区别

项目	统计抽样	非统计抽样
两者的联系	第一，执行审计测试，两者可以结合使用	
	第二，无论采用哪种抽样技术，均要合理运用职业判断	
	第三，只要运用得当，均可获得充分适当的审计证据，但也存在一定程度的审计抽样风险	
两者的区别	利用概率论量化控制抽样风险	无法量化控制抽样风险

（二）按照审计对象总体特征分类

1. 属性抽样

属性抽样是指在精确度界限和可靠程度一定的条件下，为了测定总体特征的发生频率而采用的一种抽样方法，包括固定样本量抽样、停—走抽样、发现抽样。属性是指审计总体的质量特征，即被审计单位业务或内部控制是否遵循了既定的标准以及其差错频率。属性抽样通常用于控制测试中。

2. 变量抽样

变量抽样是指用来估计总体金额而采用的一种抽样方法，包括单位均值估计抽样、差异估计抽样、比率估计抽样。变量抽样主要用于估计总体金额或者总体中的差错金额。变量抽样通常用于细节测试中。

属性抽样与变量抽样的区别如表 5-2 所示。

表 5-2　　属性抽样与变量抽样的区别

项目	属性抽样	变量抽样
应用	控制测试	细节测试
目标	估计总体既定控制的偏差率（偏差次数）	估计总体金额或总体中的错误金额
抽样方法	固定样本量抽样、停—走抽样、发现抽样	单位均值估计抽样、差异估计抽样、比率估计抽样

三、审计抽样的程序

（一）确定被审查总体的范围

在实施抽样之前必须先确定被审查总体的范围，即考虑应在哪些项目中进行抽样。被审计总体的确定十分重要，它将直接关系到审计目标的实现和抽样结果的准确性。确定被审查总体时应注意：

（1）被审查总体与具体审计目的相关性。确定被审查总体的范围必须与具体审计目的直接相关。只有先从总体中抽取样本进行审查，再用审查结果推断总体特征的结论才能实现具体审计目的，否则将直接影响审计目的的实现。

（2）被审查总体中项目的同质性。被审查总体中的项目应具备相同或相类似的性质，完全不同质的项目存在于一个总体中将影响抽样结果的可靠性。

（3）被审查总体中项目的可辨性。被审查总体中的项目应具备明显的、共同的可辨识标志，以利于抽样方法的实施。例如，这些项目是否有预先的编号，以及排列顺序如何都将影响某些抽样方法的实施。

（4）被审查总体中项目的充分性。被审查总体中必须达到一定的数量，一是为保证证据的充分性；二是为保证抽样的准确性。当总体中的项目很少时，就不能实施抽样。

（二）确定样本规模

从被审查总体中抽取样本的数量称为样本规模(sample size)。在审计抽样中，样本规模过小就不能反映出总体的特征；而样本规模过大则会加大审计成本，失去抽样的意义。在判断抽样中，审计人员凭借经验确定样本规模。在统计抽样中，样本规模的确定主要有以下五个决定因素：

（1）总体规模。总体规模在 5 000 个抽样单位以下时，总体规模越大，所需样本规模也越大；反之，则越小。当总体规模达到 5 000 个抽样单位之后，对样本规模几乎没有任何影响；当总体规模超过无穷大时，样本规模将不受总体数量的影响。

（2）预计总体偏差水平。预计总体偏差水平是指审计人员根据审计对象的重要性、对内部控制的依赖程度和职业判断，确定预计总体中错误的发生情况。预计总体偏差水平越高，所需要的样本规模就应越大；反之，则越小。

（3）可容忍误差。可容忍误差是审计人员认为抽样结果可以达到审计目的，所愿意接受的审计总体的最大误差。可容忍误差受重要性判断的影响，审计人员确定为重要的金额越大，则确定的可容忍误差就越大。可容忍误差越大，抽样规模就越小；反之，则越大。

（4）审计结论的精确度。在抽样审查中，由于是从总体中抽取一部分样本进行审查，而非全部审查，从样本特征所推断的总体特征与实际的总体特征之间必然存在着抽样误差。审计结论的精确度就反映这一误差，它与样本规模成正比，精确度要求越高，抽样规模就越大；反之，则越小。

（5）可靠性程度。可靠性程度也称为可信赖程度，通常用预计抽样结果能够代表审计对象总体特征的百分比来表示。例如，抽样结果有 98%的可靠性程度，就是抽样结果有 98%的可能性代表了总体特征，有 2%的可能性没有代表总体特征。审计人员对可靠性程度要求越高，所需样本规模就越大；反之，则越小。

（三）选取样本项目

确定了总体范围和样本规模后，就应开始实施选样，即从总体中选取相当于样本规模数量的样本。选样方法有很多，按照是否遵循随机原则可以分为统计抽样法和非统计抽样法两种方法。随机原则是指在选取样本时，样本项目的选中与否完全由概率因素决定，主观因素不起任何作用，因而每一个样本项目都有同等被选中的机会。一般来讲，样本项目的选取越遵循随机原则，其样本对总体的代表性就越高。

审计抽样中经常使用的选样方法有以下几种。

1. 随机数表选样

审计人员可使用计算机或随机数表（random number table）获得所需的随机数，选取匹配的随机样本。随机数表也称为乱数表，它是由随机生成的从 0 到 9 这 10 个数字所组成的数表，每个数字在表上出现的次数大致是相同的，出现在表上的顺序是随机的。五位随机数表如表 5-3 所示。

表 5-3　　五位随机数表

序号	1	2	3	4	5	6	7	8	9	10
1	32044	69037	29655	92114	81034	40582	01584	77184	85762	46505
2	23821	96070	82529	81642	08971	07411	09037	81530	56195	98425
3	82383	94987	66441	28677	95961	78346	37916	09416	42438	48432
4	68310	21792	71635	86089	38157	95620	96718	79554	50209	17705
5	94856	76940	22165	01414	01413	37231	05509	37489	56459	52983
6	95000	61958	83430	98250	70030	05436	74814	45978	09277	13827
7	20764	64638	11359	32556	89822	02713	81293	52970	25080	33555
8	71401	17964	50940	95753	34905	93566	36318	79530	51105	26952
9	38464	75707	16750	61371	01523	69205	32122	03436	14489	02086
10	59442	59247	74955	82835	98378	83513	47870	20795	01352	89906
11	11818	40915	99279	32222	75433	27397	46214	48872	26536	51042
12	65785	06837	96483	00230	58220	09756	00533	17614	98144	82427
13	05933	69834	57402	35168	84138	44850	11527	05692	84810	44109
14	41722	97334	77178	70361	15819	35037	46319	21085	37957	05102
15	95118	88373	42991	26934	00142	90852	14199	93593	76028	23664
16	14347	69760	76797	91159	85189	84766	88814	90023	62928	14789
17	64447	95461	85772	84261	82306	90347	97519	03144	16530	52542
18	82291	62993	83884	69165	14135	25283	35685	47029	62941	37099
19	45631	73570	53937	02803	60044	85567	10497	26682	50000	47039
20	59594	78376	47900	30057	94668	04629	10087	13562	13800	15764
21	72010	44720	92746	82059	42361	54456	66999	77103	47491	65161
22	35419	04632	07000	25529	72128	90494	05518	34453	42189	82994
23	71750	86044	76982	81606	93646	00776	06017	10638	08818	94242
24	84739	48460	08613	88344	27585	44997	58464	68682	56828	78191
25	38929	79307	78252	14446	21545	32737	48625	61374	32181	17834

（续表）

序号	1	2	3	4	5	6	7	8	9	10
26	67690	88918	06316	08110	24591	38729	53296	64295	87158	64938
27	64601	76493	91280	23056	21242	26983	34203	40045	62157	65050
28	72065	440933	99240	17510	73412	88774	96914	05702	17130	20916
29	90225	74930	08500	64177	13202	15085	15734	57555	63312	57696
30	28621	05997	60429	26054	65632	27972	42932	81090	49530	35918

随机数表选样的步骤如下：

(1) 对总体项目进行编号。编号的目的在于确定总体项目的标志并确定所使用的随机数的位数。一般情况下，编号可利用总体项目中原有的某些编号，如凭证号、支票号、发票号等。在没有事先编号的情况下，审计人员须按一定的方法进行编号。例如，由 40 页、每页 50 行组成的应收账款明细表，可采用四位数字编号，前两位数字由 01 到 40 的整数构成，表示该记录在明细表中的页数，后两位数字由 01 到 50 的整数构成，表示该记录的行次，即编号 0534 表示第 5 页第 34 行的记录。所需使用的随机数的位数一般由总体项目数或编号位数决定。如前例中可采用四位随机数表，也可以使用五位随机数表的前四位数字或后四位数字。

(2) 从随机数表中任选一行或任何一栏开始，按照一定的方向（上下左右均可）依次查找，符合总体项目编号要求的数字，即为选中的号码，与此号码相对应的总体项目即为样本项目，一直到选足所需的样本量为止。例如，从前述应收账款明细表的 2 000 个记录中选择 10 个样本，总体编号规则如前所述，即前两位数字不能超过 40，后两位数字不能超过 50。从表 5-3 第 1 行第 1 列开始使用前四位随机数，向右查找，则选中的样本为编号 3204、0741、0903、0941、3815、2216、0141、3723、0550、3748 的 10 个记录。

2. 系统选样

系统选样（systematic sample selection）又称为等距选样。使用系统选样时，审计人员首先计算抽样间距（sampling interval），其次从第一个间距中选择一个随机起点（random starting point），以随机起点作为开端，按照计算的抽样间距等距离地选取样本。例如，从前述 2000 个应收账款记录中选择 200 个记录进行测试，则抽样间距为 10，如从第 1 个间距中选择 1 个随机数 4 作为随机起点，则样本为编号 0104、0114、0124……4034、4044 的 200 个记录。

系统选样法具有简便易行的特点，但只有在总体的特征随机分布于总体中时，选择的样本才是具有代表性的样本（representative sample）。如果测试的特征在总体内的分布具有某种规律性，则选择的样本的代表性就可能较差，如应收账款明细表每页的记录均以账龄的长短按先后次序排列，则选中的 200 个样本可能多数是账龄相同的记录。

为克服系统选样的这一缺点，可采用的办法：一是增加随机起点的个数；二是在确定选样方法之前对总体特征的分布进行观察，如发现总体特征的分布呈随机分布，则采用系统选样，否则，可考虑使用其他选样方法。

3. 分层选样

分层选样（stratified sampling）是按照一定标准先将总体划分为若干层次或类型，再对各层次或各种类型的项目进行随机选样。严格地讲，分层选样并非一种独立的样本选择方法，它必须结合随机数表选样等方法使用。然而，使用该方法可以使审计人员将样本的选择与总体中的关键项目联系起来，并能针对不同的层次采用适当的审计技术。由于分层选样将相对同质的项目划为一类，可提高样本在其所在层次的代表性。在针对相同总体选择同样规模的样本时，分层选样比纯粹的随机数表选样产生的误差小，对于情况比较复杂、项目之间特征差异较大的总体的样本选择更具有优越性。分层选样是国内外审计实践中广泛采用的一种方法。

例如，对应收账款进行测试时，依据各项记录的金额大小作为分层标准，针对不同层次采用不同的测试方法，如表 5-4 所示。

表 5-4　　分层选样

层次	分层标准	测试规模(100%)	选择方法
1	金额在 100 000 元以上	100	详查
2	金额在 5 000～1 000 元	20	随机数表选样
3	金额在 5 000 元以下	1	系统选样

4. 随意选样

使用这种方法并不意味着审计人员可以漫不经心地选择样本，审计人员要避免任何有意识的偏向或可预见性(如回避难以找到的项目，以及总是选择或回避每页的第一个或最后一个项目)，从而保证总体中的所有项目都有被选中的机会，使选择的样本具有代表性。

随意选样仅适用于非统计抽样。在使用统计抽样时，运用随意选样是不恰当的，这是因为审计人员无法量化选取样本的概率。

5. 整群选样

整群选样(block sample selection)是先将总体项目按某一标志分成若干群，再使用随机数表选样或系统选样的方法，按群选取样本项目的一种选样方法。整群选样与其他选样方法的差别主要在于，它不是一个个项目，而是成组成群地选取样本项目。

例如，将全年的选进支出凭单按星期划分为 52 个组，现从中选出 5 个星期进行审查。如果利用前面的随机数表，从第 1 行第 1 列的后两位数字开始，按照从左到右的顺序选样的话，那么被选中的星期数为 44、37、14、34、5，即样本就应由第 5、第 14、第 34、第 37、第 44 个星期的现金支出凭单所组成。

整群选样使用起来比较方便，但样本的代表性可能差些。一般在需要选取的样本项目较多，且样本特征呈均匀分布的情况下，使用这种方法比较适宜。

(四) 审查样本项目

在属性抽样中，审计人员抽取了样本之后，要对每一个样本进行审查，从而获得样本的差错率，并将其与预期的总体差错率进行比较，以确定所使用的样本规模是否合适。一般来讲，样本差错率与预计总体差错率如果大致相同，则说明对总体中的估计恰当，预计总体差错率较为正确，以此确定的样本规模是合适的；如果样本差错率小于预计总体差错率，则说明对总体中的错误估计过高，预计总体差错率过大，以此确定的样本规模也过大，但也无缩小样本规模的必要；如果样本差错率大于预计总体差错率，则说明对总体中的错误估计不足，预计总体差错率过小，以此确定的样本规模也过小，此时必须以样本差错率代替预计总体差错率，重新确定样本规模，抽取和审查新增的样本项目，并重新获得样本差错率，将其与预计总体差错率作比较，直至小于或等于它为止。经过上述的审查和比较过程后，审计人员应把最终的审查结果记录下来，作为推断总体特征，即总体差错率的依据。

在变量抽样中，审计人员抽取了样本之后，要对每一个样本进行审查，根据样本的审计值(audit value，AV)和账面值(book value，BV)推断总体账面记录，并将总体账面记录与总体的区间估计值进行比较。若总体账面记录处于总体的区间估计值之内，说明账面记录值正确。如果总体账面记录没有落在总体的区间估计值之内，则审计人员应分析原因，采取扩大样本量或要求被审计单位调整账面值并重新评价抽样结果等措施。

(五) 形成审计结论

审计抽样的最终目的不在于抽取和审查样本，而是希望通过审查样本，从样本特征推断总体特征，从而形成针对总体的审计结论。根据样本的审查结果，了解样本的差错率，以此去推断总体的差错率。计算在预先确定的可靠程度之上，样本推断结果与实际情况之间的误差有多大，并将这一误差控制在审计师可以接受的范围之内，从而获得切合实际的审计结论。因此，审计人员在根据样本审查结果直接推断总体错报的基础之上，加上抽样误差和抽样风险之后，即可得出总体中存在错报的估计值。

审计人员将上述得出的总体中的错报估计值与事先为该总体计划的重要性水平相对照，如果没有超出重要性水平，则可认定该总体中的错报数额是可以接受的。但是如果超出了重要性水平，总体中的错报数额就是不可以接受的，此时审计人员可以采取以下几项措施：

(1) 暂时不采取任何措施，等到其他项目的审计测试完成之后，综合考虑错报的累计数额对各财务报表项目和财务报表整体的影响，以确定错报数额是否可以接受。

(2) 在特定领域内扩大测试范围，如果审计人员对错报的分析表明造成大多数错报的原因相同，或者审计人员为谨慎起见希望寻求降低抽样风险的途径，此时审计人员就可以扩大计划的测试范围，而抽样误差和总体的可接受程度则需按照新的测试结果重新确定。

(3) 要求被审计单位调整账户余额，通过将错误的账户余额进行调整之后，总体中已发现的错报水平会下降，此时需重新考虑抽样误差和错报的估计数额。

四、审计抽样的适用性

审计抽样并非在所有审计程序中都可使用。审计人员拟实施的审计程序将对运用审计抽样产生重要影响。在风险评估程序、控制测试和实质性程序中，有些审计程序可以使用审计抽样，有些审计程序则不宜使用审计抽样。

风险评估程序通常不涉及审计抽样。如果审计人员在了解控制的设计和确定控制是否得到执行的同时计划和实施控制测试，则可能涉及审计抽样，但此时审计抽样仅适用于控制测试。

当控制的运行留下轨迹时，审计人员可以考虑使用审计抽样实施控制测试。对于未留下运行轨迹的控制，审计人员通常实施询问、观察等审计程序，以获取有关控制运行有效性的审计证据，此时不宜使用审计抽样。此外，在被审计单位采用信息技术处理各类交易及其他信息时，审计人员通常只需要测试信息技术一般控制，并从各类交易中选取一笔或几笔交易进行测试，就能获取有关信息技术应用控制运行有效性的审计证据，此时不需要审计抽样。

实质性程序包括对各类交易、账户余额和披露的细节测试，以及实质性分析程序。在实施细节测试时，审计人员可以运用审计抽样获取审计证据，以验证有关财务报表金额的一项或多项认定（如应收账款的存在），或对某些金额作出独立估计（如陈旧存货的价值）。如果审计人员将某类交易或账户余额的重大错报风险评估为可接受的低水平，也可不实施细节测试，此时不需运用审计抽样。在实施实质性分析程序时，审计人员的目的不是根据样本项目的测试结果推断有关总体的结论，因而不宜运用审计抽样。

审计抽样可以与其他选取测试项目的方法相结合。例如，在审计应收账款时，审计人员可以使用选取特定项目的方法，先将应收账款中的单个重大项目挑选出来单独测试，再针对剩余的应收账款余额进行抽样。

第二节 审计抽样在控制测试中的应用

控制测试又称为符合性测试，是指为了确定内部控制的设计和执行是否有效而实施的审计程序。控制测试中采用抽样技术应考虑以下两点：

（1）只有在所执行的控制程序留有书面证据轨迹时，才能在控制测试中运用属性抽样技术，这些控制程序通常包括授权程序、凭证、记录以及独立检查等。

（2）一般只有在执行额外的控制测试，以求获得支持进一步降低控制风险的估计水平时的证据时才使用审计抽样。

在控制测试中运用的抽样技术为属性抽样，它是指在精确度和可靠性一定的条件下，为了测定总体特征的发生频率而采用的一种方法。在属性抽样中的结果只有两种："是"与"否"。

一、统计基础的属性抽样

（一）固定样本量抽样

固定样本量抽样常用于估计审计对象总体中某种误差发生的比例，其特点是预先确定样本量，在执行抽样计划时不再进行改动，其优点是简单易用。

（二）停—走抽样

停—走抽样是固定样本量抽样的一种特殊形式。采用固定样本量抽样时，若预期总体误差大大高于实际误差，其结果是选取了过多的样本，降低了审计工作效率。停—走抽样从预期总体误差为零开始，通过边抽样边评价来完成抽样审计工作，可以在抽样过程中不断提高预计总体偏差率并修正样本量。其常用于审计人员预计总体误差水平很低的情况中。这种方法能有效地提高工作效率，降低审计费用。

在选取样本时，如果初始样本中未发现错误，即可终止抽样；如果初始样本中发现一个或一个以上的错误，则需扩大样本规模，继续审查下去。

（三）发现抽样

发现抽样是指在既定的可信赖程度下，在假定误差以既定的误差率存在于总体之中的情况下，至少查出一个误差的抽样方法。发现抽样与固定样本量抽样的区别有：一是在做抽样计划时，必须假设预期总体偏差率为零；二是审查样本时，只要发现一个偏差，就应停止抽样，执行全面的审查。发现抽样主要用于查找重大非法事件、误差率接近零的情况中。

二、非统计基础的属性抽样

在控制测试中，也可以采用非统计基础的抽样方法进行属性抽样，其设计和执行计划的步骤与统计基础的属性抽样相似，确定样本量和评价样本结果的考虑也相似。其与统计基础的属性抽样的具体执行计划中有以下区别：

（1）确定样本量时，确定的因素不变，但不需要量化这些因素。

（2）确定样本选取的方法时，除了选用随机选样和系统选样，还可以采取其他方法。

（3）评价样本结果时，在非统计基础的属性抽样中，审计人员不可能确定偏差上限，也无法计算出风险允许限度。

第三节/审计抽样在细节测试中的运用

在实施细节测试时，审计人员需要对被审计单位财务报表中的数额、余额是否存在错误以及错误的大小进行定量测试和分析评价。根据细节测试的特点，最适合使用的审计抽样方法是变量抽样。变量抽样是直接针对总体中的数额、余额实施抽样，并从样本审查结果推断总体结果，从而对总体进行定量估计，为对被审计对象总体数量特征的审查提供了简便而有效的方法。变量抽样分为两大类，分别是货币单元抽样和传统变量抽样。

一、货币单元抽样

货币单元抽样是一种运用属性抽样原理对货币金额而不是对发生率得出结论的统计抽样方法，它是概率比例规模抽样方法的分支。货币单元抽样有时也称为金额单元抽样、累计货币金额抽样以及综合属性变量抽样等。货币单元抽样以货币单元作为抽样单元。例如，总体包含 100 个应收账款明细账户，共有余额 200 000 元。若采用货币单元抽样，则认为总体含有 200 000 个抽样单元，而不是 100 个。总体中的每个货币单元被选中的机会相同，因此总体中某一项目被选中的概率等于该项目的金额与总体金额的比率，项目金额越大，被选中的概率就越大，这样有助于审计人员将审计重点放在较大的账户余额或交易中。但实际工作中，审计人员并不是对总体中的货币单元实施检查，而是对包含被选取货币单元的账户余额或交易实施检查。审计人员检查的账户余额或交易被称为逻辑单元。

二、传统变量抽样

（一）单位均值估计法

单位均值估计法（mean-per-unit estimation）是通过样本的单位平均值估计总体值的一种变量抽样方法。在该方法下，要先确定样本中每个项目的审定值并计算样本的单位平均值，再以样本的单位平均值乘以总体规模作为总体价值估计值，最后按精确度区间对抽样结果作出评价。这种变量抽样方法的适用范围十分广泛，无论被审计单位提供的数据是否完整可靠，还是在被审计单位缺乏基本经济业务或事项的账面记录的情况下，均可使用该方法。单位均值估计法的相关计算公式如下：

样本审定值的平均值＝样本审定值÷样本规模

估计的总体值＝总体规模×样本审定值的平均值

推断的总体错报＝估计的总体值－总体的账面值

例如，审计人员审查总体规模为1 000、账面值为6 000 000元的存货，审计人员从1 000个总体中选取了200个样本项目进行检查，经过逐一对比每个样本，确定200个样本项目的审定值是1 400 000元。因此，样本审定值的平均值为7 000元(1 400 000÷200)，估计的总体值为7 000 000元(7 000×1 000)，推断的总体错报为1 000 000元(7 000 000－6 000 000)。

（二）差额估计法

差额估计法是单位均值估计法的一种变形，其原理是通过比较样本的审定值和账面值并计算两者的平均差异，先估计总体实际价值与账面价值的平均差异，再以这个平均差异乘以总体项目个数求得总体的实际价值与账面价值的差异总额，最后将账面价值加上差异总额来推算总体的实际价值总额。如果“审定值－账面值”为正数，则表示账面值是低估的；如果“审定值－账面值”为负数，则表示账面值是高估的。

差额估计法有以下三个适用条件，只有这些条件同时满足时，审计人员才能在细节测试中采用差额估计法：其一，每个总体单位的账面值都是可以取得的，并且总体账面值必须是个体账面值的总和，即明细账中的账户金额合计必须等于总账中的控制账户金额。其二，样本规模必须足够大，且满足正态分布。其三，总体规模较大，且总体中的高估金额和低估金额几乎相等，即差异与账面价值不成正比，审计人员预期样本项目中的差异金额不受项目范围的影响。

由于个体单位审定值与账面值之间的差额的标准差必定小于个体单位审定值的标准差，差额估计抽样所需的样本规模小于单位均值估计抽样所需的样本规模。在可行的情况下，差额估计法比单位均值估计法更符合成本效益原则。差额估计法的实施步骤与单位均值估计法较为类似，这里不再详述。差额估计法的相关计算公式如下：

平均错报＝(样本账面值－样本审定值)÷样本规模

推断的总体错报＝平均错报×总体规模

估计的总体值＝总体账面值－推断的总体错报

例如，审计人员从总体规模为1 000、账面值为1 040 000元的存货项目中选取了200个样本项目进行检查，经过逐一对比样本，确定200个样本项目的账面值与审定值加总分别是208 000元和196 000元。因此，样本账面值减去样本审定值为12 000元，平均错报为60元(12 000÷200)，推断总体错报为60 000元(60×1 000)，估计的总体值为980 000元(1 040 000－60 000)。

（三）比率估计法

比率估计法是差额估计法的变形，其原理与之极为类似。它是以样本审定值与账面值的比率关系来估计总体实际值与账面值之间的比率关系，并以这个比率去乘以总体的账面值，从而求出总体实际值的估计金额。比率估计法是假设误差与账面值成正比，其整体实施过程与差额估计法基本相同，只是在评价样本结果时有所差异。比率估计法的相关计算公式如下：

比率＝样本审定值之和÷样本账面值之和

估计的总体值＝比率×总体的账面值

推断的总体错报＝总体的账面值－估计的总体值

沿用差额估计法中的数据，如果审计人员使用比率估计法，样本审定值与样本账面值的比率为0.94(196 000÷208 000)，估计的总体值为977 600元(0.94×1 040 000)，推断的总体错报为62 400元(1 040 000－977 600)。

如果未对总体进行分层，审计人员通常不使用单位均值估计法，这是因为此时所需的样本规模可能太大，不符合成本效益原则。比率估计法和差额估计法都要求样本项目存在错报，如果样本项目的审定值和账面值之间没有差异，这两种方法下所使用的公式隐含的机理就会导致错误的结论(即不存在抽样风险，从而使审计人员在评价样本结果时得出错误结论)。审计人员在评价样本结果时常常使用比率估计法和差额估计法，如果发现错报金额与项目的金额紧密相关，审计人员通常会选择比率法；如果发现错报金额与项目的数量紧密相关，审计人员通常会选择差额估计法。然而，如果审计人员决定使用统计抽样，且预计没有差异或只有少量差异，就不应使用比率估计法和差额估计法，应考虑使用其他的替代方法，如单位均值估计法。

第四节 / 审计抽样风险及其控制

一、审计抽样风险

在运用审计抽样方法的过程中，有两类风险因素可能导致样本的选择和测试，或者总体特征的推断出现偏差，进而可能导致错误的审计结论，它们是抽样风险和非抽样风险。

(一) 抽样风险

抽样风险(sampling risk)是指由于采用抽样审查方法，即并非对总体中100%的项目进行审查，而只是对抽取的样本进行审查，并从样本特征推断总体特征，得出的审计结论与总体实际情况间必然存在着差异。这一差异就是造成抽样风险的主要原因。抽样风险具体表现在以下两点。

1. 控制测试中的抽样风险

控制测试中的抽样风险主要有两种：一是过度依赖风险；二是依赖不足风险。过度依赖风险(acceptable risk of assessing control risk too low)是指在对内部控制的执行情况进行测试时，通过样本的考察，得出依赖内部控制的结论，但总体的实际情况可能并不足以支持这一结论。也就是说，在审计人员选取的样本中，内部控制程序较之总体水平得到更好地执行，这样对样本考察的结果将导致审计人员对内部控制过度依赖。依赖不足风险

(acceptable risk of assessing control risk too high)是指对内部控制的执行进行测试时，基于对样本的考察得出了不能依赖内部控制的结论，但总体的实际情况却是可以依赖的，即对内部控制应该依赖而未予依赖。

2. 细节测试中的抽样风险

细节测试中的抽样风险也有两种：一是误拒风险；二是误受风险。误拒风险(acceptable risk of incorrect rejection)是指在对会计报表项目或账户余额的正确性进行测试时，实际上某项余额正确，而审计人员通过考察样本却得出该余额不正确的结论，即将事实上正确的余额看成是错误的余额。误受风险(acceptable risk of incorrect acceptance)是指实际上某项余额是错误的，而审计人员考察样本后却得出该项余额正确的结论，即将事实上错误的余额误作为正确的予以接受。

(二) 非抽样风险

非抽样风险(non-sampling risk)是指审计人员由于任何与抽样风险无关的原因而得出错误结论的风险。审计人员即使对某类交易或账户余额的所有项目实施审计程序，也可能仍未能发现重大错报或控制失效。在审计过程中，可能导致非抽样风险的原因主要包括下列情况：

(1) 审计人员选择了不适合于实现特定目标的审计程序。例如，审计人员依赖应收账款函证来揭露未入账的应收账款。

(2) 审计人员选择的总体不适合于测试目标。例如，审计人员在测试销售收入完整性认定时将主营业务收入日记账界定为总体。

(3) 审计人员未能适当地定义误差(包括控制偏差或错报)，导致审计人员未能发现样本中存在的偏差或错报。例如，审计人员在测试现金支付授权控制的有效性时，未将签字人未得到适当授权的情况界定为控制偏差。

(4) 审计人员未能适当地评价审计发现的情况。例如，审计人员错误解读审计证据可能导致没有发现误差。审计人员对所发现误差的重要性的判断有误，从而忽略了性质十分重要的误差，也可能导致得出不恰当的结论。

二、对审计抽样风险的控制

(一) 对抽样风险的控制

1. 对Ⅰ类风险的控制

依赖不足风险和误拒风险都是将正确判断为错误的风险，我们称其为Ⅰ类风险或 α 风险。此类风险出现时，审计总体实际上是正确的，或者不存在重大细节错误，但是审计人员根据从审计总体中随机抽取的样本项目审查的结果判断得出审计总体是错误的或者存在重大细节错误的结论，从而拒绝了原本认为审计总体是正确的或者没有重大细节错误而应予以接受的结论。此类风险主要与审计效率相关，它将直接导致测试范围扩大、样本容量增加、审计效率下降。

对Ⅰ类风险最为有效的控制方法就是扩大审查的样本规模，这是因为增大样本容量可以提高样本对审计总体特征的代表性，从而使抽样结果更为有效。这种方法不仅符合公认审计准则的要求，而且也为被审计单位所接受，他们愿意审计人员充分地审核审计总体项目，以表明自己有关审计总体的报告是正确的。因此，在抽样审计中，通常使用增大样本规模的方法来控制和降低审计人员可能承担的Ⅰ类抽样风险水平。

2. 对Ⅱ类风险的控制

同Ⅰ类风险相对应，过度依赖风险和误受风险都是将错误判断为正确的风险，我们称其为Ⅱ类风险或β风险。此类风险出现时，审计总体实际上是错误的，或者存在重大细节错误，但是审计人员根据从审计总体中随机抽取的样本项目审查的结果，判断得出审计总体是正确的或者没有重大细节错误的结论，从而接受了实质上是错误的应予以拒绝的审计总体。此类风险主要与审计效果相关，它将直接导致错误的和不可靠的审计结论、审计工作质量下降。由于Ⅱ类风险直接影响审计质量，而且不易被审计人员较早地察觉，即对于一个错误的审计总体，审计人员依据样本审查结果接受了它，被审计单位往往不会提出异议，当在审计过程后期发现了潜在的Ⅱ类风险时，往往为时已晚，常常使审计人员十分被动，对Ⅱ类风险的控制更加重要。控制Ⅱ类风险最为有效的方法就是改进抽样方法，这是因为所选用的抽样方法越科学，其对抽样过程的精度限度就越高，抽样结果的可靠性程度也越高，只有这样才能有效地将Ⅱ类风险控制在审计人员可以接受的范围之内，以保证审计工作质量。

（二）对非抽样风险的控制

非抽样风险是人为因素造成的，虽然难以量化非抽样风险，但通过采取适当的质量控制政策和程序，对审计工作进行适当的指导、监督和复核，仔细设计审计程序，以及对审计实务的适当改进，审计人员可以将非抽样风险降至可接受的水平。

三、审计抽样的质量控制

现代审计大量采用抽样方法，选取样本对总体的代表性如何，样本审查的质量如何，以及由样本特征推断总体特征的准确性如何等都将直接影响审计抽样的有效性，从而影响整个审计项目的质量。因此，控制审计抽样的质量至关重要。

（一）影响审计抽样质量的因素

1. 样本的代表性

由于审计抽样是通过审查样本，以样本特征推断总体特征的，能否从样本审查结果准确推断总体特征以形成可靠的审计结论，在很大程度上取决于从总体中抽取的样本是否能够充分有效地代表总体，样本的代表性越强，用样本审查结果推断总体特征就越精确，抽样误差也就越小。

2. 抽样误差

抽样误差（sampling error）是指根据样本特征所推断总体特征与总体实际情况之间的差异。这种差异是审计中采用抽样方法所直接导致的，只要实施审计抽样，抽样误差的存在就是无法避免的，而且抽样误差的大小将直接影响审计结论的准确性。

3. 由样本审查结果对总体作出的推断

适量抽取样本、选择最具代表性的样本、充分地审查样本，在审计抽样中都是十分重要的。但这些都只是推断总体特征的必备条件，由样本审查结果推断总体特征对审计抽样工作质量更有直接的影响，而且在这一过程中审计人员还要承担Ⅰ类和Ⅱ类风险，使得这一推断过程成为审计抽样质量控制的关键环节。

4. 审计人员素质

审计抽样只是审计过程中审计人员所采用的审计方法而已，这些方法本身再科学、再可靠，方法的选择、方法的执行、对执行的监督检查仍然是由审计人员来进行的。因此，审计人员的素质，即审计人员能否胜任审计抽样工作，能够充分发挥其主动性、积极性和创造性，也会影响审计抽样的质量。

（二）控制审计抽样的质量

要保证审计抽样的最终质量，不是抽样工作过程中某一个或某几个环节、某几个人的事，而应该是全体审计人员在审计抽样工作全过程的系统控制，即从审计抽样的开始阶段到终结阶段的各个环节、各个步骤、各个过程实行全面的质量管理和控制。

1. 审计抽样的技术控制

审计抽样的方法有很多，选择的方法越科学，即越严格遵循抽样的随机原则，抽样结果的准确性就越高。因此，对审计抽样整个过程的技术控制就是在成本效益原则允许的范围内，尽可能选择更科学、更准确的抽样技术，使样本规模的确定更合理，样本的选择更具代表性，由样本特征所推断的总体特征与总体实际情况间的抽样误差更小，由样本对总体的推断过程更精确，甚至在实施抽样之前就可以将精确度和可靠程度控制在可以接受的范围内。

2. 审计抽样的实施控制

审计抽样技术选择得再科学，也需要由人组织实施。审计抽样的实施控制就是在审计抽样的全过程中保证其有效和合理地得以实施。例如，在准备阶段，审计人员需要合理设计抽样方法，并将具体实施步骤编写在具体审计工作大纲中；在实施阶段，审计人员则要严格把关，确保抽样工作各个环节的准确性不会受到人为因素的影响；在终结阶段，审计人员应对推断总体结果进行全面检查，对于不合理的问题必须重新审查，以确保审计结论的可靠性。

3. 审计抽样的管理控制

对审计抽样工作的控制不能只局限于一个具体的审计项目，审计抽样的管理控制就是要求审计组织建立起一套完整的、科学的审计抽样质量控制体系，并配套一系列必备的实施措施，使审计组织对每个审计抽样项目的管理和控制系统化、规范化，使审计组织的整体审计工作质量得以提高。

复习思考题

1. 什么是审计抽样？审计抽样应该如何分类？
2. 属性抽样的方法有哪些？在审计工作中如何运用？
3. 变量抽样的方法有哪些？在审计工作中如何运用？
4. 审计抽样的风险有哪些？怎么去控制这些风险？

第六章 风险评估

教学目标

➢ 知识目标

1. 掌握风险评估程序及其具体要求，理解项目组内部讨论的意义。

2. 掌握了解被审计单位及其环境的意义、内容，及其内部控制内容。

3. 理解重大错报风险，掌握识别和评估财务报表层次和认定层次的重大错报风险的方法。

➢ 能力目标

1. 培养能够运用风险评估程序，识别和评估审计风险的能力。

2. 培养评估被审计单位重大错报风险相关举措的总体把握能力和应用能力。

➢ 素养目标

1. 结合审计风险的相关知识，深刻理解习近平总书记关于防范化解重大风险的重要论述的内涵。

2. 学习贯彻习近平总书记关于审计工作的具体指示，明确风险评估工作在审计工作中的重要价值及在风险防范过程中的现实意义。

导入案例

魔高一尺道高一丈，舞弊总会有迹可循

说起来舞弊，即人为主观、故意做了坏事的情况，只要舞弊人员不傻，就肯定有想要"毁尸灭迹"，进行掩盖的行为。舞弊一直是审计中非常头痛的问题，毕竟舞弊导致的重大错报比错误导致的重大错报更难发现。最著名的舞弊事件是瑞幸咖啡的舞弊案件。

瑞幸咖啡为什么要舞弊呢？我们可以链接到审计中的舞弊风险因素去考虑。虽然存在舞弊风险因素并不必然表明发生了舞弊，但在舞弊发生时通常存在舞弊风险因素，因此，舞弊风险因素可能表明存在舞弊导致的重大错报风险。瑞幸咖啡创造了赴美 IPO 最快的记录，"有史以来上市最快的公司"更是被铺天盖地地宣传。要知道，经过融资的瑞幸咖啡，投资者一般都会要求业绩增速或者是对赌上市时间，可想而知，瑞幸咖啡的管理层面对多大的

销售收入增长压力，也就有了后来曝光的2019年高达22亿元的收入造假。瑞幸咖啡的核心团队都来源于神州租车等互联网企业，在我国互联网的现状下，即使是阿里巴巴，“双十一”爆出的成交量在后续令人瞠目结舌的退货率中也引来大家对业绩的一片质疑声；更有美团、饿了么等App实现了超常业绩增长。瑞幸咖啡的团队对造假心存侥幸，把自己的舞弊行为从心理上“合理化”，更是体现了他们对于舞弊的态度与借口。

从媒体报道来看，瑞幸咖啡的舞弊手段是通过跳单、虚增订单均价和虚列广告支出实现的。在咖啡零售业，没有预收和赊销的情形，会计师事务所在审计的时候一定会重点关注收入，从分析程序到抽样检查都必不可少，虚假订单需要付款记录，而订单软件开发公司可能是与瑞幸咖啡串通舞弊的一方。如果确认收入就必然要结转成本，否则毛利率就会异常，那么就要虚构采购。瑞幸咖啡的舞弊手段是非常常见的，只是在现实的审计工作中，其会受到能获取的审计证据所限，导致注册会计师“一叶障目不见泰山”。

资料来源：张楠. 从形形色色的管理层舞弊案例，分析审计风险！[EB/OL].（2020-08-14）[2022-12-23]. https://www.sohu.com/a/413109085_500670.

思考：企业一般采取的舞弊手段有哪些？注册会计师对舞弊的“蛛丝马迹”应保持应有的职业怀疑，我们应该采取何种方法去发现舞弊行为呢？

第一节 风险评估概述

注册会计师实施审计，其目标是对财务报表不存在错误或舞弊导致的重大错报获取合理保证。在风险导向审计模式下，注册会计师以重大错报风险的识别、评估和应对为审计工作的主线，最终将审计风险控制在可接受的低水平。风险评估是审计风险控制流程的起点。风险识别和评估是指注册会计师通过实施风险评估程序，识别和评估财务报表层次和认定层次的重大错报风险。其中，风险识别是指找出财务报表层次和认定层次的重大错报风险；风险评估是指对重大错报发生的可能性和后果严重程度进行评估。

一、风险评估程序和信息来源

注册会计师了解被审计单位及其环境，用以识别和评估财务报表重大错报风险。为了解被审计单位及其环境而实施的程序称为“风险评估程序”。注册会计师应当实施下列风险评估程序，以了解被审计单位及其环境：询问管理层和被审计单位内部其他人员、分析程序、观察和检查程序。

（一）询问管理层和被审计单位内部其他人员

询问管理层和被审计单位内部其他人员是注册会计师了解被审计单位及其环境的一个重要信息来源。

1. 询问管理层和财务负责人

注册会计师可以通过与管理层和财务负责人访谈：一是了解被审计单位的新的竞争对手、主要客户和供应商的流失、新的税收法规的实施，以及经营目标或战略的变化等；二是了解被审计单位最近的财务状况、经营成果、现金流量，以及影响财务报告的交易和事项，或者目前发生的重大会计处理问题，如重大的并购事宜等；三是了解被审计单位发生的其他重要变化，如所有权结构、组织结构的变化，以及内部控制的变化等。

2. 询问治理层和内部审计人员

注册会计师可以直接询问治理层，可能有助于注册会计师了解编制财务报表的环境，或者直接询问内部审计人员，可能有助于注册会计师了解本年度针对被审计单位内部控制设计和运行有效性而实施的内部审计程序，以及管理层是否根据实施这些程序的结果采取了适当的应对措施。

3. 询问其他人员

注册会计师也可以通过询问被审计单位内部的其他不同层级的人员获取信息，从而为识别重大错报风险提供不同的视角。例如，询问参与生成、处理或记录复杂或异常交易的员工，可能有助于注册会计师评价被审计单位选择和运用某项会计政策的恰当性；询问内部法律顾问，可能有助于注册会计师了解有关信息，如诉讼、遵守法律法规的情况、影响被审计单位的舞弊或舞弊嫌疑、产品保证、售后责任、与业务合作伙伴的安排（如合营企业）和合同条款的含义等；询问营销或销售人员，可能有助于注册会计师了解被审计单位营销策略的变化、销售趋势和与客户的合同安排。

（二）分析程序

分析程序是指注册会计师通过研究不同财务数据之间以及财务数据与非财务数据之间的内在关系，对财务信息作出评价。分析程序还包括调查识别出的、与其他相关信息不一致或与预期数据严重偏离的波动和关系。

分析程序既可用于风险评估程序和实质性程序，又可用于对财务报表的总体复核。注册会计师实施分析程序有助于识别异常的交易或事项，以及对财务报表和审计产生影响的金额、比率和趋势。在实施分析程序时，注册会计师应当预期可能存在的合理关系，并与被审计单位记录的金额、依据记录金额计算的比率或趋势相比较。如果发现异常或未预期到的关系，注册会计师应当在识别重大错报风险时考虑这些比较结果。

如果使用了高度汇总的数据，实施分析程序的结果可能仅初步显示财务报表存在重大错报，将分析程序的结果与识别重大错报风险时获取的其他信息一并考虑，这可以帮助注册会计师了解并评价分析程序的结果。例如，被审计单位存在很多产品系列，各个产品系列的毛利率存在一定差异。对总体毛利率实施分析程序的结果可能仅初步显示销售成本存在重大错报，注册会计师需要实施更为详细的分析程序。例如，对每一产品系列进行毛利率分析，或者将总体毛利率分析的结果连同其他信息一并考虑。

（三）观察和检查程序

观察和检查程序可以支持对管理层和其他相关人员的询问结果，并可以提供有关被审计单位及其环境的信息。注册会计师应当实施下列观察和检查程序。

1. 观察被审计单位的经营活动

注册会计师观察被审计单位人员正在从事的生产活动和内部控制活动，以增加注册会计师对被审计单位人员如何进行生产经营活动及实施内部控制的了解。

2. 检查文件、记录和内部控制手册

注册会计师检查被审计单位的经营计划、策略、章程，与其他单位签订的合同、协议，各业务流程操作指引和内部控制手册等，以了解被审计单位组织结构和内部控制制度的建立健全情况。

3. 阅读由管理层和治理层编制的报告

注册会计师阅读被审计单位年度和中期财务报表，股东大会、董事会会议、高级管理层会议的会议记录或纪要，管理层的讨论和分析资料，对重要经营环节和外部因素的评价，以及被审计单位内部管理报告以及其他特殊目的的报告（如新投资项目的可行性分析报告）等，以了解自上一期审计结束至本期审计期间被审计单位发生的重大事项。

4. 实地察看被审计单位的生产经营场所和厂房设备

注册会计师通过现场访问和实地察看被审计单位的生产经营场所和厂房设备，可以帮助注册会计师了解被审计单位的性质及其经营活动。在实地察看被审计单位的厂房和办公场所的过程中，注册会计师有机会与被审计单位管理层和担任不同职责的员工进行交流，可以增强注册会计师对被审计单位的经营活动及其重大影响因素的了解。

5. 穿行测试（追踪交易在财务报告信息系统中的处理过程）

穿行测试是注册会计师了解被审计单位业务流程及其相关控制时经常使用的审计程序。通过追踪某笔或某几笔交易在业务流程中如何生成、记录、处理和报告，以及相关控制如何执行，注册会计师可以确定被审计单位的交易流程和相关控制是否与之前通过其他程序所获得的了解一致，并确定相关控制是否得到执行。

如果注册会计师根据职业判断认为从被审计单位外部获取的信息有助于识别重大错报风险，注册会计师应当实施其他审计程序以获取这些信息。例如，询问被审计单位聘请的外部法律顾问、专业评估师、投资顾问和财务顾问等。注册会计师也应当考虑在客户接受或保持过程中获取的信息是否与识别重大错报风险相关。通常来说，对新的审计业务，注册会计师应在业务承接阶段对被审计单位及其环境有一个初步的了解，以确定是否承接该业务；而对连续审计业务，也应在每年的续约过程中对上年审计作总体评价，并更新对被审计单位的了解和风险评估结果，以确定是否续约。注册会计师还应当考虑向被审计单位提供其他服务（如执行中期财务报表审阅业务）所获得的经验是否有助于识别重大错报风险。

二、项目组内部的讨论

项目组内部的讨论在所有业务阶段都非常必要，其可以保证所有事项得到恰当的考虑。通过安排具有较多经验的成员（如项目合伙人）参与项目组内部的讨论，其他成员可以分享其见解和以往获取的被审计单位的经验。讨论可以使成员更好地了解在各自负责的领域中，舞弊或错误导致的财务报表重大错报的可能性，并了解各自实施审计程序的结果如何影响审计的其他方面，包括对确定进一步审计程序的性质、时间安排和范围的影响。

在讨论内容方面，项目组应当讨论被审计单位面临的经营风险、财务报表容易发生错报的领域以及发生错报的方式，特别是舞弊导致的重大错报的可能性。讨论的内容和范围受项目组成员的职位、经验和所需要的信息的影响。在人员参与方面，项目组的关键成员应当参与讨论，如果项目组需要拥有信息技术或其他特殊技能的专家，这些专家也可根据需要参与讨论。参与讨论人员的范围受项目组成员的职责经验和信息需要的影响。例如，在跨地区审计中，每个重要地区项目组的关键成员都应该参加讨论，但不要求所有成员每次都参与项目组的讨论。在讨论的时间方面，项目组应当根据审计的具体情况，在整个审计过程中持续交换有关财务报表发生重大错报可能性的信息。

第二节 了解被审计单位及其环境

注册会计师应当从下列方面了解被审计单位及其环境：一是相关行业状况、法律环境和监管环境及其他外部因素；二是被审计单位的性质；三是被审计单位对会计政策的选择和运用；四是被审计单位的目标、战略以及可能导致重大错报风险的相关经营风险；五是对被审计单位财务业绩的衡量和评价；六是被审计单位的内部控制。注册会计师针对上述六个方面实施的风险评估程序的性质、时间安排和范围取决于审计业务的具体情况。此外，如果识别被审计单位及其环境在上述各方面与以前期间相比发生了重大变化，这对于充分了解被审计单位及其环境、识别和评估重大错报风险尤为重要。本节主要阐述前五个方面的内容，被审计单位的内部控制的内容将在本章第三节“了解被审计单位的内部控制”中具体阐述。

一、行业状况、法律环境、监管环境以及其他外部因素

了解行业状况有助于注册会计师识别与被审计单位所处行业有关的重大错报风险。注册会计师应当了解被审计单位的行业状况，主要包括：所处行业的市场与竞争，包括市场需求、生产能力和价格竞争；生产经营的季节性和周期性；与被审计单位产品相关的生产技术；能源供应与成本；行业的关键指标和统计数据。

注册会计师需要了解法律环境与监管环境的主要原因在于：某些法律法规或监管要求可能对被审计单位经营活动有重大影响，如不遵守将导致停业等严重后果；某些法律法规或监管要求（如环保法规等）规定了被审计单位某些方面的责任和义务；某些法律法规或监管要求决定了被审计单位需要遵循的行业惯例和核算要求。注册会计师应当从以下几方面了解被审计单位所处的法律环境与监管环境，主要包括：会计原则和行业特定惯例；受管制行业的法规框架，包括披露要求；对被审计单位经营活动产生重大影响的法律法规，包括直接的监管活动；税收政策（关于企业所得税和其他税种的政策）；目前对被审计单位开展经营活动产生影响的政府政策，如货币政策（包括外汇管制）、财政政策、财政刺激措施（如政府援助项目）、关税或贸易限制政策等；影响行业和被审计单位经营活动的环保要求。

注册会计师还应当了解影响被审计单位经营的其他外部因素，主要包括总体经济情况、利率、融资的可获得性、通货膨胀水平、币值变动等。注册会计师对行业状况、法律环境、监管环境以及其他外部因素了解的范围和程度会因被审计单位所处行业、规模以及其他因素（如在市场中的地位）的不同而不同。此外，如果被审计单位所在行业的业务性质或监管程度可能导致特定的重大错报风险，注册会计师应当考虑项目组是否配备了具有相关知识和经验的成员。

二、被审计单位的性质

（一）所有权结构

对被审计单位所有权结构的了解有助于注册会计师识别关联方关系并了解被审计单位的决策过程。注册会计师应当了解所有权结构以及所有者与其他人员或实体之间的关系，考虑关联方关系是否已经得到识别，以及关联方交易是否得到恰当核算。例如，注册会计师应当了解被审计单位属于国有企业、外商投资企业、民营企业，或者其他类型的企业，还应当了解其直接控股母公司、间接控股母公司、最终控股母公司和其他股东的构成，以及所有者与其他人员或实体（如控股母公司控制的其他企业）之间的关系。

注册会计师应当按照《中国注册会计师审计准则第 1323 号——关联方》的规定，了解被审计单位识别关联方的程序，获取被审计单位提供的所有关联方信息，并考虑关联方关系是否已经得到识别，关联方交易是否得到恰当记录和充分披露。同时，注册会计师可能需要对其控股母公司（股东）的情况作进一步的了解，包括控股母公司的所有权性质、管理风格及其对被审计单位经营活动，以及财务报表可能产生的影响；控股母公司与被审计单位在资产、业务、人员、机构、财务等方面是否分开，是否存在占用资金等情况；控股母公司是否施加压力，要求被审计单位达到其设定的财务业绩目标。

（二）治理结构

良好的治理结构可以对被审计单位的经营和财务运作实施有效的监督，从而降低财务报表发生重大错报的风险。注册会计师应当了解被审计单位的治理结构。例如，董事会的构成情况、董事会内部是否有独立董事；治理结构中是否设有审计委员会或监事会及其运作情况。注册会计师应当考虑治理层是否能够在独立于管理层的情况下对被审计单位事务（包括财务报告）作出客观判断。

（三）组织结构

复杂的组织结构可能导致某些特定的重大错报风险。注册会计师应当了解被审计单位的组织结构，考虑复杂组织结构可能导致的重大错报风险，包括财务报表合并、商誉减值和长期股权投资核算等问题，以及财务报表是否已对这些问题做了充分披露。例如，对于在多个地区拥有子公司、合营企业、联营企业、其他成员机构，或者存在多个业务分部和地区分部的被审计单位，不仅编制合并财务报表的难度增加，还存在其他可能导致重大错报风险的复杂事项，包括对于子公司、合营企业、联营企业和其他股权投资类别的判断及其会计处理等。

（四）经营活动

了解被审计单位的经营活动有助于注册会计师识别预期在财务报表中反映的主要交易类别、重要账户余额或列报。注册会计师应当了解被审计单位的经营活动，主要包括以下情况：主营业务的性质；与生产产品或提供劳务相关的市场信息；业务的开展情况；联盟、合营与外包情况；从事电子商务的情况；地区分布与行业细分；生产设施、仓库和办公室的地理位置，存货存放地点和数量；关键客户；货物和服务的重要供应商；劳动用工安排；研究与开发活动及其支出；关联方交易。

（五）投资活动

了解被审计单位的投资活动有助于注册会计师关注被审计单位在经营策略和方向上的

重大变化。注册会计师应当了解被审计单位的投资活动，主要涵盖：近期拟实施或已实施的并购活动与资产处置情况，包括业务重组或某些业务的终止；证券投资、委托贷款的发生与处置；资本性投资活动；不纳入合并范围的投资。

（六）筹资活动

了解被审计单位的筹资活动有助于注册会计师评估被审计单位在融资方面的压力，并进一步考虑被审计单位在可预见未来的持续经营能力。注册会计师应当了解被审计单位的筹资活动，主要涵盖：债务结构和相关条款，包括资产负债表外融资和租赁安排；主要子公司和联营企业（无论是否处于合并范围内）的重要融资安排；实际受益方及关联方；衍生金融工具的使用。

（七）财务报表

注册会计师需要了解影响财务报表的重要政策、交易或事项。例如，会计政策和行业特定惯例，包括特定行业各类重要的交易、账户余额或财务报表相关披露；收入确认惯例；公允价值会计核算；外币资产、负债与交易；异常或复杂交易（包括在有争议的或新兴领域的交易）的会计处理（如对股份支付的会计处理）。

三、被审计单位对会计政策的选择和运用

注册会计师在了解被审计单位对会计政策的选择和运用时，需要关注下列主要事项：其一，重大和异常交易的会计处理方法。例如，本期发生的企业合并的会计处理方法。其二，在缺乏权威性标准或共识、有争议的或新兴领域采用重要会计政策产生的影响在缺乏权威性标准或共识的领域，注册会计师应当关注被审计单位选用了哪些会计政策、为什么选用这些会计政策，以及选用这些会计政策产生的影响。其三，会计政策的变更如果被审计单位变更了重要的会计政策，注册会计师应当考虑变更的原因及其适当性。其四，新颁布的财务报告准则、法律法规，以及被审计单位何时采用、如何采用这些规定。

注册会计师还应当考虑被审计单位是否按照适用的会计准则和相关会计制度的规定进行了恰当的列报，并披露了重要事项。列报和披露的主要内容包括：财务报表及其附注的格式、结构安排、内容；财务报表项目使用的术语；披露信息的明细程度；项目在财务报表中的分类，以及列报信息的来源等。注册会计师应当考虑被审计单位是否已对特定事项作出适当地列报和披露。

四、被审计单位的目标、战略以及可能导致重大错报风险的相关经营风险

注册会计师应当了解被审计单位是否存在与下列方面有关的目标和战略，并考虑相应的经营风险：其一，行业发展变化。例如，潜在的相关经营风险可能是被审计单位不具备足以应对行业发展变化。其二，开发新产品或提供新服务。例如，潜在的相关经营风险可能使被审计单位产品责任增加。其三，业务扩张。例如，潜在的相关经营风险可能是被审计单位对市场需求的估计不准确。其四，新的会计要求。例如，潜在的相关经营风险可能是被审计单位不当执行相关会计要求，或会计处理成本增加。其五，监管要求。例如，潜在的相关经营风险可能使被审计单位法律责任增加。其六，本期及未来的融资条件。例如，潜在的相关经营风险可能是被审计单位由于无法满足融资条件而失去融资机会。其七，信息技术的运

用。例如，潜在的相关经营风险可能是被审计单位信息系统与业务流程难以融合。其八，实施战略的影响，特别是由此产生的需要运用新的会计要求的影响。

注册会计师了解被审计单位的经营风险有助于其识别财务报表重大错报风险。但并非所有的经营风险都与财务报表相关，注册会计师没有责任识别或评估对财务报表没有重大影响的经营风险。多数经营风险最终都会产生财务后果，从而影响财务报表，但并非所有的经营风险都会导致重大错报风险。经营风险可能对某类交易、账户余额和披露的认定层次重大错报风险或财务报表层次重大错报风险产生直接影响。例如，贷款客户的企业合并导致银行客户群减少，使银行信贷风险集中，由此产生的经营风险可能增加与贷款计价认定有关的重大错报风险。同样的风险，在经济紧缩时，可能具有更为长期的后果，注册会计师在评估持续经营假设的适当性时需要考虑这一问题。注册会计师应当根据被审计单位的具体情况考虑经营风险是否可能导致财务报表发生重大错报。

管理层通常制定识别和应对经营风险的策略，注册会计师应当了解被审计单位的风险评估过程。此类风险评估过程是被审计单位内部控制的组成部分。此外，一般小型被审计单位通常没有正式的计划和程序来确定其目标、战略并管理经营风险。注册会计师应当询问管理层或观察小型被审计单位如何应对这些事项，以获取了解，并评估重大错报风险。

五、被审计单位财务业绩的衡量和评价

被审计单位财务业绩的衡量和评价可能会对管理层产生压力，促使其采取不当的行为来改善财务业绩或扭曲财务报表，注册会计师在了解被审计单位财务业绩衡量和评价情况时，应当关注下列信息：关键业绩指标（财务的或非财务的）、关键比率、趋势和经营统计数据；同期财务业绩比较分析；预算、预测、差异分析，分部信息与分部、部门或其他不同层次的业绩报告；员工业绩考核与激励性报酬政策；被审计单位与竞争对手的业绩比较。

内部财务业绩衡量可能显示未预期到的结果或趋势，在这种情况下，管理层通常会进行调查并采取纠正措施，因此，注册会计师应当关注被审计单位内部财务业绩衡量所显示的未预期到的结果或趋势、管理层的调查结果和纠正措施，以及相关信息是否显示财务报表可能存在重大错报。如果拟利用被审计单位内部信息系统生成的财务业绩衡量指标，注册会计师应当考虑相关信息是否可靠，以及利用这些信息是否足以实现审计目标。如果注册会计师计划在审计中（如在实施分析程序时）利用财务业绩指标，应当考虑相关信息是否可靠，以及在实施审计程序时利用这些信息是否足以发现重大错报。此外，小型被审计单位通常没有正式的财务业绩衡量和评价程序，管理层往往依据某些关键指标，作为评价财务业绩和采取适当行动的基础，注册会计师应当了解管理层使用的关键指标。

第三节 了解被审计单位的内部控制

一、内部控制的含义和要素

内部控制是被审计单位为了合理保证财务报告的可靠性、经营的效率和效果以及对法

律法规的遵守，由治理层、管理层和其他人员设计与执行的政策及程序。其中，经营的效率和效果，即经济、有效地使用企业资源，以最优方式实现企业的目标。

设计和实施内部控制的责任主体是治理层、管理层和其他人员，组织中的每一个人都对内部控制负有责任。实现内部控制目标的手段是设计和执行控制政策及程序。内部控制包括下列五要素：控制环境；风险评估过程；与财务报告相关的信息系统和沟通；控制活动；对控制的监督。上述五要素的内涵以及注册会计师对内部控制要素了解的重点，是根据COSO发布的内部控制框架确定的，被审计单位可能并不一定采用这种分类方式来设计和执行内部控制。但无论如何对内部控制要素进行分类，注册会计师都应当重点考虑被审计单位的某项控制是否能够以及如何防止或发现并纠正各类交易、账户余额或披露存在的重大错报。注册会计师可以使用不同的框架和术语描述内部控制的不同方面，但必须涵盖上述内部控制五个要素所涉及的各个方面。

二、与审计相关的内部控制

内部控制的目标旨在合理保证财务报告的可靠性、经营的效率和效果以及对法律法规的遵守。注册会计师审计的目标是对财务报表是否不存在重大错报发表审计意见，尽管要求注册会计师在财务报表审计中考虑与审计相关的内部控制，其目的并非对被审计单位内部控制的有效性发表意见。因此，注册会计师需要了解和评价的内部控制只是与财务报表审计相关的内部控制，并非被审计单位所有的内部控制。被审计单位的目标与为实现目标提供合理保证的控制之间存在直接关系。被审计单位的目标和控制与财务报告、经营和合规有关，这些目标和控制并非都与注册会计师的风险评估相关。

注册会计师在判断一项控制单独或连同其他控制是否与审计相关时，可能考虑下列事项：重要性水平；相关风险的重要程度；被审计单位的规模；被审计单位业务的性质，包括组织结构和所有权特征；被审计单位经营的多样性和复杂性；适用的法律法规；内部控制的情况和适用的要素；作为内部控制组成部分的系统（包括使用服务机构）的性质和复杂性；一项特定控制（单独或连同其他控制）是否以及如何防止或发现并纠正重大错报。

如果在设计和实施进一步审计程序时拟利用被审计单位内部生成的信息，针对该信息完整性和准确性的内部控制可能与审计相关。如果与经营和合规目标相关的内部控制与注册会计师实施审计程序时评价或使用的数据相关，则这些内部控制也可能与审计相关。用以防止未经授权购买、使用或处置资产的内部控制，可能包括与财务报表和经营目标相关的控制。注册会计师对这些内部控制的考虑通常仅限于与财务报表可靠性相关的内部控制。被审计单位通常有一些与目标相关但与审计无关的内部控制，注册会计师无须对其加以考虑。

三、控制环境

控制环境包括治理职能和管理职能，以及治理层和管理层对内部控制及其重要性的态度、认识和措施。在评价控制环境的设计和实施情况时，注册会计师当了解管理层在治理层的监督下，是否营造并保持了诚实守信和合乎道德的文化，以及是否建立了防止或发现并纠正舞弊和错误的恰当控制。实际工作中，在审计业务承接阶段，注册会计师就需要对控制环境作出初步了解和评价。注册会计师应该从以下几方面了解企业的控制环境：

(1) 对诚信和道德价值观念的沟通与落实。注册会计师在了解和评估被审计单位诚信和道德价值观念的沟通与落实时,考虑的主要因素可能涵盖:一是被审计单位是否有书面的行为规范并向所有员工传达;二是被审计单位的企业文化是否强调诚信和道德价值观念的重要性;三是管理层是否身体力行,高级管理人员是否起表率作用;四是对违反有关政策和行为规范的情况,管理层是否采取适当的惩罚措施。

(2) 对胜任能力的重视。注册会计师在就被审计单位对胜任能力的重视情况进行了解和评估时,考虑的主要因素可能涵盖:一是财务人员以及信息管理人员是否具备与被审计单位业务性质和复杂程度相称的足够的胜任能力和培训,在发生错误时,是否通过调整人员或系统来加以处理;二是管理层是否配备足够的财务人员以适应业务发展和有关方面的需要;三是财务人员是否具备理解和运用会计准则所需的技能。

(3) 治理层的参与程度。注册会计师在对被审计单位治理层的参与程度进行了解和评估时,考虑的主要因素可能涵盖:一是董事会是否建立了审计委员会或类似机构;二是董事会、审计委员会或类似机构是否与内部审计人员以及注册会计师有联系和沟通,联系和沟通的性质以及频率是否与被审计单位的规模和业务复杂程度相匹配;三是董事会、审计委员会或类似机构的成员是否具备适当的经验和资历;四是董事会、审计委员会或类似机构是否独立于管理层;五是审计委员会或类似机构举行会议的数量和时间是否与被审计单位的规模和业务复杂程度相匹配;六是董事会、审计委员会或类似机构是否充分地参与了监督编制财务报告的过程;七是董事会、审计委员会或类似机构是否对经营风险的监控有足够的关注,进而影响被审计单位和管理层的风险评估过程;八是董事会成员是否保持相对的稳定性。

(4) 管理层的理念和经营风格。注册会计师在了解和评估被审计单位管理层的理念和经营风格时,考虑的主要因素可能涵盖:一是管理层是否对内部控制,包括信息技术的控制,给予了适当的关注;二是管理层是否由一个或几个人所控制,董事会、审计委员会或类似机构对其是否实施了有效监督;三是管理层在承担和监控经营风险方面是风险偏好者还是风险规避者;四是管理层在选择会计政策和作出会计估计时是倾向于激进还是保守;五是管理层对于信息管理人员以及财会人员是否给予了适当关注;六是对于重大的内部控制和会计事项,管理层是否征询注册会计师的意见,或者经常在这些方面与注册会计师存在不同意见。

(5) 组织结构及职权与责任的分配。注册会计师在对被审计单位组织结构和职权与责任的分配进行了解和评估时,考虑的主要因素可能涵盖:一是在被审计单位内部是否有明确的职责划分,是否将业务授权、业务记录、资产保管和维护以及业务执行的责任尽可能地分离;二是数据处理和管理的职责划分是否合理;三是是否已针对授权交易建立适当的政策和程序。

(6) 人力资源政策与实务。注册会计师在对被审计单位人力资源政策与实务进行了解和评估时,考虑的主要因素可能涵盖:一是被审计单位在招聘、培训、考核、咨询、晋升、薪酬、补救措施等方面是否都有适当的政策和实务(特别是在会计、财务和信息系统方面);二是是否有书面的员工岗位职责手册,或者在没有书面文件的情况下,对于工作职责和期望是否做了适当的沟通和交流;三是人力资源政策与实务是否清晰,并且定期发布和更新;四是是否设定适当的程序,对分散在各地区和海外的经营人员建立和沟通人力资源政策与程序。

综上所述,注册会计师应当对控制环境的构成要素获取足够的了解,并考虑内部控制的实质及其综合效果，以了解管理层和治理层对内部控制及其重要性的态度、认识以及所采取的措施。

四、风险评估过程

任何经济组织在经营活动中都会面临各种各样的风险，风险对其生存和竞争能力产生影响。很多风险并不为经济组织所控制，但管理层应当确定可以承受的风险水平，识别这些风险并采取一定的应对措施。

在评价被审计单位风险评估过程的设计和执行时，注册会计师应当确定管理层如何识别与财务报告相关的经营风险、如何估计该风险的重要性、如何评估风险发生的可能性，以及如何采取措施管理这些风险。如果被审计单位的风险评估过程符合其具体情况，了解被审计单位的风险评估过程和结果有助于注册会计师识别财务报表的重大错报风险。注册会计师在对被审计单位整体层面的风险评估过程进行了解和评估时，考虑的主要因素可能涵盖：

（1）被审计单位是否已建立并沟通其整体目标，并辅以具体策略和业务流程层面的计划。

（2）被审计单位是否已建立风险评估过程，包括识别风险、估计风险的重大性、评估风险发生的可能性以及确定需要采取的应对措施。

（3）被审计单位是否已建立某种机制，识别和应对可能对被审计单位产生重大且普遍影响的变化，如在金融机构中建立资产负债管理委员会，在制造型企业中建立期货交易风险管理组等。

（4）会计部门是否建立了某种流程，以识别会计准则的重大变化。

（5）当被审计单位业务操作发生变化并影响交易记录的流程时，是否存在沟通渠道以通知会计部门。

（6）风险管理部门是否建立了某种流程，以识别经营环境包括监管环境发生的重大变化。

注册会计师可以通过了解被审计单位及其环境的其他方面信息，评价被审计单位风险评估过程的有效性。在对业务流程的了解中，注册会计师还可能进一步获得被审计单位有关业务流程的风险评估过程的信息。同时，注册会计师应当询问管理层识别出的经营风险，并考虑这些风险是否可能导致重大错报。

在审计过程中，如果发现与财务报表有关的风险因素，注册会计师可以通过向管理层询问和检查有关文件确定被审计单位的风险评估过程是否也发现了该风险。如果识别出管理层未能识别的重大错报风险，注册会计师应当考虑被审计单位的风险评估过程为何没有识别出这些风险，以及评估过程是否适合于具体环境，或者确定与风险评估过程相关的内部控制是否存在值得关注的内部控制缺陷。此外，小型被审计单位可能没有正式的风险评估过程。在这种情况下，管理层很可能通过亲自参与经营来识别风险。无论是哪种情况，注册会计师询问识别出的风险以及管理层如何应对这些风险，仍是必要的。

五、信息系统与沟通

（一）与财务报告相关的信息系统

与财务报告相关的信息系统，包括用以生成、记录、处理和报告交易、事项和情况，对相关资产、负债和所有者权益履行经营管理责任的程序和记录。交易可能通过人工或自动化程序生成。记录包括识别和收集与交易、事项有关的信息。处理包括编辑、核对、计量、估价、汇总和调节活动，可能由人工或自动化程序来执行。报告是指用电子或书面形式编制财务报告和其他信息，供被审计单位用于衡量和考核财务及其他方面的业绩。

与财务报告相关的信息系统应当与业务流程相适应。业务流程是指被审计单位开发、采购、生产、销售、发送产品和提供服务、保证遵守法律法规、记录信息等一系列活动。与财务报告相关的信息系统所生成信息的质量，对管理层能否作出恰当的经营管理决策及编制可靠的财务报告具有重大影响。注册会计师应当从下列方面了解与财务报告相关的信息系统（包括相关业务流程）：

（1）在被审计单位经营过程中，对财务报表具有重大影响的各类交易。

（2）在信息技术和人工系统中，被审计单位的交易生成、记录、处理、必要的更正、结转至总账，以及在财务报表中报告的程序。

（3）用以生成、记录、处理和报告（包括纠正不正确的信息及信息如何结转至总账）交易的会计记录、支持性信息和财务报表中的特定账户。

（4）被审计单位的信息系统如何获取除交易以外的对财务报表重大的事项和情况。

（5）用于编制被审计单位财务报表（包括作出的重大会计估计和披露）的财务报告过程。

（6）与会计分录相关的控制，包括用以记录非经常性的、异常的交易或调整的非标准会计分录。

了解与财务报告相关的信息系统应当包括了解信息系统中与财务报表所披露信息相关的方面，无论这些信息是从总账和明细账中获取，还是从除总账和明细账之外的其他途径获取。自动化程序和控制可能降低了发生无意错误的风险，但是并没有消除个人凌驾于控制之上的风险，如某些高级管理人员可能篡改自动录入总分类账和财务报告系统的数据金额。当被审计单位运用信息技术进行数据的传递时，发生篡改可能不会留下痕迹或证据。

（二）与财务报告相关的沟通

与财务报告相关的沟通包括使员工了解各自在与财务报告有关的内部控制方面的角色和职责、员工之间的工作联系，以及向适当级别的管理层报告例外事项的方式。公开的沟通渠道有助于确保例外情况得到报告和处理。沟通可以采用政策手册、会计和财务报告手册、备忘录等形式进行，也可以通过发送电子邮件、口头沟通和管理层的行动来进行。

注册会计师应当了解被审计单位内部如何对财务报告的岗位职责以及与财务报告相关的重大事项进行沟通。注册会计师还应当了解管理层与治理层（特别是审计委员会）之间的沟通，以及被审计单位与外部（包括与监管部门）的沟通。具体包括：

（1）管理层就员工的职责和控制责任是否进行了有效沟通。

（2）针对可疑的不恰当事项和行为是否建立了沟通渠道。

（3）组织内部沟通的充分性是否能够使职员有效地履行职责。

（4）对于与客户、供应商、监管者和其他外部人士的沟通，管理层是否及时采取适当的进一步行动。

（5）被审计单位是否受到某些监管机构发布的监管要求的约束。

（6）外部人士如客户和供应商在多大程度上获知被审计单位的行为守则。

此外，小型被审计单位与财务报告相关的信息系统和沟通可能不及大型被审计单位正式和复杂。管理层可能会更多地参与日常经营管理活动和财务报告活动，不需要很多书面的政策和程序指引，也没有复杂的信息系统和会计流程。由于小型被审计单位的规模较小、报告层次较少，小型被审计单位可能比大型被审计单位更容易实现有效的沟通。注册会计师应当考虑这些特征对评估重大错报风险的影响。

六、控制活动

控制活动是指有助于确保管理层的指令得以执行的政策和程序，包括与授权、业绩评价、信息处理、实物控制和职责分离等相关的活动。在了解控制活动时，注册会计师应当重点考虑一项控制活动单独或连同其他控制活动，是否能够以及如何防止或发现并纠正各类交易、账户余额或披露存在的重大错报。注册会计师的工作重点是识别和了解针对重大错报更高的领域的控制活动。如果多项控制活动能够实现同一目标，注册会计师不必了解与该目标相关的每项控制活动。

注册会计师对被审计单位整体层面的控制活动进行的了解和评估，主要是针对被审计单位的一般控制活动，特别是信息技术一般控制。在了解和评估一般控制活动时，考虑的主要因素可能包括：

(1) 被审计单位的主要经营活动是否都有必要的控制政策和程序。

(2) 管理层在预算、利润和其他财务及经营业绩方面是否都有清晰的目标，在被审计单位内部，是否对这些目标都加以清晰的记录和沟通，并且积极地对其进行监控。

(3) 是否存在计划和报告系统，以识别与目标业绩的差异，并向适当层次的管理层报告该差异。

(4) 是否由适当层次的管理层对差异进行调查，并及时采取适当的纠正措施。

(5) 不同人员的职责应在何种程度上相分离，以降低舞弊和不当行为发生的风险。

(6) 会计系统中的数据是否与实物资产定期核对。

(7) 是否建立了适当的保护措施，以防止未经授权接触文件、记录和资产。

(8) 是否存在信息安全职能部门负责监控信息安全政策和程序。

此外，小型被审计单位控制活动依据的理念与较大型被审计单位可能相似，但是它们运行的正式程度可能不同。进一步讲，在小型被审计单位中，由于某些控制活动由管理层执行，特定类型的控制活动可能变得并不相关。例如，只有管理层拥有批准赊销、重大采购的权力，才可以对重要账户余额和交易实施有力控制，降低或消除实施更具体的控制活动的必要性。

七、对控制的监督

对控制的监督是指被审计单位评价内部控制在一段时间内运行有效性的过程。对控制的监督涉及及时评估控制的有效性并采取必要的补救措施。监督对控制的持续有效运行十分重要。假如没有对银行存款余额调节表是否得到及时和准确的编制进行监督，该项控制可能无法持续的执行。

注册会计师在对被审计单位整体层面的监督进行了解和评估时，考虑的主要因素可能包括：

（1）被审计单位是否定期评价内部控制。

（2）被审计单位人员在履行正常职责时，能够在多大程度上获得内部控制是否有效运行的证据。

（3）与外部的沟通能够在多大程度上证实内部产生的信息或者指出存在的问题。

（4）管理层是否采纳内部审计人员和注册会计师有关内部控制的建议。

（5）管理层是否及时纠正控制运行中的偏差。

（6）管理层根据监管机构的报告及建议是否及时采取纠正措施。

（7）是否存在协助管理层监督内部控制的职能部门（如内部审计部门）。如存在，对内部审计职能需进一步考虑的因素包括：独立性和权威性；向谁报告，如直接向董事会、审计委员会或类似机构报告，以及对接触董事会、审计委员会或类似机构是否有限制；是否有足够的人员、培训和特殊技能，如对于复杂的高度自动化的环境应使用有经验的信息系统审计人员；是否坚持适用的专业准则；活动的范围，如财务审计和经营审计工作的平衡，在分散经营情况下，内部审计的覆盖程度和轮换程度；计划、风险评估和执行工作的记录及形成结论的适当性；是否不承担经营管理责任。

此外，小型被审计单位通常没有正式的持续监督活动，且持续的监督活动与日常管理工作难以明确区分，业主往往通过其对经营活动的密切参与来识别财务数据中的重大差异和错报，并对控制活动采取纠正措施，注册会计师应当考虑业主对经营活动的密切参与能否有效实现其对控制的监督目标。

八、在整体层面和业务流程层面了解和评价内部控制

注册会计师应当从被审计单位整体层面和业务流程层面分别了解和评价被审计单位的内部控制。整体层面的控制（包括对管理层凌驾于内部控制之上的控制）和信息技术一般控制通常在所有业务活动中普遍存在。业务流程层面控制主要是对工薪、销售和采购等交易的控制。整体层面的控制对内部控制在所有业务流程中得到严格的设计和执行具有重要影响。整体层面的控制较差甚至可能使最好的业务流程层面控制失效。

在初步计划审计工作时，注册会计师需要确定在被审计单位财务报表中可能存在重大错报风险的重大账户及其相关认定。为实现此目的，注册会计师通常采取下列步骤：一是确定被审计单位的重要业务流程和重要交易类别；二是了解重要交易的流程，并记录获得的了解；三是确定可能发生错报的环节；四是识别和了解相关控制；五是执行穿行测试，证实对交易流程和相关控制的了解；六是进行初步评价和风险评估。在实务中，上述步骤可能同时进行。例如，在询问相关人员的过程中，同时了解重要交易的流程和相关控制。

（一）确定重要业务流程和重要交易类别

在实务中，将被审计单位的整个经营活动划分为几个重要的业务循环，有助于注册会计师更有效地了解和评估重要业务流程及相关控制。通常来说，对制造业企业，可以划分为销售与收款循环、采购与付款循环、生产与存货循环、人力资源与工薪循环、投资与筹资循环等。重要交易类别是指可能对被审计单位财务报表产生重大影响的各类交易。重要交易类别应与相关账户及其认定相联系。例如，对于一般制造业企业，销售收入和应收账款通常是重大账户，销售和收款都是重要交易类别。除了一般所理解的交易，对财务报表具有重大影响的事项和情况也应包括在内。例如，计提资产的折旧或摊销，考虑应收款项的可回收性和

计提坏账准备等。

（二）了解重要交易的流程，并记录获得的了解

在确定重要的业务流程和交易类别后，注册会计师便可着手了解每一类重要交易在信息技术或人工系统中生成、记录、处理及在财务报表中报告的程序，即重要交易流程。注册会计师通常只是针对每一年的变化修改记录流程的工作底稿，除非被审计单位的交易流程发生重大改变。然而，无论业务流程与以前年度相比是否有变化，注册会计师每年都需要考虑上述注意事项，以确保对被审计单位的了解是最新的。

（三）确定可能发生错报的环节

注册会计师需要确认和了解被审计单位应在哪些环节设置控制，以防止或发现并纠正各重要业务流程可能发生的错报。注册会计师所关注的控制，是那些能通过防止错报的发生，或者通过发现和纠正已有错报，从而确保每个流程中业务活动的具体流程（从交易的发生到记录于账目）能够顺利运转的人工或自动化控制程序。尽管不同的被审计单位会为确保会计信息的可靠性而对业务流程设计实施不同的控制，但设计控制的目的是实现某些控制目标。实际工作中，这些控制目标与财务报表重大账户的相关认定相联系，但注册会计师在此时通常不考虑列报认定，而在审计财务报告流程时将考虑该认定。

（四）识别和了解相关控制

通过对被审计单位的了解，包括在被审计单位整体层面对内部控制各要素的了解，以及在上述程序中对重要业务流程的了解，注册会计师可以确定是否有必要进一步了解在业务流程层面的控制。如果注册会计师计划对业务流程层面的有关控制进行进一步的了解和评价，那么针对业务流程中容易发生错报的环节，注册会计师应当确定：一是被审计单位是否建立了有效的控制，以防止或发现并纠正这些错报；二是被审计单位是否遗漏了必要的控制；三是是否识别了可以最有效测试的控制。

通常将业务流程中的控制划分为预防性控制和检查性控制，其中预防性控制通常用于正常业务流程的每一项交易，以防止错报的发生。在流程中防止错报是信息系统的重要目标。预防性控制可能是人工的，也可能是自动化的。建立检查性控制的目的是发现流程中可能发生的错报（尽管有预防性控制还是会发生的错报）。被审计单位通过检查性控制，监督其流程和相应的预防性控制能否有效地发挥作用。检查性控制通常是管理层用来监督实现流程目标的控制。检查性控制可以由人工执行，也可以由信息系统自动执行。

注册会计师并不需要了解与每一控制目标相关的所有控制活动。在了解控制活动时，注册会计师应当重点考虑一项控制活动单独或连同其他控制活动，是否能够以及如何防止或发现并纠正各类交易、账户余额或披露存在的重大错报。如果多项控制活动能够实现同一目标，注册会计师不必了解与该目标相关的每项控制活动。当然，如果在之后的穿行测试和评价中，注册会计师发现已识别的控制实际并未得到执行，则应当重新针对该项控制目标识别是否存在其他控制。

（五）执行穿行测试，证实对交易流程和相关控制的了解

为了解各类重要交易在业务流程中发生、处理和记录的过程，注册会计师通常会执行穿行测试。执行穿行测试可获得下列方面的证据：确认对业务流程的了解；确认对重要交易的了解是完整的，即在交易流程中所有与财务报表认定相关的可能发生错报的环节都

已识别;确认所获取的有关流程中的预防性控制和检查性控制信息的准确性;评估控制设计的有效性;确认控制是否得到执行;确认之前所作出的书面记录的准确性。需要注意的是,如果不能信赖控制,注册会计师仍需要执行适当的审计程序,以确认以前对业务流程及可能发生错报环节了解的准确性和完整性。注册会计师将穿行测试的情况记录于工作底稿时,记录的内容包括穿行测试中查阅的文件、穿行测试的程序以及注册会计师的发现和结论。

(六) 进行初步评价和风险评估

(1) 对控制的初步评价。在识别和了解控制后,根据执行上述程序及获取的审计证据,注册会计师需要评价控制设计的合理性并确定其是否得到执行。注册会计师对控制的评价结论可能是:所设计的控制单独或连同其他控制能够防止或发现并纠正重大错报,并得到执行;控制本身的设计是合理的,但没有得到执行;控制本身的设计就是无效的或缺乏必要的控制。由于对控制的了解和评价是在穿行测试完成后但又在测试控制运行有效性之前进行的,上述评价结论只是初步结论,仍可能随控制测试后实施实质性程序的结果而发生变化。

(2) 风险评估需考虑的因素。注册会计师对控制的评价,进而对重大错报风险的评估,需考虑以下因素:一是账户特征及已识别的重大错报风险。如果已识别的重大错报风险水平为高,相关的控制应有较高的敏感度,即在错报率较低的情况下也能防止或发现并纠正错报;二是对被审计单位整体层面控制的评价。注册会计师应将对整体层面获得的了解和结论,同在业务流程层面获得的有关重大交易流程及其控制的证据结合起来考虑。

在评价业务流程层面的控制要素时,考虑的影响因素可能涵盖:管理层及执行控制的员工表现出来的胜任能力及诚信度;员工受监督的程度及员工流动的频繁程度;管理层凌驾于控制之上的潜在可能性;缺乏职责划分,包括信息技术系统中自动化的职责划分的情况;审计期间内部审计人员或其他监督人员测试控制运行情况的程度;业务流程变更产生的影响,如变更期间控制程序的有效性是否受到了削弱;在被审计单位的风险评估过程中,所识别的与某项控制运行相关的风险,以及对于该控制是否有进一步的监督。注册会计师同时也要考虑其识别出针对某控制的风险,被审计单位是否也识别出该风险,并采取了适当的措施来降低该风险。

除非存在某些可以使控制得到一贯运行的自动化控制,注册会计师对控制的了解和评价并不能够代替对控制运行有效性的测试。例如,注册会计师获得了某一人工控制在某一时点得到执行的审计证据,但这并不能证明该控制在被审计期间内的其他时点也得到有效执行。

(七) 对财务报告流程的了解

在实务中,注册会计师还需要进一步了解有关信息从具体交易的业务流程录入总账、财务报表以及相关列报的流程,即财务报告流程及其控制。这一流程和控制与财务报表的列报认定直接相关。财务报告流程包括:一是将业务数据汇总记入总账的程序,即如何将重要业务流程的信息与总账和财务报告系统相连接;二是在总账中生成、记录和处理会计分录的程序;三是记录对财务报表常规和非常规调整的程序,如合并调整、重分类等;四是草拟财务报表和相关披露的程序。

被审计单位的财务报告流程包括相关的控制程序，以确保按照适用的会计准则和相关会计制度的规定收集、记录、处理、汇总所需要的信息，并在财务报告中予以充分披露。在了解财务报告流程的过程中，注册会计师应当考虑对以下方面作出评估：主要的输入信息、执行的程序、主要的输出信息；每一财务报告流程要素中涉及信息技术的程度；管理层的哪些人员参与其中；记账分录的主要类型，如标准分录、非标准分录等；适当人员（包括管理层和治理层）对流程实施监督的性质和范围。

第四节 评估重大错报风险

评估重大错报风险是风险评估阶段的最后一个步骤。获取的关于风险因素和控制对相关风险的抵销信息（通过实施风险评估程序），通常将全部用于对财务报表层次以及各类交易、账户余额或披露认定层次评估重大错报风险。评估将作为确定进一步审计程序的性质、范围和时间安排的基础，以应对识别的风险。

一、评估财务报表层次和认定层次的重大错报风险

风险评估时要考虑财务报表层次、认定层次和相关内部控制程序方面识别的风险类型，以及错报（金额影响）可能发生的规模和事件（风险）发生的可能性。在评估重大错报风险时，注册会计师应当实施下列审计程序：

（1）在了解被审计单位及其环境（包括与风险相关的控制）的整个过程中，结合对财务报表中各类交易、账户余额或披露（包括定量披露和定性披露）的考虑，识别风险。

（2）结合对拟测试的相关控制的考虑，将识别出的风险与认定层次可能发生错报的领域相联系。例如，销售困难使产品的市场价格下降，可能导致年末存货成本高于其可变现净值而需要计提存货跌价准备，这显示存货的计价认定可能发生错报。

（3）评估识别出的风险，并评价其是否更广泛地与财务报表整体相关，进而潜在地影响多项认定。

（4）考虑发生错报的可能性（包括发生多项错报的可能性），以及潜在错报的重大程度是否足以导致重大错报。

注册会计师应当利用实施风险评估程序获取的信息，包括在评价控制设计和确定其是否得到执行时获取的审计证据，作为支持风险评估结果的审计证据。注册会计师应当根据风险评估结果，确定实施进一步审计程序的性质、时间安排和范围。

在对重大错报风险进行识别和评估后，注册会计师应当确定识别的重大错报风险是与特定的某类交易、账户余额或披露的认定相关，还是与财务报表整体广泛相关，进而影响多项认定。财务报表层次的重大错报风险很可能源于薄弱的控制环境。薄弱的控制环境带来的风险可能对财务报表产生广泛影响，难以限于某类交易、账户余额或披露，注册会计师应当采取总体应对措施。在评估重大错报风险时，注册会计师还应当将所了解的控制与特定认定相联系。注册会计师应当考虑对识别的各类交易、账户余额或披露认定层次的重大错报风险予以汇总和评估，以确定进一步审计程序的性质、时间安排和范围。

二、需要特别考虑的重大错报风险

特别风险是指注册会计师识别和评估的、根据判断认为需要特别考虑的重大错报风险。在判断哪些风险是特别风险时，注册会计师应当至少考虑下列事项：

（1）风险是否属于舞弊风险。

（2）风险是否与近期经济环境、会计处理方法或其他方面的重大变化相关，因而需要特别关注。

（3）交易的复杂程度。

（4）风险是否涉及重大的关联方交易。

（5）财务信息计量的主观程度，特别是计量结果是否具有高度不确定性。

（6）风险是否涉及异常或超出正常经营过程的重大交易。

在判断哪些风险是特别风险时，注册会计师不应考虑识别出的控制对相关风险的抵销效果。

日常的、不复杂的、经正规处理的交易不太可能产生特别风险。特别风险通常与重大的非常规交易和判断事项有关。其中，非常规交易是指由于金额或性质异常而不经常发生的交易。由于非常规交易具有下列特征，与重大非常规交易相关的特别风险可能导致更高的重大错报风险：①管理层更多地干预会计处理；②数据收集和处理进行更多的人工干预；③复杂的计算或会计处理方法；④非常规交易的性质可能使被审计单位难以对由此产生的特别风险实施有效控制。判断事项通常包括作出的会计估计（具有计量的重大不确定性）。例如，资产减值准备金额的估计、需要运用复杂估值技术确定的公允价值计量等。由于下列原因，与重大判断事项相关的特别风险可能导致更高的重大错报风险：对涉及会计估计、收入确认等方面的会计原则存在不同的理解；所要求的判断可能是主观和复杂的，或需要对未来事项作出假设。

了解与特别风险相关的控制，有助于注册会计师制定有效的审计方案予以应对。对于特别风险，注册会计师应当评价相关控制的设计情况，并确定其是否已经得到执行。由于与重大非常规交易或判断事项相关的风险很少受到日常控制的约束，注册会计师应当了解被审计单位是否针对该特别风险设计和实施了控制。如果管理层未能实施控制以恰当应对特别风险，注册会计师应当认为内部控制存在值得关注的内部控制缺陷，并考虑其对风险评估的影响。在此情况下，注册会计师应当就此类事项与治理层沟通。

三、仅通过实质性程序无法应对的重大错报风险

作为风险评估的一部分，如果认为仅通过实质性程序获取的审计证据无法应对认定层次的重大错报风险，注册会计师应当评价被审计单位针对这些风险设计的控制，并确定其执行情况。在被审计单位对日常交易采用高度自动化处理的情况下，审计证据可能仅以电子形式存在，其充分性和适当性通常取决于自动化信息系统相关控制的有效性，注册会计师应当考虑仅通过实施实质性程序不能获取充分、适当审计证据的可能性。例如，某企业通过高度自动化的系统确定采购品种和数量，生成采购订购单，并通过系统中设定的收货确认和付款条件进行付款。除了系统中的相关信息，该企业没有其他有关订购单和收货的记录。在这种情况下，如果认为仅通过实施实质性程序不能获取充分、适当的审计证据，注册会计师

应当考虑依赖的相关控制的有效性,并对其进行了解、评估和测试。

复习思考题

1. 风险评估的具体程序有哪些?

2. 了解被审计单位及其环境的内容包括哪几部分?可以采取什么方法了解被审计单位及其环境?

3. 注册会计师对重大错报风险进行评估时,应执行的步骤有哪些?

第七章 风险应对

教学目标

➢ 知识目标

1. 了解财务报表层次的总体应对措施，理解总体应对措施对拟实施进一步审计程序的总体审计方案的影响，识记进一步审计程序的内容。

2. 理解控制测试、实质性程序的目的以及两者之间的关系。

➢ 能力目标

掌握影响控制测试及实质性程序性质、时间和范围的因素，能够判断如何运用控制测试和实质性程序进行风险应对。

➢ 素养目标

居安思危，增强风险防患意识，运用准则和制度强化风险应对的能力。

导入案例

从大智慧的“没落”看财务审计

2016 年 7 月 20 日，证监会下达了行政处罚决定书 88 号和 89 号，分别以信息披露违法和证券服务机构未勤勉尽职为由对大智慧和负责为其审计的立信会计师事务所及相关当事人进行了警告、罚款等行政处罚。经过 1 年多的调查，证监会指出大智慧 2013 年通过提前确认收入、虚假营销、少计当期成本费用、虚增利润等方式，共计虚增 2013 年度利润 12 066.61 元，占当年对外披露的利润总额的 281%。

立信会计师事务所作为大智慧 2013 年财务报表审计机构，对其出具了标准无保留意见的审计报告。其在审计过程中存在以下违法行为：其一，未对销售与收款业务中已关注到的异常事项执行必要的审计程序。其二，未对接近资产负债表日以非标准价格销售产品以及异常的电子回单进行充分的关注，执行有效的审计程序。其三，对于大智慧 2014 年跨期计发 2013 年年终奖的情况，未按照权责发生制进行调整。其四，未对大智慧全资子公司股权收购购买日的确定执行充分、适当的审计程序。

资料来源：根据 MBA 智库资料整理编写。

思考:立信会计师事务所的注册会计师在对大智慧进行审计的过程中存在哪些问题？为什么会致使审计失败？如果你作为一名注册会计师,会采取哪些审计措施以应对财务舞弊风险？

第一节 针对财务报表层次重大错报风险的总体应对措施

《中国注册会计师审计准则第1101号——注册会计师的总体目标和审计工作的基本要求》要求注册会计师在审计过程中贯彻风险导向审计的理念,围绕重大错报风险的识别、评估和应对,计划和实施审计工作。注册会计师通过实施风险评估程序,识别和评估财务报表层次以及各类交易、账户余额或披露认定层次的重大错报风险,针对评估的重大错报风险确定总体应对措施,设计和实施进一步审计程序。因此,注册会计师应当针对评估的重大错报风险实施程序,即针对评估的财务报表层次重大错报风险确定总体应对措施,并针对评估的认定层次重大错报风险设计和实施进一步审计程序,以将审计风险降至可接受的低水平。

一、财务报表层次重大错报风险与总体应对措施

在财务报表重大错报风险的评估过程中,注册会计师应当确定识别的重大错报风险是与特定的某类交易、账户余额或披露的认定相关,还是与财务报表整体广泛相关,进而影响多项认定。如果是后者,则属于财务报表层次的重大错报风险。

注册会计师应当针对评估的财务报表层次重大错报风险确定下列总体应对措施:

(1) 向项目组强调保持职业怀疑的必要性。

(2) 指派更有经验或具有特殊技能的审计人员,或利用专家的工作。由于各行业在经营业务、经营风险、财务报告、法规要求等方面具有特殊性,审计人员的专业分工细化成为一种趋势。审计项目组成员中应有一定比例的人员曾经参与过被审计单位以前年度的审计,或具有被审计单位所处特定行业的相关审计经验。必要时,要考虑利用信息技术、税务、评估、精算等方面的专家的工作。

(3) 提供更多的督导。对于财务报表层次重大错报风险较高的审计项目,审计项目组的高级别成员,如项目合伙人、项目经理等经验较丰富的人员,要对其他成员提供更详细、更经常、更及时的指导和监督,并加强项目质量复核。

(4) 在选择拟实施的进一步审计程序时融入更多的不可预见的因素。被审计单位人员,尤其是管理层,如果熟悉注册会计师的审计套路,就可能采取种种规避手段,掩盖财务报告中的舞弊行为。因此,在设计拟实施审计程序的性质、时间安排和范围时,为了避免既定思维对审计方案的限制、避免对审计效果的人为干涉,从而使得针对重大错报风险的进一步审计程序更加有效,注册会计师要考虑使某些程序不被审计单位管理层预见或事先了解。

在实务中,注册会计师可以通过以下方式提高审计程序的不可预见性:对某些未测试过的低于设定的重要性水平或风险较小的账户余额和认定实施实质性程序;调整实施审计程序的时间,使其超出被审计单位的预期;采取不同的审计抽样方法,使当期抽取的测试样本与以前有所不同;选取不同的地点实施审计程序,或预先不告知被审计单位所选定的测试地点。

（5）对拟实施审计程序的性质、时间安排和范围作出总体修改。财务报表层次的重大错报风险很可能源于薄弱的控制环境。薄弱的控制环境带来的风险可能对财务报表产生广泛影响，难以限于某类交易、账户余额或披露，注册会计师应当采取总体应对措施。如果控制环境存在缺陷，注册会计师在对拟实施审计程序的性质、时间安排和范围作出总体修改时应当考虑：其一，在期末而非期中实施更多的审计程序。控制环境的缺陷通常会削弱期中获得的审计证据的可信赖程度。其二，通过实施实质性程序获取更广泛的审计证据。良好的控制环境是其他控制要素发挥作用的基础。控制环境存在缺陷通常会削弱其他控制要素的作用，导致注册会计师可能无法信赖内部控制，而主要依赖实施实质性程序获取审计证据。其三，增加拟纳入审计范围的经营地点的数量。

二、增加审计程序不可预见性的方法

注册会计师可以通过以下方法提高审计程序的不可预见性：

（1）对某些以前未测试的低于设定的重要性水平或风险较小的账户余额和认定实施实质性程序。

（2）调整实施审计程序的时间，使其超出被审计单位的预期。例如，如果注册会计师在以前年度的大多数审计工作都围绕着 12 月或在年底前后进行，那么被审计单位就会了解注册会计师这一审计习惯，由此可能会把一些不适当的会计调整放在 9 月、10 月或 11 月等，以避免引起注册会计师的注意。因此，注册会计师可以考虑调整实施审计程序时测试项目的时间，从测试 12 月的项目调整到测试 9 月、10 月或 11 月的项目。

（3）采取不同的审计抽样方法，使当年抽取的测试样本与以前有所不同。

（4）选取不同的地点实施审计程序，或预先不告知被审计单位所选定的测试地点。例如，在存货监盘程序中，注册会计师可以到未事先通知被审计单位的盘点现场进行监盘，使被审计单位没有机会事先安排，隐藏一些不想让注册会计师知道的情况。表 7-1 举例说明了一些具有不可预见性的审计程序。

表 7-1　　审计程序的不可预见性示例

审计领域	一些可能适用的具有不可预见性的审计程序
存货	向以前审计过程中接触不多的被审计单位员工询问，如采购、销售、生产人员等
	在不事先通知被审计单位的情况下，选择一些以前未曾到过的盘点地点进行存货监盘
销售和应收账款	向以前审计过程中接触不多或未曾接触过的被审计单位员工询问，如负责处理大客户账户的销售部人员
	改变实施实质性分析程序的对象，如对收入按细类进行分析
	针对销售和销售退回延长截止测试期间
	实施以前未曾考虑过的审计程序，例如： （1）函证确认销售条款或者选定销售额较不重要、以前未曾关注的销售交易，如对出口销售实施实质性程序； （2）实施更细致的分析程序，如使用计算机辅助审计技术复核销售及客户账户； （3）测试以前未曾函证过的账户余额，如金额为负或是零的账户，以及余额低于以前设定的重要性水平的账户； （4）改变函证日期，即把所函证账户的截止日期提前或者推迟； （5）对关联公司销售和相关账户余额，除了进行函证，实施其他审计程序进行验证

（续表）

审计领域	一些可能适用的具有不可预见性的审计程序
采购和应付账款	如果以前未曾对应付账款余额普遍进行函证，可考虑直接向供应商函证确认余额。如果经常采用函证方式，可考虑改变函证的范围或者时间
	对以前由于低于设定的重要性水平而未曾测试过的采购项目，进行细节测试
	使用计算机辅助审计技术审阅采购和付款账户，以发现一些特殊项目，如是否有不同的供应商使用相同的银行账户
现金和银行存款	多选几个月的银行存款余额调节表进行测试
	对有大量银行账户的，考虑改变抽样方法
固定资产	对以前由于低于设定的重要性水平而未曾测试过的固定资产进行测试。例如，考虑实地盘查一些价值较低的固定资产，如汽车和其他设备等
集团审计项目	修改组成部分审计工作的范围或者区域，如增加某些不重要的组成部分的审计工作量、实地去组成部分开展审计工作

三、总体应对措施对拟实施进一步审计程序的总体审计方案的影响

财务报表层次重大错报风险难以限于某类交易、账户余额或披露的特点，意味着此类风险可能对财务报表的多项认定产生广泛影响，并相应增加注册会计师对认定层次重大错报风险的评估难度。因此，注册会计师评估的财务报表层次重大错报风险以及采取的总体应对措施，对拟实施进一步审计程序的总体审计方案具有重大影响。

拟实施进一步审计程序的总体审计方案包括实质性方案和综合性方案。其中，实质性方案是指注册会计师实施的进一步审计程序以实质性程序为主；综合性方案是指注册会计师在实施进一步审计程序时，将控制测试与实质性程序结合使用。当评估的财务报表层次重大错报风险属于高风险水平时，拟实施进一步审计程序的总体方案往往更倾向于实质性方案。

第二节 针对认定层次重大错报风险的进一步审计程序

一、进一步审计程序的含义和要求

（一）进一步审计程序的含义

进一步审计程序相对于风险评估程序而言，是指注册会计师针对评估的各类交易、账户余额或披露认定层次重大错报风险实施的审计程序，包括控制测试和实质性程序。

注册会计师应当针对评估的认定层次重大错报风险设计和实施进一步审计程序，包括审计程序的性质、时间安排和范围。注册会计师设计和实施的进一步审计程序的性质、时间安排和范围，应当与评估的认定层次重大错报风险具备明确的对应关系。注册会计师实施

的审计程序应具有目的性和针对性。

（二）进一步审计程序时的要求

在设计进一步审计程序时，注册会计师应当考虑下列因素：

（1）风险的重要性。风险的重要性是指风险造成的后果的严重程度。风险的后果越严重，就越需要注册会计师关注和重视，越需要精心设计有针对性的进一步审计程序。

（2）重大错报发生的可能性。重大错报发生的可能性越大，越需要注册会计师精心设计进一步审计程序。

（3）涉及的各类交易，账户余额或披露的特征。不同的交易、账户余额或披露产生的认定层次的重大错报风险存在差异，适用的审计程序也有差别，需要注册会计师区别对待，并设计有针对性的进一步审计程序予以应对。

（4）被审计单位采用的特定控制的性质。不同性质的控制（尤其是人工控制或自动化控制）对注册会计师设计进一步审计程序具有重要影响。

（5）注册会计师是否拟获取审计证据，以确定内部控制在防止或发现并纠正重大错报方面的有效性。如果注册会计师在风险评估时预期内部控制运行有效，随后拟实施的进一步审计程序就必须包括控制测试，且实质性程序自然会受到之前控制测试结果的影响。

综合上述几方面因素，注册会计师对认定层次重大错报风险的评估为确定进一步审计程序的总体审计方案奠定了基础。因此，注册会计师应当根据对认定层次重大错报风险的评估结果，恰当选用实质性方案或综合性方案。通常情况下，注册会计师出于成本效益的考虑可以采用综合性方案设计进一步审计程序，即将测试控制运行的有效性与实质性程序结合使用。但在一些情况下（如仅通过实质性程序无法应对重大错报风险），注册会计师必须通过实施控制测试，才可能有效应对评估出的某一认定的重大错报风险；在另一些情况下（如注册会计师的风险评估程序未能识别出与认定相关的任何控制，或注册会计师认为控制测试很可能不符合成本效益原则），注册会计师可能认为仅实施实质性程序就是适当的。

二、进一步审计程序的性质

（一）进一步审计程序的性质的含义

进一步审计程序的性质是指进一步审计程序的目的和类型。其中，进一步审计程序的目的包括通过实施控制测试以确定内部控制运行的有效性，通过实施实质性程序以发现认定层次的重大错报。进一步审计程序的类型包括检查、观察、询问、函证、重新计算、重新执行和分析程序。

如前所述，在应对评估的风险时，合理确定审计程序的性质是最重要的。这是因为不同的审计程序应对特定认定错报风险的效力不同。例如，对于与收入完整性认定相关的重大错报风险，控制测试通常更能有效应对；对于与收入发生认定相关的重大错报风险，实质性程序通常更能有效应对。再如，实施应收账款的函证程序可以为应收账款在某一时点存在的认定提供审计证据，但通常不能为应收账款的计价认定提供审计证据。对应收账款的计价认定，注册会计师通常需要实施其他更为有效的审计程序，如检查应收账款账龄和期后收款情况、了解欠款客户的信用情况等。

（二）进一步审计程序的性质的选择

在确定进一步审计程序的性质时，注册会计师先需要考虑的是认定层次重大错报风险的评估结果。因此，注册会计师应当根据认定层次重大错报风险的评估结果选择审计程序。评估的认定层次重大错报风险越高，对通过实质性程序获取的审计证据的相关性和可靠性的要求越高，从而可能影响进一步审计程序的类型及其综合运用。例如，当注册会计师判断某类交易协议的完整性存在更高的重大错报风险时，除了检查文件，注册会计师还可能决定向第三方询问或函证协议条款的完整性。

除了从总体上把握认定层次重大错报风险的评估结果对选择进一步审计程序的影响，在确定拟实施的审计程序时，注册会计师接下来应当考虑评估的认定层次重大错报风险产生的原因，包括考虑各类交易、账户余额或披露的具体特征以及内部控制。例如，注册会计师可能判断某特定类别的交易即使在不存在相关控制的情况下发生重大错报的风险仍较低，此时注册会计师可能认为仅实施实质性程序就可以获取充分、适当的审计证据。再如，对于经由被审计单位信息系统日常处理和控制的某类交易，如果注册会计师预期此类交易在内部控制运行有效的情况下发生重大错报的风险较低，且拟在控制运行有效的基础上设计实质性程序，注册会计师就会决定先实施控制测试。

需要说明的是，如果在实施进一步审计程序时拟利用被审计单位信息系统生成的信息，注册会计师应当就信息的准确性和完整性获取审计证据。例如，注册会计师在实施实质性分析程序时，使用了被审计单位生成的非财务信息或预算数据。再如，注册会计师在对被审计单位的存货期末余额实施实质性程序时，拟利用被审计单位信息系统生成的各个存货存放地点及其余额清单。注册会计师应当获取关于这些信息的准确性和完整性的审计证据。

三、进一步审计程序的时间

（一）进一步审计程序的时间的含义

进一步审计程序的时间是指注册会计师何时实施进一步审计程序，或审计证据适用的期间或时点。因此，当提及进一步审计程序的时间时，在一些情况下是指审计程序的实施时间，在另一些情况下是指需要获取的审计证据适用的期间或时点。

（二）进一步审计程序的时间的选择

注册会计师可以在期中或期末实施控制测试或实质性程序。当重大错报风险较高时，注册会计师应当考虑在期末或接近期末实施实质性程序，或采用不通知的方式，或在管理层不能预见的时间实施审计程序。

虽然在期末实施审计程序在很多情况下非常必要，但仍然不排除注册会计师在期中实施审计程序可能发挥积极作用。在期中实施进一步审计程序，可能有助于注册会计师在审计工作初期识别重大事项，并在管理层的协助下及时解决这些事项，以及针对这些事项制定有效的实质性方案或综合性方案。

注册会计师在确定何时实施审计程序时应当考虑的几项重要因素，包括：

（1）控制环境。良好的控制环境可以抵消在其中实施进一步审计程序的一些局限性，使注册会计师在确定实施进步审计程序的时间时有更大的灵活度。

（2）得到相关信息的时间。例如，某些控制活动可能仅在期中（或期中以前）发生，而之后可能难以再被观察到。再如，某些电子化的交易和账户文档如未能及时取得，可能被覆盖。在这些情况下，注册会计师如果希望获取相关信息，则需要考虑能够获取相关信息的时间。

(3) 错报风险的性质。例如，被审计单位可能为了保证盈利目标的实现，在会计期末之后伪造销售合同以虚增收入，此时注册会计师需要考虑在期末(即资产负债表日)这个特定时点获取被审计单位截至期末所能提供的所有销售合同及相关资料，以防范被审计单位在资产负债表日后伪造销售合同虚增收入的做法。

(4) 审计证据适用的期间或时点。注册会计师应当根据需要获取的特定审计证据确定何时实施进一步审计程序。例如，为了获取资产负债表日的存货余额证据，显然不宜在与资产负债表日间隔过长的期中时点或期末以后时点实施存货监盘等相关审计程序。

(5) 编制财务报表的时间。尤其是编制某些披露的时间，这些披露为资产负债表、利润表、所有者权益变动表和现金流量表中记录的金额提供了进一步解释。

四、进一步审计程序的范围

(一) 进一步审计程序的范围的含义

进一步审计程序的范围是指实施进一步审计程序的数量，包括抽取的样本量、对某项控制活动的观察次数等。

(二) 确定进一步审计程序的范围时考虑的因素

在确定进一步审计程序的范围时，注册会计师应当考虑下列因素：

(1) 确定的重要性水平。确定的重要性水平越低，注册会计师实施进一步审计程序的范围越广。

(2) 评估的重大错报风险。评估的重大错报风险越高，对拟获取审计证据的相关性、可靠性的要求越高，因此，注册会计师实施的进一步审计程序的范围越广。

(3) 计划获取的保证程度。计划获取的保证程度是指注册会计师计划通过实施的审计程序对测试结果可靠性所获取的信心。计划获取的保证程度越高，对测试结果可靠性要求越高，注册会计师实施的进一步审计程序的范围越广。

在考虑确定进一步审计程序的范围时，使用计算机辅助审计技术具有积极的作用。注册会计师可以使用计算机辅助审计技术对电子化的交易和账户文档进行更广泛的测试，包括从主要电子文档中选取交易样本、按照某一特征对交易进行分类，以及对总体而非样本进行测试。

第三节 控制测试

控制测试是为了获取关于控制防止或发现并纠正认定层次重大错报的有效性而实施的测试。注册会计师应当选择为相关认定提供证据的控制进行测试。

一、控制测试的含义和要求

(一) 控制测试的含义

控制测试是指用于评价内部控制在防止或发现并纠正认定层次重大错报方面的运行有

效性的审计程序。在实施风险评估程序以获取控制是否得到执行的审计证据时，注册会计师应当确定某项控制是否存在，被审计单位是否正在使用。

在测试控制运行的有效性时，注册会计师应当从下列方面获取关于控制是否有效运行的审计证据：

(1) 控制在所审计期间的相关时点是如何运行的。

(2) 控制是否得到一贯执行。

(3) 控制由谁或以何种方式执行。

从上述三个方面来看，控制运行的有效性强调的是控制能够在各个时点按照既定设计得以一贯执行。因此，在了解控制是否得到执行时，注册会计师只需抽取少量的交易进行检查或观察某几个时点。然而，在测试控制运行的有效性时，注册会计师需要抽取足够数量的交易进行检查或对多个不同时点进行观察。例如，某被审计单位针对销售收入和销售费用的业绩评价控制如下：财务经理每月审核实际销售收入（按产品细分）和销售费用（按费用项目细分），并与预算数和上年同期数作比较，对于差异金额超过5%的项目进行分析并编制分析报告；销售经理审阅该报告并采取适当跟进措施。注册会计师抽查了最近3个月的分析报告，并看到上述管理人员在报告上签字确认，证明该控制已经得到执行。然而，注册会计师在与销售经理的讨论中发现他对分析报告中明显异常的数据不了解原因，也无法作出合理解释，从而显示该控制并未得到有效地运行。

(二) 控制测试的要求

作为进一步审计程序的类型之一，控制测试并非在任何情况下都需要实施。当存在下列情形之一时，注册会计师应当实施控制测试：一是在评估认定层次重大错报风险时，预期控制的运行是有效的；二是仅实施实质性程序并不能够提供认定层次充分、适当的审计证据。如果在评估认定层次重大错报风险时预期控制的运行是有效的，注册会计师应当实施控制测试，就控制在相关期间或时点运行的有效性获取充分、适当的审计证据。

注册会计师通过实施风险评估程序，可能发现某项控制的设计是存在的，也是合理的，同时得到了执行。在这种情况下，出于成本效益的考虑，注册会计师可能预期相关控制在不同时点都得到了一贯执行，与该项控制有关的财务报表认定发生重大错报的可能性就不会很大，也就不需要实施很多的实质性程序。为此，注册会计师可能会认为对相关控制在不同时点是否得到了一贯执行进行测试，即实施控制测试是值得的。

如果认为仅实施实质性程序获取的审计证据无法将认定层次重大错报风险降至可接受的低水平，注册会计师应当实施相关的控制测试，以获取控制运行有效性的审计证据。

有时，对于有些重大错报风险，注册会计师仅通过实质性程序无法予以应对。例如，在被审计单位对日常交易或与财务报表相关的其他数据（包括信息的生成、记录，处理、报告）采用高度自动化处理的情况下，审计证据可能仅以电子形式存在，此时审计证据的充分和适当通常取决于自动化信息系统相关控制的有效性。如果信息的生成、记录、处理和报告均通过电子格式进行，没有适当、有效的控制，则生成不正确信息或信息被不恰当修改的可能性就会大大增加。在认为仅通过实施实质性程序不能获取充分、适当的审计证据的情况下，注册会计师必须实施控制测试。

二、控制测试的性质

(一) 控制测试的性质的含义

控制测试的性质是指控制测试所使用的审计程序的类型及其组合。

计划从控制测试中获取的保证水平是决定控制测试性质的主要因素之一。注册会计师应当选择适当类型的审计程序以获取有关控制运行有效性的保证。在计划和实施控制测试时,对控制有效性的信赖程度越高,注册会计师应当获取越有说服力的审计证据。当拟实施的进一步审计程序主要以控制测试为主,尤其是仅实施实质性程序无法或不能获取充分、适当的审计证据时,注册会计师应当获取有关控制运行有效性的更高的保证水平。

控制测试采用的审计程序有询问、观察、检查和重新执行。

(1) 询问。注册会计师可以向被审计单位的适当员工询问,以获取与内部控制运行情况相关的信息。例如,询问信息系统管理人员有无未经授权接触计算机硬件和软件;向负责复核银行存款余额调节表的人员询问如何进行复核,包括复核的要点是什么、发现不符事项如何处理等。一般来讲,询问不能为控制运行的有效性提供充分的证据,注册会计师通常需要印证被询问者的答复,如向其他人员询问和检查执行控制时所使用的报告、手册和其他文件等。

(2) 观察。观察是测试不留下书面记录的控制(如职责分离)的运行情况的有效方法。例如,观察存货盘点控制的执行情况。观察也可运用于实物控制,如查看仓库门是否锁好、空白支票是否妥善保管。通常情况下,注册会计师通过观察直接获取的证据比间接获取的证据更可靠。但是,注册会计师还要考虑其所观察到的控制在注册会计师不在场时可能有未被执行的情况。

(3) 检查。检查适用于对运行情况留有书面证据的控制。书面说明、复核时留下的记号,以及其他记录在偏差报告中的标志,都可以被当作控制运行情况的证据。例如,检查销售发票是否有复核人员签字、检查销售发票是否附有客户订购单和出库单等。

(4) 重新执行。例如,为了合理保证计价认定的准确性,被审计单位的一项控制由复核人员核对销售发票上的价格与统一价格单上的价格是否一致。但是,想要检查复核人员有没有认真执行核对,仅仅检查复核人员是否在相关文件上签字是不够的,注册会计师还需要自己选取一部分销售发票进行核对,这就是重新执行程序。如果需要进行大量的重新执行程序,注册会计师就要考虑通过实施控制测试以缩小实质性程序的范围是否有效率。

(二) 确定控制测试的性质时的要求

1. 考虑特定控制的性质

注册会计师应当根据特定控制的性质选择所需实施审计程序的类型。例如,有些控制可能存在反映控制运行有效性的文件记录,在这种情况下,注册会计师可以检查这些文件记录以获取控制运行有效性的审计证据;有些控制可能不存在文件记录(如一项自动化的控制活动),或文件记录与能否证实控制运行有效性不相关,注册会计师应当考虑实施除检查以外的其他审计程序(如询问和观察),或借助计算机辅助审计技术,以获取有关控制运行有效性的审计证据。

2. 考虑测试与认定直接相关和间接相关的控制

在设计控制测试时,注册会计师不仅应当考虑与认定直接相关的控制,还应当考虑这些控制所依赖的与认定间接相关的控制，以获取支持控制运行有效性的审计证据。例如，被审计单位可能针对超出信用额度的例外赊销交易设置报告和审核制度（与认定直接相关的控制）。在测试该项制度的运行有效性时，注册会计师不仅应当考虑审核制度的有效性，还应当考虑与例外赊销报告中信息准确性有关的控制（与认定间接相关的控制）是否有效运行。

3. 考虑自动化的应用控制

对于一项自动化的应用控制，由于信息技术处理过程的内在一贯性，注册会计师可以利用该项控制得以执行的审计证据和信息技术一般控制（特别是对系统变动的控制）运行有效性的审计证据，作为支持该项控制在相关期间运行有效性的重要审计证据。

（三）实施控制测试时对双重目的的实现

控制测试的目的是评价控制是否有效运行；细节测试的目的是发现认定层次的重大错报。尽管两者目的不同，注册会计师可以考虑针对同一交易同时实施控制测试和细节测试，以实现双重目的。例如，注册会计师通过检查某笔交易的发票可以确定其是否经过适当的授权，也可以获取关于该交易的金额、发生时间等细节证据。当然，如果拟实施双重目的测试，注册会计师应当仔细设计和评价测试程序。

（四）实施实质性程序的结果对控制测试结果的影响

如果通过实施实质性程序未发现某项认定存在错报，这本身并不能说明与该认定有关的控制是有效运行的，但如果通过实施实质性程序发现某项认定存在错报，注册会计师应当在评价相关控制的运行有效性时予以考虑。因此，注册会计师应当考虑实施实质性程序发现的错报对评价相关控制运行有效性的影响（如降低对相关控制的信赖程度、调整实质性程序的性质、扩大实质性程序的范围等）。如果实施实质性程序发现被审计单位没有识别出的重大错报，通常表明内部控制存在重大缺陷，注册会计师应当就这些缺陷与管理层和治理层进行沟通。

三、控制测试的时间

（一）控制测试的时间的含义

控制测试的时间包含两层含义：一是何时实施控制测试；二是测试所针对的控制适用的时点或期间。

根据控制测试的目的确定控制测试的时间，如果仅需要测试控制在特定时点的运行有效性（如对被审计单位期末存货盘点进行控制测试），注册会计师只需要获取该时点的审计证据。如果需要获取控制在某一期间有效运行的审计证据，仅获取与时点相关的审计证据是不充分的，注册会计师还应当辅以其他控制测试，包括测试被审计单位对控制的监督。

（二）如何考虑期中审计证据

注册会计师可能在期中实施进一步审计程序。对于控制测试，注册会计师在期中实施此类程序具有更积极的作用。需要说明的是，即使注册会计师已获取有关控制在期中运行有效性的审计证据，仍然需要考虑如何能够将控制在期中运行有效性的审计证据合理延伸至期末。因此，如果已获取有关控制在期中运行有效性的审计证据，并拟利用该证据，注册会计师应当实施下列审计程序：获取这些控制在剩余期间发生重大变化的审计证据；确定针对剩余期间还需获取的补充审计证据。

（三）如何考虑以前审计获取的审计证据

注册会计师考虑以前审计获取的有关控制运行有效性的审计证据，其意义在于：一方面，内部控制中的诸多要素对于被审计单位往往是相对稳定的（相对于具体的交易、账户余额或披露），因此，注册会计师在本期审计时可以适当考虑利用以前审计获取的有关控制运行有效性的审计证据；另一方面，内部控制在不同期间可能发生重大变化，注册会计师在利用以前审计获取的有关控制运行有效性的审计证据时需要格外慎重，充分考虑各种因素。注册会计师是否需要在本期测试某项控制的决策过程如图 7-1 所示。

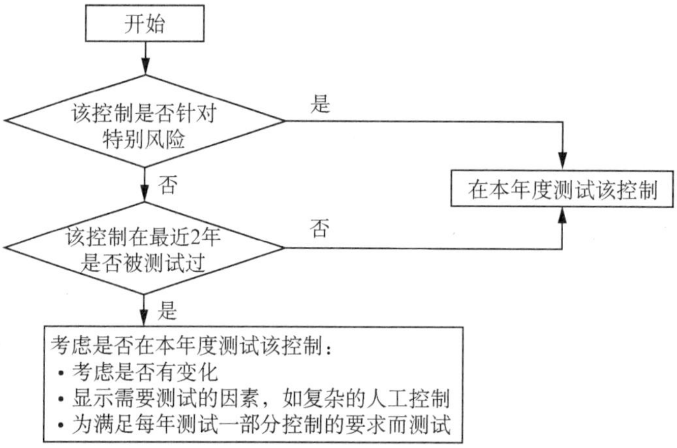

图 7-1　控制测试的决策过程

四、控制测试的范围

对于控制测试的范围，其含义主要是指某项控制活动的测试次数。注册会计师应当设计控制测试，以获取控制在整个拟信赖的期间有效运行的充分、适当的审计证据。

（一）确定控制测试范围的考虑因素

当针对控制运行的有效性需要获取更具说服力的审计证据时，可能需要扩大控制测试的范围。在确定控制测试的范围时，除考虑对控制的信赖程度外，注册会计师还可能考虑以下因素：

（1）在拟信赖期间，被审计单位执行控制的频率。控制执行的频率越高，控制测试的范围越大。

（2）在所审计期间，注册会计师拟信赖控制运行有效性的时间长度。拟信赖控制运行有效性的时间长度不同，在该时间长度内发生的控制活动次数也不同。注册会计师需要根据拟信赖控制的时间长度确定控制测试的范围。拟信赖控制的时间越长，控制测试的范围越大。

（3）控制的预期偏差。预期偏差也可称为预期偏差率，可以用控制未得到执行的预期次数占控制应当得到执行次数的比率加以衡量。控制的预期偏差率越高，需要实施控制测试的范围越大。

（4）通过测试与认定相关的其他控制获取的审计证据的范围。针对同一认定，可能存在不同的控制。当针对其他控制获取审计证据的充分性和适当性较高时，测试该控制的范围可适当缩小。

（5）拟获取的有关认定层次控制运行有效性的审计证据的相关性和可靠性。

（二）对自动化控制的测试范围的特别考虑

除非系统（包括系统使用的表格、文档或其他永久性数据）发生变动，注册会计师通常不需要增加自动化控制的测试范围。

信息技术处理具有内在一贯性，除非系统发生变动，一项自动化应用控制应当一贯运行。对于一项自动化应用控制，一旦确定被审计单位正在执行该控制，注册会计师通常无须扩大控制测试的范围，但需要考虑执行下列测试以确保该控制持续、有效地运行：

（1）测试与该应用控制有关的一般控制的运行有效性。

（2）确定系统是否发生变动，如果发生变动，是否存在适当的系统变动控制。

（3）确定对交易的处理是否使用授权批准的软件版本。

例如，注册会计师可以检查信息系统安全控制记录，以确定是否存在未经授权的接触系统硬件和软件，以及系统是否发生变动。

第四节 实质性程序

一、实质性程序的内涵

（一）实质性程序的含义和要求

实质性程序是指用于发现认定层次重大错报的审计程序，包括对各类交易、账户余额或披露的细节测试及实质性分析程序。

注册会计师实施的实质性程序应当包括下列与财务报表编制完成阶段相关的审计程序：

（1）将财务报表中的信息与其所依据的会计记录进行核对或调节，包括核对或调节披露中的信息，无论该信息从总账和明细账中获取，还是从除总账和明细账之外的其他途径获取。

（2）检查财务报表编制过程中作出的重大会计分录和其他调整。注册会计师对会计分录和其他会计调整检查的性质和范围，取决于被审计单位财务报告过程的性质、复杂程度，以及由此产生的重大错报风险。

由于注册会计师对重大错报风险的评估是一种判断，可能无法充分识别所有的重大错报风险。此外，由于内部控制存在固有局限性，无论评估的重大错报风险结果如何，注册会计师都应当针对所有重大类别的交易、账户余额或披露实施实质性程序。

（二）针对特别风险实施的实质性程序

如果认为评估的认定层次重大错报风险是特别风险，注册会计师应当专门针对该风险实施实质性程序。例如，如果认为管理层面临实现盈利指标的压力而可能提前确认收入，注册会计师在设计询证函时不仅应当考虑函证应收账款的账户余额，还应当考虑询证销售协议的细节条款(如交货、结算和退货条款);注册会计师还可以考虑在实施函证的基础上针对销售协议及其变动情况询问被审计单位的非财务人员。如果针对特别风险实施的程序仅为实质性程序,这些程序应当包括细节测试,或将细节测试和实质性分析程序结合使用,以获取充分、适当的审计证据。为应对特别风险需要获取具有高度相关性和可靠性的审计证据,仅实施实质性分析程序不足以获取有关特别风险的充分、适当的审计证据。

二、实质性程序的性质

(一) 实质性程序的性质的含义

实质性程序的性质是指实质性程序的类型及其组合。前已述及,实质性程序的两种基本类型包括细节测试和实质性分析程序。

细节测试是对各类交易、账户余额或披露的具体细节进行测试,其目的在于直接识别财务报表认定是否存在错报。细节测试被用于获取与某些认定相关的审计证据,如存在、准确性、计价等。

实质性分析程序是通过研究数据间关系评价信息,用以识别各类交易、账户余额或披露及其相关认定是否存在错报。实质性分析程序通常更适用于在一段时间内存在可预期关系的大量交易。

(二) 细节测试和实质性分析程序的适用性

细节测试和实质性分析程序的目的和技术手段存在一定差异,因此,两者各自有不同的适用领域。注册会计师应当根据各类交易、账户余额或披露的性质选择实质性程序的类型。

细节测试适用于对各类交易、账户余额或披露认定的测试,尤其是对存在或发生、计价认定的测试;对在一段时间内存在可预期关系的大量交易,注册会计师可以考虑实施实质性分析程序。

(三) 细节测试的方向

对于细节测试,注册会计师应当针对评估的风险设计细节测试,获取充分、适当的审计证据,以达到认定层次所计划的保证水平。注册会计师需要根据不同的认定层次的重大错报风险设计有针对性的细节测试。例如,在针对存在或发生认定设计细节测试时,注册会计师应当选择包含在财务报表金额中的项目,并获取相关审计证据。又如,在针对完整性认定设计细节测试时,注册会计师应当选择有证据表明应包含在财务报表金额中的项目,并调查这些项目是否确实包含在内。再如,为应对被审计单位漏记本期应付账款的风险,注册会计师可以检查期后付款记录。

(四) 设计实质性分析程序时考虑的因素

注册会计师在设计实质性分析程序时应当考虑的因素包括:对特定认定使用实质性分析程序的适当性;对已记录的金额或比率作出预期时,所依据的内部或外部数据的可靠性;作出预期的准确程度是否足以在计划的保证水平上识别重大错报;已记录金额与预期值之间可接受的差异额。考虑到数据及分析的可靠性,当实施实质性分析程序时,如果使用被审计单位编制的信息,注册会计师应当考虑测试与信息编制相关的控制,以及这些信息是否在本期或前期经过审计。

三、实质性程序的时间

实质性程序的时间选择与控制测试的时间选择有共同点，也有很大不同点。共同点在于：两类程序都面临着对期中审计证据和对以前审计获取的审计证据的考虑。两者的不同点在于：在控制测试中，期中实施控制测试并获取期中关于控制运行有效性审计证据的做法更具有一种“常态”；而由于实质性程序的目的在于更直接地发现重大错报，在期中实施实质性程序时更需要考虑其成本效益的权衡。

（一）如何考虑是否在期中实施实质性程序

在期中实施实质性程序，一方面消耗了审计资源，另一方面期中实施实质性程序获取的审计证据不能直接作为期末财务报表认定的审计证据，注册会计师仍然需要消耗进一步的审计资源，使期中审计证据能够合理延伸至期末。于是，这两部分审计资源的总和是否能够显著小于完全在期末实施实质性程序所需消耗的审计资源，是注册会计师需要权衡的。注册会计师在考虑是否在期中实施实质性程序时应当考虑以下因素：

（1）控制环境和其他相关的控制。控制环境和其他相关的控制越薄弱，注册会计师越不宜在期中实施实质性程序。

（2）实施审计程序所需信息在期中之后的可获得性。如果实施实质性程序所需信息在期中之后可能难以获取（如系统变动导致某类交易记录难以获取），注册会计师应考虑在期中实施实质性程序；但如果实施实质性程序所需信息期中之后的获取并不存在明显困难，该因素不应成为注册会计师在期中实施实质性程序的重要影响因素。

（3）实质性程序的目的。如果针对某项认定实施实质性程序的目的包括获取该认定的期中审计证据（从而与期末作比较），注册会计师应在期中实施实质性程序。

（4）评估的重大错报风险。注册会计师评估的某项认定的重大错报风险越高，针对该认定所需获取的审计证据的相关性和可靠性要求就越高，注册会计师也越应当考虑将实质性程序集中于期末（或接近期末）实施。

（5）特定类别交易或账户余额以及相关认定的性质。例如，某些交易、账户余额及其相关认定的特殊性质（如收入截止认定、未决诉讼）决定了注册会计师必须在期末（或接近期末）实施实质性程序。

（6）针对剩余期间，能否通过实施实质性程序或将实质性程序与控制测试相结合，降低期末存在错报而未被发现的风险。如果针对剩余期间注册会计师可以通过实施实质性程序或将实质性程序与控制测试相结合，较有把握地降低期末存在错报而未被发现的风险（如注册会计师在10月实施预审时考虑是否使用一定的审计资源实施实质性程序，从而形成的剩余期间不是很长），注册会计师可以考虑在期中实施实质性程序；但如果针对剩余期间注册会计师认为还需要消耗大量审计资源才有可能降低期末存在错报而未被发现的风险，甚至没有把握通过适当的进一步审计程序降低期末存在错报而未被发现的风险，注册会计师就不宜在期中实施实质性程序。

（二）如何考虑期中审计证据

如果在期中实施了实质性程序，注册会计师应当针对剩余期间实施进一步的实质性程序，或将实质性程序和控制测试结合使用，以将期中测试得出的结论合理延伸至期末。在将期中实施的实质性程序得出的结论合理延伸至期末时，注册会计师有两种选择：一是针对剩余期间实施进一步的实质性程序；二是将实质性程序和控制测试结合使用。

如果拟将期中测试得出的结论延伸至期末，注册会计师应当考虑针对剩余期间仅实施实质性程序是否足够。如果认为实施实质性程序本身不充分，注册会计师还应测试剩余期间相关控制运行的有效性或针对期末实施实质性程序。

对于舞弊导致的重大错报风险（作为一类重要的特别风险），被审计单位存在故意错报或操纵的可能性，那么注册会计师更应慎重考虑能否将期中测试得出的结论延伸至期末。因此，如果已识别出舞弊导致的重大错报风险，为将期中得出的结论延伸至期末而实施的审计程序通常是无效的，注册会计师应当考虑在期末或者接近期末实施实质性程序。

（三）如何考虑以前审计获取的审计证据

在以前审计中实施实质性程序获取的审计证据，通常对本期只有很弱的证据效力或没有证据效力，不足以应对本期的重大错报风险。只有当以前获取的审计证据及其相关事项未发生重大变动时（如以前审计通过实质性程序测试过的某项诉讼在本期没有证据效力，不足以应对本期的重大错报风险）。只有当以前获取的审计证据及其相关事项未发生重大变动时（如以前审计通过实质性程序测试过的某项诉讼在本期没有任何实质性进展），以前获取的审计证据才可能用做本期的有效审计证据。但即便如此，如果拟利用以前审计中实施实质性程序获取的审计证据，注册会计师应当在本期实施审计程序，以确定这些审计证据是否具有持续相关性。

四、实质性程序的范围

评估的认定层次重大错报风险和实施控制测试的结果是注册会计师在确定实质性程序的范围时的重要考虑因素。注册会计师评估的认定层次的重大错报风险越高，需要实施实质性程序的范围越广。如果对控制测试结果不满意，注册会计师可能需要考虑扩大实质性程序的范围。

在设计细节测试时，注册会计师除了从样本量的角度考虑测试范围，还要考选样方法的有效性等因素。例如，从总体中选取大额或异常项目，而不是进行代表性抽样或分层抽样。

实质性分析程序的范围有两层含义：第一层含义是对什么层次上的数据进行分析，注册会计师可以选择在高度汇总的财务数据层次进行分析，也可以根据重大错报风险的性质和水平调整分析层次。例如，按照不同产品线、不同季节或月份、不同经营地点或存货存放地点等实施实质性分析程序。第二层含义是需要对什么幅度或性质的差异展开进一步调查。实施分析程序可能发现差异，但并非所有的差异都值得展开进一步调查。可容忍或可接受的差异额（即预期差异额）越大，作为实质性分析程序一部分的进一步调查的范围就越小。于是，确定适当的预期差异额同样属于实质性分析程序的范畴。在设计实质性分析程序时，注册会计师应当确定已记录金额与预期值之间可接受的差异额。在确定该差异额时，注册会计师应当主要考虑各类交易、账户余额或披露及其相关认定的重要性和计划的保证水平。

复习思考题

1. 注册会计师针对财务报表层次重大错报风险应确定哪些总体应对措施?
2. 如果已获取有关控制在期中运行有效性的审计证据,注册会计师应当怎么做?
3. 控制测试的审计程序包括哪些?
4. 在设计实质性程序时,注册会计师应考虑的因素有哪些?

第八章 销售与收款循环审计

教学目标

➢ 知识目标

1. 了解销售与收款循环的性质、所涉及的凭证和主要业务活动。
2. 理解销售与收款循环的控制测试，并识记控制测试的关键点。

➢ 能力目标

1. 掌握并能灵活运用营业收入、应收账款审计程序的主要内容和审计程序。
2. 培养审计洞察能力，善于从纷繁复杂销售与收款业务流程和信息中发现审计线索。

➢ 素养目标

1. 熟悉法律、法规，了解销售与收款循环中常见的会计错弊及其审计风险。
2. 结合习近平总书记对拓展审计监督广度和深度的要求，领悟审计工作对企业及民生的重要意义，助力推动审计工作高质量发展。

导入案例

天能科技销售与收款循环造假案

天能科技于2012年2月1日进行招股说明书预披露，拟登陆深交所中小板。很快，市场媒体及财经评论人士就天能科技招股说明书提出多项质疑，迫于舆论压力，天能科技于2012年4月23日撤回发行上市申请。2012年8月，证监会上海专员在对天能科技审计单位大信会计师事务所的现场检查过程中发现审计底稿存在疑点。2012年9月21日，证监会正式启动了对天能科技及相关大型会计师事务所的立案调查。2013年5月31日，证监会公布对天能科技财务造假一案的查处情况：天能科技通过伪造工程结算书和虚构销售回款等单据，在应县道路亮化工程、金沙植物太阳能照明工程和谱小区太阳能照明工程三个项目的财务账册中虚增财务部收入8 564万元，虚增利润合计3 815万元，占当期利润总额的53.18%。

稽查人员调查显示，天能科技“未卜先知”地提前确认了收入，虚增财务报表。首先是“金沙植物园第二期所需光伏项目”，其招标时间是2011年10月，但是在招股说明书预披露的时候，该工程并没有完工。天能科技在2011年9月末将该工程的收入予以确认，其次是“州和清小区亮化工程”，该工程的招标结束日为2011年第四季度，在招股说明书预披露的时候，整个小区配套工程也未完成，然而，天能科技却在2011年9月末将该工程收入予以确认。

对此，证监会于2013年9月25日发布行政处罚决定书，给予天能科技警告处分，公司董事长秦海滨、董事会秘书曾坚强、董事长助理刘俊爽和财务总监陈守法被给予警告，分别处以30万元罚款，并对秦海滨、曾坚强、刘俊奕采取终身证券市场禁入措施。同时受到处罚的还有此案所涉及的3家中介机构，包括民生证券、大信会计师事务所、君泽君律师事务所，保荐代表人邓德兵、刘小群，签字会计师胡小黑，皆被终身证券市场禁入。

资料来源：根据《中国证券监督管理委员会行政复议决定书(天能科技)》(〔2014〕7号)整理编写。

思考：请梳理案例中天能科技是如何造假的？在此案例中，会计师事务所的做法是否合规？你认为在此环节审计师应当如何用自己的职业判断作出审慎独立的审计？

第一节 销售与收款循环审计概述

一、销售与收款循环审计和其他循环审计的关系

销售与收款循环审计，通常可以相对独立于其他循环审计而单独进行。但审计的重要性概念要求注册会计师在审计时必须综合考虑财务报表各项目的性质及其相互关系，即注册会计师在最终判断被审计单位财务报表是否公允反映时，必须综合考虑审计发现的各业务循环的错报对财务报表产生的影响。因此，即使在单独执行销售与收款循环审计时，注册会计师仍应将其与其他循环审计的情况结合起来加以考虑。

二、涉及的主要凭证与会计记录

在内部控制系统比较健全的企业，处理销售与收款业务通常需要使用很多凭证和会计记录。典型的销售与收款循环审计所涉及的主要凭证和会计记录有以下几种：

(1) 顾客订货单。顾客订货单是顾客提出的书面购货要求。企业可以通过销售人员或其他途径，如采用电话、信函、网上订货，以及向现有及潜在顾客发送订货单等方式接受订货，取得顾客订货单。

(2) 销售单。销售单是列示顾客所订商品的名称、规格、数量以及其他与顾客订货单有关资料的表格，作为销售方内部处理顾客订货单的依据。

(3) 发运凭证。发运凭证是发运货物时编制的，用以反映发出商品的规格、数量和其他有关内容的凭据。发运凭证的一联寄送给顾客，其余联(一联或数联)由企业保留。发运凭证可用作向顾客开票收款的依据。

(4) 销售发票。销售发票是一种用来表明已销售商品的规格、数量、销售金额、运费和保险费的价格、开票日期、付款条件等内容的凭证。销售发票的一联寄送给顾客，其余联由

企业保留。销售发票也是在会计账簿中登记销售业务的基本凭证。

(5) 商品价目表。商品价目表是列示已经授权批准的、可供销售的各种商品的价格清单。

(6) 贷项通知单。贷项通知单是一种用来表示由于销货退回或经批准的折让而引起的应收销货款减少的凭证。这种凭证的格式通常与销售发票的格式相同,只不过它不是用来说明应收账款的增加,而是用来说明应收账款的减少。

(7) 应收账款明细账。应收账款明细账是用来记录每个顾客各项赊销、现金收入、销货退回和折让的明细账。各应收账款明细账的余额合计数应与应收账款总账的余额相等。

(8) 营业收入明细账。营业收入明细账是一种用来记录销货业务的明细账。它通常记载和反映不同类别的销货总额(如按销售商品的品种、类别等)。

(9) 折扣与折让明细账。折扣与折让明细账是一种用来核算企业销售商品时,按销售合同的规定,为了及早收回货款而给予顾客的销货折扣和因商品品种、质量等原因而给予顾客的销货折让情况的明细账。

(10) 汇款通知书。汇款通知书是一种与销售发票一起寄给顾客,由顾客在付款时再寄回销货单位的凭证。这种凭证注明顾客的姓名、销售发票号码、销货单位开户银行账号,以及金额等内容。如果顾客没有将汇款通知书随货款并寄回,一般应由收受邮件的人员在拆邮件时再代编一份汇款通知书。汇款通知书能使现金立即存入银行,可以提高对资产保管的控制。

(11) 现金日记账和银行存款日记账。现金日记账和银行存款日记账是用来记录应收账款的收回、现销收入,以及其他各种现金、银行存款收入和支出的日记账。

(12) 现金盘点表。现金盘点表是列示收银机内的现金和支出的明细表,用来调节其总数和收银机打印出的总数。

(13) 坏账审批表。坏账审批表是一种用来批准将某些应收款项注销为坏账,仅在企业内部使用的凭证。

(14) 顾客月末对账单。顾客月末对账单是一种定期寄送给顾客的,并用于购销双方定期核对账目的凭证。顾客月末对账单上应注明应收账款的月初余额、本月各项销货业务的金额、本月已收到的货款、各贷项通知单的数额,以及月末余额等内容。

(15) 转账凭证。转账凭证是指记录转账业务的记账凭证,它是根据有关转账业务的原始凭证编制的。

(16) 收款凭证。收款凭证是指用来记录现金和银行存款收入业务的记账凭证。

第二节 销售与收款循环的业务活动和相关内部控制

了解被审计单位的重大业务循环的业务活动及其相关内部控制是注册会计师在审计计划阶段实施的一项必要工作,其目的一方面是识别和评估认定层次的重大错报风险,另一方面也使注册会计师对相关内部控制的有效性作出初步判断,以便设计和实施应对重大错报风险的进一步审计程序。

一、销售与收款循环的业务活动

对于大多数企业而言，销售与收款循环通常是重大的业务循环，注册会计师需要在审计计划阶段了解该循环涉及的业务活动及相关的内部控制。

（一）接受客户订购单

客户提出订货要求是整个销售与收款循环的起点，是购买某种商品或服务的一项申请。客户订购单只有在符合企业管理层的授权标准时才能被接受。例如，管理层一般设有已批准销售的客户名单。销售部门在决定是否同意接受某客户的订购单时，需要检查该客户是否在名单内。如果该客户未被列入名单，则通常需要由销售部门的主管来决定是否同意销售。

很多企业在批准了客户订购单之后，会编制一式多联的销售单。销售单是证明销售交易的“发生”认定的凭据之一，也是此笔销售交易轨迹的起点之一。此外，由于客户订购单是来自外部的引发销售交易的文件之一，其有时也能够为销售交易的“发生”认定提供补充证据。

（二）批准赊销信用

赊销业务的批准是由信用管理部门根据管理层的赊销政策在每个客户的已授权的信用额度内进行的。信用管理部门的员工在收到销售部门的销售单后，应将销售单与该客户已被授权的赊销信用额度及至今尚欠的账款余额加以比较。执行人工赊销信用检查时，还应合理划分工作职责，以避免销售人员为扩大销售而使企业承受不适当的信用风险。

企业的信用管理部门通常应对每个新客户进行信用调查，包括获取信用评审机构对客户信用等级的评定报告。无论是否批准赊销，都要求被授权的信用管理部门人员先在销售单上签署意见，再将已签署意见的销售单送回销售部门。

在使用信息系统实现自动控制的企业中，订购单涉及的客户是否已被列入经批准的客户名单，以及赊销金额是否仍在信用额度内这类控制往往通过系统设置得以实现。对于不满足条件的情形则要求管理层特别批准。

（三）根据销售单编制出库单并发货

企业管理层通常要求仓库管理人员只有在收到经过批准的销售单时才能编制出库单并发货。设立这项控制程序的目的是防止仓库在未经授权的情况下擅自发货。因此，已批准销售单的一联通常应送达仓库，作为仓库按销售单供货和发货给装运部门的授权依据。信息系统可以协助企业只有在销售单得到发货批准后才能生成连续编号的出库单，并能按照设定的要求核对出库单与销售单之间相关内容的一致性。

（四）按销售单装运货物

将按经批准的销售单供货与按销售单装运货物职责相分离，有助于避免负责装运货物的员工在未经授权的情况下装运产品。装运部门员工在装运之前，通常会进行独立验证，以确定从仓库提取的商品都附有经批准的销售单，并且所提取商品的内容与销售单及出库单一致。

（五）向客户开具发票

开具发票是指开具并向客户寄送事先连续编号的销售发票。信息系统可以协助实现上述内部控制，在单证核对一致的情况下生成连续编号的销售发票，并对例外事项进行汇总，以供企业相关人员作进一步的处理。

（六）记录销售

记录销售的过程包括区分赊销、现销，以及按销售发票编制转账凭证或现金、银行存款收款凭证，据以登记营业收入明细账和应收票据/应收款项融资/应收账款/合同资产明细账或现金、银行存款日记账。

（七）办理和记录现金、银行存款收入

这项活动涉及的是货款收回，导致现金、银行存款增加以及应收账款/合同资产等项目减少。在办理和记录现金、银行存款收入时，企业最关心的是货币资金的安全。货币资金的失窃或被侵占可能发生在货币资金收入入账之前或入账之后。处理货币资金收入时要保证全部货币资金如数、及时地记入现金、银行存款日记账或应收票据应收款项融资/应收账款/合同资产明细账，并如数、及时地将现金存入银行。企业通过出纳与现金记账的职责分离、现金盘点、编制银行余额调节表、定期向客户发送对账单等控制来实现上述目的。

（八）确认和记录可变对价的估计和结算情况

如果合同中存在可变对价，企业需要对计入交易价格的可变对价进行估计，并在每一资产负债表日重新估计应计入交易价格的可变对价金额，以如实反映报告期末存在的情况以及报告期内发生的情况变化。

（九）计提坏账准备

企业一般定期对应收票据/应收款项融资/应收账款的预期信用损失进行估计，根据估计结果确认信用减值损失并计提坏账准备，管理层对相关估计进行复核和批准。

（十）核销坏账

客户因经营不善、宣告破产、死亡等原因而不支付货款的事时有发生。如果有证据表明某项货款已无法收回，企业应通过适当的审批程序注销该笔应收账款/应收款项融资。

二、销售与收款循环的内部控制

在销售与收款循环中，企业通常从以下方面设计和执行内部控制。

（一）适当的职责分离

适当的职责分离不仅是预防舞弊的必要手段，还是防止各种有意或无意的错误的手段。例如，主营业务收入如果由记录应收账款之外的员工独立登记，并由另一位不负责账簿记录的员工定期调节总账和明细账，就构成了一项交互牵制；负责主营业务收入和应收账款记账的员工不得经手货币资金，也是防止舞弊的一项重要控制。另外，销售人员通常有一种追求更大销售数量的固有倾向，而不考虑是否将以巨额坏账损失为代价，赊销的审批则在一定程度上可以抑制这种倾向。因此，赊销批准职能与销售职能的分离，也是一种理想的控制。

为确保办理销售与收款业务的不相容岗位相互分离、制约和监督，一个企业销售与收款业务相关职责适当分离的基本要求通常包括：企业应当分别设立办理销售、发货、收款三项业务的部门（或岗位）；企业在订立销售合同前，应当指定专门人员就销售价格、信用政策、发货及收款方式等具体事项与客户进行谈判。谈判人员至少应有两人，并与订立销售合同的人员相分离；编制销售发票通知单的人员与开具销售发票的人员应相互分离；销售人员应当避免接触销货现款；企业应收票据的取得和贴现必须经由保管票据以外的主管人员书面批准。

（二）恰当的授权审批

对于授权审批问题，注册会计师应当关注以下四个关键点上的审批程序：其一，在销售发生之前，赊销已经正确审批。其二，非经正当审批，不得发出货物。其三，销售价格、销售条件、运费、折扣等必须经过审批。其四，审批人应当根据销售与收款授权批准制度的规定，在授权范围内进行审批，不得超越审批权限。对于超过企业既定销售政策和信用政策规定范围的特殊销售交易，需要经过适当的授权。前两项控制的目的在于防止企业因向虚构的或者无力支付货款的客户发货而蒙受损失；价格审批控制的目的在于保证销售交易按照企业定价政策规定的价格开票收款；对授权审批范围设定权限的目的则在于防止因审批人决策失误而造成严重损失。

（三）充分的凭证和记录

充分的凭证和记录有助于企业执行各项控制以实现控制目标。例如，企业在收到客户订购单后，编制一份预先编号的一式多联的销售单，分别用于批准赊销、审批发货、记录发货数量，以及向客户开具发票等。在这种制度下，通过定期清点销售单和销售发票，可以避免漏开发票或漏记销售的情况。又如，财务人员在记录销售交易之前，对相关的销售单、出库单和销售发票上的信息进行核对，以确保入账的营业收入是真实发生的、准确的。

（四）凭证的预先编号

对凭证预先进行编号，旨在防止销售以后遗漏向客户开具发票或登记入账，也可以防止重复开具发票或重复记账。当然，如果对凭证的编号不作清点，预先编号就会失去其控制意义。定期检查全部凭证的编号，并调查凭证缺号或重号的原因，是实施这项控制的关键点。在目前信息技术得以广泛运用的环境下，凭证预先编号这一控制在很多情况下由系统执行，同时辅以人工的监控。

（五）定期寄发对账单

由不负责现金出纳和销售及应收票据/应收款项融资/应收账款/合同资产记账的人员定期向客户寄发对账单，能促使客户在发现应付账款余额不正确后及时反馈有关信息。为了使这项控制更加有效，最好将账户余额中出现的所有核对不符的账项，指定一位既不负责货币资金，又不记录主营业务收入和应收票据、应收款项融资、应收账款、合同资产账目的主管人员处理，由独立人员定期编制对账情况汇总报告并交管理层审阅。

（六）内部核查程序

由内部审计人员或其他独立人员核查销售与收款交易的处理和记录，是实现内部控制目标所不可缺少的一项控制措施。销售与收款内部控制检查的主要内容包括：

（1）销售与收款交易相关岗位及人员的设置情况。重点检查是否存在销售与收款交易不相容、职务混岗的现象。

（2）销售与收款交易授权批准制度的执行情况。重点检查授权批准手续是否健全，是否存在越权审批行为。

（3）销售的管理情况。重点检查信用政策、销售政策的执行是否符合规定。

（4）收款的管理情况。重点检查销售收入是否及时入账，应收账款的催收是否有效，坏账核销和应收票据的管理是否符合规定。

（5）销售退回的管理情况。重点检查销售退回手续是否齐全，退回货物是否及时入库。

第三节　销售与收款循环重大错报风险的评估

被审计单位可能有各种各样的收入来源，处于不同的控制环境，存在复杂的合同安排，这些情况对收入交易的会计核算可能存在诸多影响。例如，不同交易安排下的收入确认的时间和依据可能不尽相同。

一、销售与收款循环存在的重大错报风险

与销售与收款循环相关的财务报表项目主要为营业收入和应收账款/合同资产，同时还有应收票据、应收款项融资、预收款项、合同负债、长期应收款、应交税费等。

（一）赊销销售涉及的重大错报风险

以一般制造业的赊销销售为例，相关交易和余额存在的重大错报风险通常包括：

（1）收入确认存在的舞弊风险。收入是利润的来源，直接关系到企业的财务状况和经营成果。有些企业往往为了粉饰财务报表而采用虚增（发生认定）或隐瞒收入（完整性认定）等方式实施舞弊。在财务报表舞弊案件中，涉及收入确认的舞弊占有很大比例，收入确认已成为注册会计师审计的高风险领域。中国注册会计师审计准则要求注册会计师基于收入确认存在舞弊风险的假定，评价哪些类型的收入、收入交易和认定会导致舞弊风险。

（2）收入的复杂性可能导致的错误。例如，被审计单位可能针对一些特定的产品或者服务提供一些特殊的交易安排，但管理层可能对这些不同安排下所涉及的交易风险的判断缺乏经验，收入确认上就容易发生错误。

（3）发生的收入交易未能得到准确记录。

（4）期末收入交易和收款交易可能未计入正确的会计期间，包括销售退回交易的截止错误。

（5）收款未及时入账或记入不正确的账户，因而导致应收账款/合同资产（或应收票据/银行存款）的错报。

（6）应收账款坏账准备的计提不准确。

某些重大错报风险可能与财务报表整体广泛相关，进而影响多项认定，如舞弊风险；某些重大错报风险可能与特定的某类交易、账户余额或披露的认定相关，如会计期末的收入交易和收款交易的截止错误（截止认定），以及应收账款坏账准备的计提（准确性、计价和分摊认定）。在评估重大错报风险时，注册会计师应当落实到该风险所涉及的相关认定，从而更有针对性地设计进一步审计程序。

（二）实施风险评估程序识别与收入确认相关的舞弊风险

实施风险评估程序，对注册会计师识别与收入确认相关的舞弊风险至关重要。例如，注册会计师通过了解被审计单位生产经营的基本情况、销售模式和业务流程、与收入相关的生产技术条件、收入的来源和构成、收入交易的特性、收入确认的具体原则、与收入确认相关的信息系统、所在行业的基本情况和特殊事项、上下游行业的景气度、重大异常交易的商业理由、被审计单位的业绩衡量、管理层的经营理念、内部控制、财务报表项目的内在联系等内容，有助于其考虑发生舞弊的方式和领域，以及管理层可能采取的舞弊手段，从而更有效地识别与收入确认相关的舞弊风险，并设计恰当的审计程序以应对此类风险。

注册会计师应当评价通过实施风险评估程序和执行其他相关活动获取的信息是否表明存在舞弊风险因素。例如，如果注册会计师通过实施风险评估程序了解到，被审计单位所处行业竞争激烈并伴随着利润率的下降，而管理层过于强调提高被审计单位利润水平的目标，则注册会计师需要警惕管理层通过实施舞弊高估收入，从而高估利润的风险。

（三）收入确认方面可能存在舞弊风险的迹象

舞弊风险迹象，是注册会计师在实施审计过程中发现的、需要引起对舞弊风险警觉的事实或情况。存在舞弊风险迹象并不必然表明发生了舞弊，但了解舞弊风险迹象，有助于注册会计师对审计过程中发现的异常情况产生警觉，从而更有针对性地采取应对措施。注册会计师保持职业怀疑，充分了解被审计单位业务模式并理解业务逻辑，有助于识别舞弊风险迹象。例如，被审计单位的产品具有一定的销售半径，如果存在超出销售半径而没有合理商业理由的销售交易，则可能表明被审计单位存在收入舞弊风险。再如，被审计单位技术水平处于行业中端，但高端产品却占销售收入比重较大，可能表明被审计单位存在收入舞弊风险。

（四）对收入确认实施分析程序

在收入确认领域实施审计程序时，分析程序是一种较为有效的方法，注册会计师需要重视并充分利用分析程序，发挥其在识别收入确认舞弊中的作用。在设计分析程序时，注册会计师需要在充分了解被审计单位及其环境的基础上，识别与收入相关的财务数据和其他财务数据、非财务数据之间存在的关系，以提升实施分析程序的效果。基于被审计单位的业务性质，可以采用不同的数据指标分析。例如，餐饮行业可以考虑翻台率；游戏直播行业可以考虑单客充值金额、实际在线时间等。

通过实施分析程序，注册会计师可能识别出未注意到的异常关系，或通过其他审计程序难以发现的变动趋势，从而有目的、有针对性地关注可能发生重大错报风险的领域，这有助于评估重大错报风险，为设计和实施应对措施奠定基础。例如，如果注册会计师发现被审计单位不断地为完成销售目标而增加销售量，或者大量的销售因不能收现而导致应收账款/合同资产大量增加，需要对销售收入的真实性予以额外关注；如果注册会计师发现被审计单位临近期末销售量大幅增加，需要警惕被审计单位将下期收入提前确认或虚假销售的可能性；如果注册会计师发现单笔大额收入能够减轻被审计单位盈利方面的压力，或使被审计单位完成销售目标，需要警惕被审计单位虚构收入的可能性。

如果发现异常或偏离预期的趋势或关系，注册会计师需要认真调查其原因，评价是否表明可能存在舞弊导致的重大错报风险，涉及临近期末收入和利润的异常关系尤其值得关注。

例如，在报告期的最后几周内记录了不寻常的大额收入或异常交易。注册会计师可能采取的调查方法举例如下：

（1）如果注册会计师发现被审计单位的毛利率变动较大，或与所在行业的平均毛利率差异较大，注册会计师可以采用定性分析与定量分析相结合的方法，从行业及市场变化趋势、产品销售价格和产品成本要素等方面对毛利率变动的合理性进行调查。

（2）如果注册会计师发现应收账款/合同资产余额较大，或其增长幅度高于销售收入的增长幅度，注册会计师需要分析具体原因（如赊销政策和信用期限是否发生变化等），并在必要时采取恰当的措施，如扩大函证比例、增加截止测试和期后收款测试的比例、使用与前期不同的抽样方法、实地走访客户等。

（3）如果注册会计师发现被审计单位的收入增长幅度明显高于管理层的预期，可以询问管理层的适当人员，并考虑管理层的答复是否与其他审计证据一致。例如，如果管理层表示收入增长是由于销售量增加所致，注册会计师可以调查与市场需求相关的情况。在收入确认领域，注册会计师可以借助数据分析技术。

二、根据重大错报风险评估结果设计进一步审计程序

注册会计师基于销售与收款循环审计的重大错报风险评估结果，制定实施进一步审计程序的总体方案（包括综合性方案和实质性方案），继而实施控制测试和实质性程序，以应对识别出的认定层次的重大错报风险。注册会计师通过将控制测试和实质性程序获取的审计证据相结合，应足以应对识别出的认定层次的重大错报风险。

注册会计师根据重大错报风险的评估结果初步确定实施进一步审计程序的具体审计计划。因为风险评估和审计计划都是贯穿审计全过程的动态的活动，而且控制测试的结果可能导致注册会计师改变对内部控制的信赖程度，所以具体审计计划并非一成不变，可能需要在审计过程中进行调整。然而，无论是采用综合性方案还是实质性方案，获取的审计证据都应当能够从认定层面应对所识别的重大错报风险，直至针对该风险所涉及的全部相关认定，都已获取了足够的保证程度。

第四节/销售与收款循环的控制测试

控制测试所使用的审计程序的类型主要包括询问、观察、检查和重新执行，其提供的保证程序依次递增。如果在期中实施了控制测试，注册会计师应当在年末审计时实施适当的前推程序，就控制在剩余期间的运行情况获取证据，以确定控制是否在整个被审计期间持续运行有效。控制测试的范围取决于注册会计师需要通过控制测试获取的保证程度。如果拟信赖的内部控制是由计算机执行的自动化控制，注册会计师除了测试自动化应用控制的有效性，还需要就相关的信息技术一般控制的运行有效性获取审计证据。

销售与收款循环中，注册会计师通常以识别的重大错报风险为起点，选取拟测试的控制并实施控制测试。销售与收款循环的控制测试表，如表 8-1 所示。

表 8-1　　销售与收款循环的控制测试表

风险	主要相关认定	自动化控制示例	人工控制示例	内部控制测试程序
可能向没获得赊销授或超出信用度的客户赊销	营业收入发生应收账款存在	(1) 订购单上的客户代码与应收账款主文档记录的代码一致。 (2) 目前未偿付余额加上本次销售额在信用限额范围内	以下情形需要经过适当授权批准，才可生成销售单： (1) 不在主文档中的客户。 (2) 超过信用额度的客户订购单	(1) 询问员工销售单的生成过程。 (2) 检查是否所有生成的销售单均有对应的客户订购作为依据。 (3) 检查系统生成销售单的逻辑。 (4) 对于除系统之外授权审批的销售单，检查是否经过适当批准
已销售商品可能未实际发运给客户	营业收入发生应收账款存在	—	要求客户在发运凭证上签字，以作为收到商品且商品与订购单一致的证据	检查发运凭证上客户的签名，作为收货的证据
商品发运可能未开具销售发票或已开出发票没有发运凭证的支持	应收账款存在完整性权利和义务营业收入发生完整性	(1) 发货后系统根据发运凭证等信息自动生成连续编号的销售发票。 (2) 系统自动复核连续编号的发票和发运凭证的对应关系，并定期生成例外报告	复核例外报告并调查原因	(1) 检查系统生成发票的逻辑。 (2) 检查例外报告及跟进情况
销售价格不正确或发票金额出现计算错误	营业收入准确性应收账款准确性、计价和分摊	(1) 通过逻辑登录限制控制定价主文档的更改。只有得到授权的员工才能进行更改。 (2) 每张发票的单价、计算、商品代码、商品摘要和客户账户代码均由计算机程序控制。只有得到授权的员工才能进行更改	(1) 核对经授权的有效的价格更改清单与计算机获得的价格更改清单是否一致。 (2) 独立复核发票上计算金额的准确性	(1) 检查文件以确定价格更改是否经授权。 (2) 检查发票中价格复核人员的签名。 (3) 重新执行发票的核对过程
坏账准备的计提可能不充分	应收账款准确性、计价和分摊	系统自动生成应收账款账龄分析表(假定企业以账龄组合为基础计预期信用损失)	管理层复核财务人员依据预期信用损失模型计算和编制的坏账准备计提表，复核无误后需在坏账准备计提表上签字(假定企业以账龄组合为基础计预期信用损失)	(1) 检查财务系统计算账龄分析表的规则是否正确。 (2) 询问管理层如何复核坏账准备计提表的计算。 (3) 检查是否有复核人员的签字

第五节 销售与收款循环的实质性程序

一、营业收入审计

（一）营业收入审计的目标

营业收入项目核算企业在销售商品、提供劳务和让渡资产使用权等日常活动中所产生的收入。其审计目标一般包括：确定营业收入的内容、数额是否合理、正确、完整；确定对销货退回、销售折扣与折让的处理是否适当；确定营业收入的会计处理是否正确；确定营业收入的披露是否恰当。

（二）营业收入的实质性程序

（1）取得或编制营业收入项目明细表，复核加计正确，并与报表数、总账数和明细账合计数核对相符。

（2）查明营业收入的确认原则、方法，注意是否符合企业会计准则规定的收入实现条件，前后期是否一致。营业收入是指企业在日常活动中形成的、会导致所有者权益增加的、与所有者投入资本无关的经济利益的总流入。营业收入的确认和计量大致分为五步：第一步，识别与客户订立的合同；第二步，识别合同中的单项履约义务；第三步，确定交易价格；第四步，将交易价格分摊至各履约义务；第五步，履行各单位履约义务时确认营业收入。其中，第一、第二和第五步与营业收入的确认有关，第三和第四步主要与营业收入的计量有关。

第一，采用交款提货方式销售，以货款已经收到或取得收取货款的权利，同时发票账单和提货单已交给购货方时确认收入实现。注册会计师应审查被审计单位是否收到货款或取得收取货款的权利，并已将发票账单和提货单交付购货单位，特别注意有无扣押结算凭证、将当期收入转入下期入账、开具虚假发票、将虚列的收入记账在下期予以冲销的情况。

第二，采用预收账款方式销售，在商品已经发出时确认收入实现。注册会计师应审查被审计单位是否收到了货款、是否在货物发出之后确认收入、是否存在开具虚假出库凭证、提前确认收入的情况。

第三，采用托收承付方式销售，在商品已经发出，并办理托收手续时确认收入实现。注册会计师应审查被审计单位是否发货、托收手续是否办妥、发运凭证是否真实、托收承付结算回单是否正确。

第四，采用委托其他单位代销方式销售，应在代销商品已经销售，并收到代销清单时确认收入实现。注册会计师应查明有无编制虚假代销清单、虚增本期收入的情况。

第五，采用分期收款方式销售，应按合同约定的收款日期分期确认收入。注册会计师应审查本期是否收到货款，查明合同约定的本期应收款日期是否真实，是否存在已实现的收入不入账、少入账或缓入账的情况。

第六，对长期工程合同收入，应根据完工进度或完工合同合理确认收入。注册会计师应审查收入的计算、确认方法是否符合规定，并核对应计收入与实际收入是否一致，查明有无随意确认收入、虚增或虚减本期收入的情况。

第七，委托外贸代理出口方式的，应在收到外贸企业代办的发运凭证和银行交款凭证时确认收入实现。注册会计师应审查代办发运凭证和银行交款单是否真实，注意查明有无内外勾结、出具虚假发运凭证及虚假银行交款单的情况。

第八，对外转让土地使用权和销售商品房的，在土地使用权和商品房已经移交，并将发票结算账单提交对方时，确认收入的实现。注册会计师应审查已办理的移交手续是否符合规定要求，发票账单是否已交对方，查明被审计单位有无编造虚假移交手续、采用分层套写的方法开具虚假发票的行为，防止其高价出售、低价收购，从中贪污货款。

(3) 实施分析程序。注册会计师应实施分析程序，检查营业收入是否有异常变动和重大波动，从而在总体上对营业收入的真实性作出初步判断。注册会计师通常在以下几方面进行比较分析：一是将本期与上期的营业收入进行比较，分析产品销售的结构和价格的变动是否正常，并分析异常变动的原因；二是比较本期各月各种营业收入的波动情况，分析其变动趋势是否正常，并查明异常现象和重大波动的原因；三是计算本期重要产品的毛利率，分析比较本期与上期同类产品毛利率的变化情况，注意收入与成本是否配比，并查明重大波动和异常情况的原因；四是计算重要客户的销售额及其产品毛利率，分析比较本期与上期有无异常变化。相关底稿如表 8-2 所示。

表 8-2　　营业收入——毛利率与同行业对比分析

被审计单位：　　编制：　　日期：　　索引号：
报表期间：　　复核：　　日期：
审计目标：结合企业生产经营能力及规模，分析收入的合理性。

类别/产品名称		被审计单位本期数			同行业企业 A 本期数			同行业企业 B 本期数			行业本期平均毛利率	与平均毛利率差异
类别	产品名称	营业收入	营业成本	毛利率	营业收入	营业成本	毛利率	营业收入	营业成本	毛利率		
产品 1												
产品 2												
产品 3												
产品 4												
产品 5												
产品 6												
产品 7												
……												

(4) 审查售价是否合理。注册会计师应当获取产品价格目录，抽查售价是否符合价格政策，并注意销售给关联方或关系密切的重要客户的产品价格是否合理，有无低价或高价结算以转移收入的现象。

(5) 审查营业收入的会计处理是否恰当。注册会计师应抽取企业被审计期间内一定数量的销售发票，进行从原始凭证到记账凭证、营业收入明细账的全过程审查，核实其记录、过账、加总是否正确，并将抽取的收入与应收账款明细账、现金或银行存款日记账、产成品明细账进行核对，以进一步确定发货日期、销售数量、品名、单价、金额等是否相符。

(6) 实施销售的截止测试。截止测试是实质性程序中常用的一种具体审计技术，被广泛运用于货币资金、往来款项、存货、长短期投资、营业收入和期间费用等项目的审计中。其中，在营业收入审计中的运用最为典型，对营业收入实施截止测试，其目的主要在于确定被审计单位营业收入的会计记录归属期是否正确；应计入本期或下期的营业收入是否被推延至下期或提前至本期。

企业应当合理确认营业收入的实现，并将已实现的收入按时入账。企业应当在发出商品、提供劳务，同时收讫价款或者取得索取价款的凭据时，确认营业收入。根据这一收入确认的基本原则，注册会计师在审计中应该注意把握与营业收入确认有着密切关系的 3 个日期：①发票开具日期或者收款日期；②记账日期；③发货日期(服务业则是提供劳务的日期)。其中，发票开具日期是指开具增值税专用发票或普通发票的日期；记账日期是指被审计单位确认营业收入实现并将该笔经济业务记入营业收入账户的日期：发货日期是指仓库开具出库单并发出库存商品的日期。检查是否归属于同一适当的会计期间是营业收入截止测试的关键所在。

(7) 查找未经认可的大额销售。注册会计师应结合对资产负债表日应收账款的函证程序，载明有无未经认可的大额销售，若有，应作出记录并提请被审计单位作出相应调整。

(8) 检查销售折扣、销售退回与折让业务是否真实，内容是否完整，相关手续是否符合规定，折扣与折让的计算和会计处理是否正确。企业在销售业务中，往往会因产品品种不符、质量不符合要求以及结算方面的原因发生销售折扣、销售退回与折让业务。尽管引起销售折扣、销售退回与折让的原因不尽相同，表现形式也不尽一致，其都是对收入的递减，直接影响收入的确认和计量。因此，注册会计师应加强对折扣与折让的审计。

(9) 检查有无特殊的销售行为。对于特殊的销售行为，如附有销售退回条件的商品销售、委托代销、售后回购、以旧换新、商品需要安装及检验的销售、分期收款销售、出口销售、售后租回等，确定恰当的审计程序进行审核。

(10) 确定营业收入是否在利润表上恰当地披露。注册会计师应审查利润表上的营业收入项目，数字是否与审定数相符，营业收入确认所采用的会计政策是否已在财务报表附注中披露。相关底稿如表 8-3 所示。

表 8-3　　　　营业收入——披露表

被审计单位：　　编制：　　日期：　　索引号：
报表期间：　　复核：　　日期：
审计目标：列示本项目报告披露内容，判断报告披露是否恰当；
　　子公司列示合并抵消事项。

(1) 营业收入及成本

项目	本年发生额		上年发生额		变动额(较上年)		变动比率(较上年)	
	收入	成本	收入	成本	收入	成本	收入	成本
主营业务								

（续表）

项目	本年发生额		上年发生额		变动额(较上年)		变动比率(较上年)	
	收入	成本	收入	成本	收入	成本	收入	成本
其他业务								
合计								

(2) 报告分部信息

本年度	分部 1	分部 2	分部 3	分部 4	分部 5	分部 6	分部 7	合计
主要经营国家和地区	产品销售收入	服务收入	建造收入	物业投资	某一时点转让	某一时段转让	……	
中国								
中国香港								
中国澳门								
国外								
合计								
上年度								
主要经营国家和地区	产品销售收入	服务收入	建造收入	物业投资	某一时点转让	某一时段转让	……	
中国								
中国香港								
中国澳门								
国外								
合计								

备注：

二、应收账款与坏账准备审计

企业的应收账款是在销货业务中产生的。企业的销售如果属于赊销，即销售实现时没有立即收取现款，而是获得了要求客户在一定条件下和一定时间内支付货款的权利，就产生了应收账款。因此，应收账款的审计应结合销货业务来进行。

（一）应收账款的审计目标

应收账款的审计目标一般包括：确定应收账款是否存在；确定应收账款是否归被审计单位所有；确定应收账款增减变动的记录是否完整；确定应收账款是否可收回，坏账准备的计提方法和比例是否恰当，坏账准备的计提是否充分；确定应收账款和坏账准备期末余额是否正确；确定应收账款和坏账准备在财务报表中的披露是否恰当。

（二）应收账款的实质性程序

（1）获取或编制应收账款明细表。注册会计师应获取或编制应收账款明细表，复核加计是否正确，并与报表数、总账数和明细账合计数核对相符。

（2）分析应收账款账龄。应收账款的账龄是指资产负债表中的应收账款从销售实现产生应收账款之日起，至资产负债表日止所经历的时间。编制应收账款账龄分析表时，可以选择重要的顾客及其余额列示，不重要的或余额较小的，可以汇总列示。

（3）向债务人函证应收账款。应收账款函证是指直接发函给被审计单位的债务人，要求核实被审计单位应收账款的记录是否正确的一种审计方法。函证的目的是证实应收账款账户余额的真实性正确性，防止或发现被审计单位及其有关人员在销售业务中发生的差错，以及弄虚作假、营私舞弊等行为。询证函应由注册会计师利用被审计单位提供的应收账款明细账户名称及地址编制，并由注册会计师亲自寄发。

第一，函证的范围和对象。注册会计师不需要对被审计单位所有的应收账款进行函证。函证数量的大小、范围是由诸多因素决定的，主要有：①应收账款在全部资产中的比重。如果应收账款在全部资产中所占的比重较大，则函证的范围应相应大一些。②被审计单位内部控制的强弱。如果内部控制系统较健全，则可以相应减少函证数量，反之，则应相应扩大函证范围。③以前期间的函证结果。若以前期间函证中发现过重大差异，或欠款纠纷较多，则函证范围应相应扩大。④函证方式的选择。若采用肯定式函证，则可以相应减少函证量；若采用否定式函证，则要相应增加函证量。

一般情况下，注册会计师应选择以下项目作为函证对象：单项金额重大或账龄较长的项目；与债务人发生纠纷的项目；关联方项目；余额为零的项目；非正常项目。

第二，函证的方式。函证方式分为肯定式函证和否定式函证两种。

肯定式函证又称为正面式、积极式函证，就是向债务人发出询证函，要求其证实所函证的欠款是否正确，无论对错都要求复函。

财政部、中国人民银行制定的肯定式询证函的参考格式如下：

企业询证函

____________（公司）：　　　　　　　　　　　　编号：

本公司聘请的××会计师事务所正在对本公司财务报表进行审计，按照中国注册会计师审计准则的要求，应当询证本公司与贵公司的往来账项等事项。下列数据出自本公司账簿记录，如与贵公司记录相符，请在本函下端“数据证明无误”处签章证明；如有不符，请在“数据不符”处列明不符金额。回函请直接寄至××会计师事务所。

通信地址：

邮编：　　　　　　　　电话：　　　　　　　　传真：

1. 本公司与贵公司的往来账项列示如下：

截止日期	贵公司欠	欠贵公司	备注

2. 其他事项。

本函仅为复核账目之用，并非催款结算。若款项在上述日期之后已经付清，仍请及时函复为盼。

（公司签章）
年　　月　　日

结论：(1) 数据证明无误。

（公司签章）
年　　月　　日

经办人：

(2) 数据不符，请列明不符金额。

（公司签章）
年　　月　　日
经办人：

否定式函证又称为反面式、消极式函证，是向债务人发出询证函，但所函证的款项相符时不必复函，只有在所函证的款项不符时才要求债务人向注册会计师复函。

财政部、中国人民银行制定的否定式询证函的参考格式如下：

企业询证函

____________（公司）：　　　　　　　　　编号：

本公司聘请的××会计师事务所正在对本公司财务报表进行审计，按照中国注册会计师审计准则的要求，应当询证本公司与贵公司的往来账项等事项。下列数据出自本公司账簿记录，如与贵公司记录相符，则无须回复；如有不符，请直接通知会计师事务所，并请在空白处列明贵公司认为是正确的信息。回函请直接寄至××会计师事务所。

通信地址：

邮编：　　　　　　　　电话：　　　　　　　　传真：

1. 本公司与贵公司的往来账项列示如下：

截止日期	贵公司欠	欠贵公司	备注

2. 其他事项。

本函仅为复核账目之用，并非催款结算。若款项在上述日期之后已经付清，仍请及时函复为盼。

（公司签章）
年　　月　　日

结论：(1) 数据证明无误。

（公司签章）
年　　月　　日

经办人：

（2）数据不符，请列明不符金额。

（公司签章）
年　月　日
经办人：

注册会计师采用哪种函证方式，可以根据不同情形作出选择：其一，当债务人符合下列情况时，采用肯定式函证较好：个别账户的欠款金额较大；有理由相信欠款可能存在争议、差错等问题。其二，当债务人符合以下所有条件时，采用否定式函证较好：相关的内部控制是有效的，固有风险和控制风险评估为低水平；预计差错率较低；欠款余额小的债务人数量很多；注册会计师有理由确信大多数被函证者能认真对待询证函，并对不正确的情况予以反馈。

有时候两种函证方式结合起来使用可能更适宜。对于单项金额重大账项采用肯定式函证，对于小金额账项则采用否定式函证。

第三，函证时间的选择。为了充分发挥函证的作用，注册会计师通常应选择与资产负债表日接近的时间进行函证。

第四，函证的控制。注册会计师应直接控制询证函的发送和回收。对于因无法投递而退回的信函要进行分析，查明是由于被函证者地址迁移、差错而致使信函无法投递，还是这笔应收账款本来就是一笔假账。对于采用肯定式函证方式未回函的，可再次发询，由注册会计师发出第二封甚至第三封询证函。如果仍然得不到答复，注册会计师应考虑采用必要的替代程序。例如，检查与销售有关的文件，包括销售合同、销售订单、销售发票副本和发运凭证等，以验证这些应收账款的真实性。

第五，函证结果差异分析。收回的询证函中如有差异，注册会计师应查明原因作出记录或适当调整。产生差异的原因主要表现在：①购销双方入账的时间存在差异（即未达账项）。具体包括：债务人已经付款，而被审计单位尚未收到款项；被审计单位已经发出货物，并登记了应收账款，债务人尚未收到货物，也未确认应付款项；债务人由于种种原因已将货物退回，并冲减了应付款项，而被审计单位尚未收到货物，也未对应收账款作出调整；债务人对收到的货物数量、规格等不满意而全部或部分拒付；②购销一方或双方存在记账差错或舞弊行为。

（4）请被审计单位协助，在应收账款明细表上标出至审计时已收回的应收账款金票等，并注意凭证发生日期的合理性。

（5）检查未函证应收账款。由于注册会计师不可能对所有应收账款进行函证，对于未函证的应收账款，注册会计师应抽查有关原始凭据，如销售合同、销售订单、销售发票副本和发运凭证等，以验证应收账款的真实性。

（6）检查坏账的确认和处理。首先，注册会计师应检查有无债务人破产或者死亡的，以及破产或以遗产清偿后仍无法收回的，或者债务人长期未履行清偿义务的应收账款。其次，注册会计师应检查被审计单位的坏账处理是否经授权批准，有关会计处理是否正确。

（7）抽查不属于结算业务的债权。不属于结算业务的债权，不应在应收账款中进行核算。因此，注册会计师应抽查应收账款明细账，并追查有关原始凭证，查证被审计单位有无不属于结算业务的债权。如有，应作出记录或建议被审计单位进行适当调整。

（8）检查外币应收账款的折算。对于用非记账本位币（通常为外币）结算的应收账款，注册会计师应检查被审计单位外币应收账款的增减变动是否按业务发生时的市场汇率或期初市场汇率折合为记账本位币金额，所选折合汇率前后各期是否一致；期末外币应收账款余额是否按期末市场汇率折合为记账本位币金额；折算差额的会计处理是否正确。

(9) 分析应收账款明细账余额。应收账款明细账的余额一般在借方。在分析应收账款明细账余额时，注册会计师如果发现应收账款出现贷方明细余额的情形，就应查明原因，必要时建议作重分类调整。

(10) 检查应收账款在资产负债表中是否已恰当地披露。财务报表附注通常应披露期初、期末余额的账龄分析，以及期末欠款金额较大的单位账款等情况。

(三) 坏账准备的实质性程序

根据企业会计准则的要求，对应收账款减值测试时，应当先将单项金额重大的应收账款区分开来，单独进行减值测试。对于单项金额不重大的应收账款，可以单独进行测试，也可以包括在具有类似信用风险特征的应收账款组合中进行减值测试。对应收账款的不同类别进行减值测试后，据以确定应计提的坏账准备。企业对单项金额不重大的应收账款，通常应按账龄分析法将应收账款分为多种组别，采用备抵法按期估计坏账损失，形成坏账准备。与直接转销法相比，备抵法将预计不能收回的应收款项作为坏账损失及时计入费用，能够避免企业虚增利润；在财务报表中列示应收款项的净额，有助于财务报表使用者了解企业真实的财务状况；应收款项实际占用资金更接近实际，消除了虚列的应收款项，有利于加快企业资金周转，提高企业经济效益。

坏账准备的实质性程序一般包括：

(1) 审查应收账款计提坏账准备的类别。注册会计师应查明被审计单位对单项金额重大的应收账款，是否单独测试据以计提坏账准备。对于单项金额不重大的应收账款是否确定为不同的应收账款组合，据以计提坏账准备。

(2) 审查坏账准备的计提。注册会计师主要应查明坏账准备的计提方法和比例是否符合企业会计准则的规定，计提的数额是否恰当，会计处理是否正确，前后期是否一致。

(3) 审查坏账损失。对于被审计期间内发生的坏账损失，注册会计师应检查其原因是否清楚，是否符合有关规定，有无授权批准，有无已作坏账损失处理后又重新收回的应收款项，相应的会计处理是否正确。

(4) 审查长期挂账应收账款。注册会计师应审查应收账款明细账及相关原始凭证，查找有无财务报表日后仍未收回的长期挂账应收账款，如有，应提请被审计单位作适当处理。

(5) 检查函证结果。对于债务人回函中反映的例外事项及存在争执的余额，注册会计师应查明原因并进行记录，必要时应建议被审计单位作相应调整。

(6) 执行分析程序。通过计算坏账准备余额占应收款项余额的比例，并和以前期间的相关比例核对，检查分析其重大差异，以发现有重要问题的审计领域。

(7) 确定坏账准备的披露是否恰当。企业应当在财务报表附注中清晰地说明坏账的确认标准、坏账准备的计提方法和计提比例，并应区分应收账款和其他应收款项目，按账龄披露坏账准备的期末余额。

复习思考题

1. 简述销售与收款循环设计的主要业务活动、主要凭证和会计记录。
2. 简述销售与收款循环内部控制的关键控制点。
3. 简述如何进行销售的截止测试。
4. 简述函证应收账款的审计内容。

第九章
采购与付款循环审计

教学目标

➢ 知识目标

1. 了解采购与付款循环涉及的业务活动，理解业务活动中的内部控制以及所涉及的记录、单据、主要财务报表项目。

2. 掌握采购与付款循环的控制测试。

3. 掌握应付账款、固定资产的审计目标和实质性程序。

➢ 能力目标

1. 运用控制测试的方法对采购与付款循环的内部控制进行测试。

2. 运用分析性程序对应付账款、固定资产进行异常分析。

3. 运用细节测试查找或发现应付账款、固定资产账户的重大错报。

➢ 素养目标

1. 运用采购环节中内控思维审视企业社会责任的缺失，提升职业操守。

2. 领悟审计工作对企业发展和国计民生的重要意义，推动审计工作高质量发展。

导入案例

*ST 金正财务造假案

2022 年，证监会《行政处罚决定书》(〔2022〕1 号)显示，2015 年至 2018 年上半年，金正大生态工程集团股份有限公司(以下简称金正大)及其合并报表范围内的部分子公司通过与其供应商、客户和其他外部单位虚构合同、空转资金，以及开展无实物流转的虚构贸易业务，累计虚增收入 2 307 345.06 万元、虚增成本 2 108 384.88 万元、虚增利润总额 198 960.18 万元。金正大披露的《2015 年年度报告》《2016 年年度报告》《2017 年年度报告》和《2018 年半年度报告》均存在虚假记载。2018 年 7 月至 2019 年 6 月，金正大作为出票人和承兑人，通过包商银行、中国民生银行、华夏银行、浙商银行等 4 家银行向临沂凡高农资销售有限公司等 7 家参与前述虚构贸易业务的公司开具商业承兑汇票，累计金额 102 800 万元。金正大对其开具的上述商业承兑汇票未进行账务处理，导致《2018 年年度报告》中虚减应付票据、其他应收款 92 800 万元,《2019 年半年度报告》中虚减应付票据、其他应收款 102 800 万元。

为解决大额预付账款余额、虚假暂估存货余额、消化存货盘亏问题,金正大通过领用虚假暂估入库的原材料和实际已盘亏的存货、虚构电费和人工费等方式虚构生产过程,虚增产成品 254 412.84 万元,并通过虚假出库过程,记入发出商品科目。同时,金正大还将从诺贝丰虚假采购并暂估入库的 65 302.33 万元货物也记入发出商品科目,最终形成发出商品 319 715.17 万元。上述情况导致金正大《2019 年年度报告》虚增存货 319 715.17 万元,虚增利润总额 14 181.26 万元,虚增负债(其他应付款、应付职工薪酬)1 435.84 万元。

资料来源:马靖昊说会计.上市公司财务造假十大典型案例[EB/OL].(2023-04-17)[2023-06-01].https://www.163.com/dy/article/I2IBCREC0519BJ61.html.

思考:在上述案例中,金正大通过明目张胆地操控预付账款与存货科目进行成本造假。那么,注册会计师在采购与付款循环审计中,应当如何对公司的采购真实性进行核查?在采购与付款循环审计中,又应当注意哪些要点?

第一节 采购与付款循环审计概述

一、不同行业类型的采购和费用支出

企业的采购与付款循环包括购买商品和劳务,以及企业在经营活动中为获取收入而发生的直接或间接的支出。采购业务是企业生产经营活动的起点,企业的支出从性质、数量和发生频率上看是多种多样的。不同的企业性质决定企业除了有一些共性的费用支出,还会发生一些不同类型的支出。

贸易业的支出有产品的选择和购买、产品的存储和运输、广告促销费用、售后服务费用等。

一般制造业的支出有产过程所需的设备支出,原材料、易耗品、配件的购买与存储支出,市场经营费用,把产成品运达顾客或零售商处发生的运输费用,管理费用等。

专业服务业的支出有律师、会计师、财务顾问的费用支出,其中包括印刷、通信、差旅费、电脑、车辆等办公设备的购置和租赁,书籍资料和研究设施的费用等。

金融服务业的支出有建立专业化的安全的计算机信息网络和用户自动存取款设备的支出,给付储户的存款利息,支付其他银行的资金拆借利息、手续费,现金存放、现金运送和网络银行设施的安全维护费用,客户关系维护费用等。

建筑业的支出有建材支出,建筑设备和器材的租金或购置费用,支付给分包商的费用,保险支出和安保成本,建筑保证金和许可审批方面的支出,交通费、通信费等。当在外地施工时,还会发生建筑工人的食宿费用等。

二、涉及的主要凭证和会计记录

购货与付款业务通常要经过"请购—订货—验收—付款"这样的程序,与销售和收款业务一样，在内部控制比较健全的企业，处理购货与付款业务通常也需要使用很多凭证和会计记录。典型的采购与付款循环审计所涉及的主要凭证和会计记录有以下几种：

（1）请购单。请购单是指由商品制造、资产使用等部门的有关人员填写，送交采购部门，申请购买商品、劳务或其他资产的书面凭证。

（2）订购单。订购单是指由采购部门填写，向另一企业购买订购单上所指定商品、劳务或其他资产的书面凭证。

（3）验收单。验收单是指收到商品、资产时所编制的凭证，列示从供应商处收到的商品、资产的种类和数量等内容。

（4）卖方发票。卖方发票是指供应商开具的，交给买方以载明发运的货物或提供的劳务、应付款金额和付款条件等事项的凭证。

（5）付款凭单。付款凭单是指采购方企业的应付凭单部门编制的，载明已收到商品、资产或接受劳务的厂商、应付款金额和付款日期的凭证。付款凭单是企业内部记录和支付负债的授权证明文件。

（6）转账凭证。转账凭证是指记录转账业务的记账凭证，它是根据有关转账业务（即不涉及现金、银行存款收付的各项业务）的原始凭证编制的。

（7）付款凭证。付款凭证包括现金付款凭证和银行存款付款凭证，是指用来记录现金和银行存款支出业务的记账凭证。

第二节　采购与付款循环的业务活动和相关内部控制

一、采购与付款循环的主要业务活动

一个企业内应按照内部控制中不相容职务相分离的原则，将各项职能活动指派给不同的部门或职员来完成。这样一来，每个部门或职员都可以独立检查其他部门和职员工作的正确性。下面以采购商品为例，分别阐述采购与付款循环所涉及的主要业务活动及其适当的控制程序。

（一）请购商品和劳务

仓库负责对需要购买的已列入存货清单的项目填写请购单，其他部门也可以对所需购买的未列入存货清单的项目编制请购单。大多数企业对正常经营所需物资的购买均作一般授权。例如，仓库在现有库存达到再订购点时就可直接提出采购申请，其他部门也可为正常的维修工作和类似工作直接申请采购有关物品。但对资本支出和租赁合同，企业则通常要求作特别授权，只允许指定人员提出请购。请购单可由手工或计算机编制。由于企业内不少部门都可以填列请购单，可能不便事先编号，为加强控制，每张请购单必须经过负预算责任的主管人员签字批准。

请购单是证明有关采购交易的“发生”认定的凭据之一，也是采购交易轨迹的起点。

（二）采购部门编制订购单

采购部门在收到请购单后，须对经过批准的请购单发出订购单。对于每张订购单，采购部门应确定最佳的供应来源。对一些大额、重要的采购项目,应采取竞价方式来确定供应商,以保证供货的质量、及时性,以及成本的低廉。

订购单应正确填写所需要的商品品名、数量、价格、厂商名和地址等,预先予以顺序编号并经过被授权的采购人员签名。其正联应送交供应商,副联送至企业内部的验收部门、应付凭单部门和编制请购单的部门。随后,应独立检查订购单的处理,以确定是否确实收到商品并正确入账。这项检查与采购交易的"完整性"认定有关。

(三) 验收商品,编制验收单

有效的订购单代表企业已授权验收部门接受供应商发运来的商品。验收部门首先应比较所收商品与订购单上的要求是否相符,如商品的品名、摘要、数量、到货时间等,其次盘点商品并检查商品有无损坏。

验收后,验收部门应对已收货的每张订购单编制一式多联且预先编号的验收单,作为验收和检验商品的依据。验收人员将商品送交仓库或其他请购部门时,应取得经过签字的收据,或要求其在验收单的副联上签收,以确保他们对所采购资产应负有的保管责任。验收人员还应将其中的一联验收单送交应付凭单部门。

验收单是支持资产、费用,以及与采购有关负债的"存在或发生"认定的重要凭证。定期独立检查验收单的顺序以确定每笔采购交易都已编制凭单,与采购交易的"完整性"认定有关。

(四) 储存已验收的商品存货

将已验收商品的保管与采购的其他职责相分离,可减少未经授权的采购和盗用商品的风险。存放商品的仓储区应相对独立,限制无关人员接近。

(五) 编制付款凭单(付款审批)

记录采购交易之前,应付凭单部门应编制付款凭单。这项控制包括:①购货发票内容与验收单、订购单一致;②购货发票计算是否正确地复核;③编制有预先编号的付款凭单,并附上订购单、验收单、购货发票;④独立检查付款凭单计算的正确性;⑤在付款凭单上填入应借记的资产或费用账户名称;⑥在凭单上签字批准,并按照此凭单要求付款。

(六) 确认与记录负债

企业会计应准确、及时地记录负债,以确认已验收货物和已接受劳务的债务。这要求应付凭单部门应将已批准的应付凭单及时送达会计部门,据以填制有关记账凭证和登记有关账簿。会计主管应定期核对记账凭证的填制日期与凭单日期,监督入账的及时性。独立检查人员应核对所记录的凭单总数与应付凭单部门送来的每日凭单汇总表是否一致,并定期检查应付账款总账余额与应付凭单部门未付凭单总金额的一致性。

(七) 付款

企业通常由应付凭单部门负责确定未付凭单在到期日付款,付款的方式可以采用现金、支票、本票和汇票等。用来付款的票据须由被授权的会计部门人员签署,同时还应独立检查采用非现金结算方式的货款,核对已签发票据的总额与所处理的付款凭单的总额是否一致。

(八) 记录现金、银行存款支出

付款后,会计部门应根据已签发的票据填制付款凭证,并据以登记银行存款日记账及其他相关账簿。同时，会计主管还应定期独立检查核对有关账簿之间以及账簿与票据之间金额、日期的一致性。

二、采购与付款循环的内部控制

采购与付款循环的内部控制主要包括以下几个方面。

(一) 职责分离控制

采购与付款循环中所需处理的主要业务有：确定生产和销售的需要；寻求能满足这些需要的供应商和最低的价格；向供应商发出购货订单；检验收到的货物；确定接受货物或向供应商退回货物；储存或使用货物；进行会计记录；核准付款等。在这些业务中，需要职务分离的有：生产和销售部门对原料、物品和商品的需要必须由生产或销售部门提出，采购部门购；付款审批人和付款执行人不能同时办理寻求供应商和索价业务；货物的采购人不能同时担任货物的验收工作；货物的采购、储存和使用人不能担任账务的记录工作；接受各种劳务的部门或主管这些业务的人应适当地与账簿记录人相分离；付款的审核人应与付款人的职务相分离；记录应付账款的人不能同时担任付款职务。

(二) 请购控制

提出货物和劳务的需要是采购环节的第一步，一个企业可以有不同的请购制度，对不同的需要有不同的确定和提出请购的方法。

(1) 原材料或零配件购进。一般由生产部门根据生产计划或即将签发的生产通知单提出请购单。材料保管人员接到请购单后，应将材料保管卡上记录的库存数量与生产部门需要的数量进行比较。当生产所需材料和仓储所需后备数量合计超过库存数量时，则应同意请购。

(2) 临时性物品的购进。通常由使用者(不须经过仓储部门)直接提出，由于这种需要很难列入计划之中，使用者在请购单上一般要对采购需要作出描述，解释其目的和用途。请购单须由使用者的部门主管审批同意，并须经资金预算的责任人同意签字后，采购部门才能办理采购手续。

(3) 经常性服务项目的请购。由同一服务机构或公司所提供的某些经常性服务项目，如公用事业、报纸杂志、保安等服务项目，请购手续的处理通常是一次性的。当使用者最初需要这些服务时，应提出请购单，由负责资金预算的部门进行审批。

(4) 特殊服务项目的请购。确定如保险、广告、法律和管理咨询服务等特殊项目的需要，一般由企业最高负责人审批。可参照过去的服务质量和收费标准，分析由专人提出的需要内容，包括选定的保险公司、广告商、会计师事务所，以及费用水平等是否合理，经批准后，这些特殊服务项目的采购才能进行。

(三) 订货控制

无论何种需要的请购，采购部门在收到请购单后，在最终发出购货订单之前，都应明确订购多少、向谁订购、何时购货等问题。

(1) 在订购多少的控制方面，采购部门首先对每一份请购单审查其请购数量是否在控制限额的范围内，其次是检查使用物品和获得劳务的部门主管是否在请购单上签字同意。对于需大量采购的原材料、零配件等，必须进行各种采购数量对成本影响的成本分析，其内容是将各种请购项目进行有效归类，利用经济批量法测算成本。

（2）关于向谁订购，采购部门在正式填制购货订单前，必须向不同的供应商（通常要求两家以上）索取供应物品的价格、质量指标、折扣、付款条件以及交货时间等资料，比较不同供应商所提供的资料，选择最有利于企业生产和成本最低的供应商，与其签订合同。

（3）关于何时订货的问题，主要由存货管理部门（而不是采购部门）运用经济批量法和分析最低存货点来解决。当请购单已提出，采购部门应对这些请购单的处理结果及时告知仓储和生产部门。

在上述三个方面的决定作出之后，采购部门应及时填制购货订单，并对其进行控制，主要包括：预先对每份订单进行编号；在购货订单向供应商发出前，必须由专人检查该订单是否得到授权人的签字；由专人复查购货订单的编制过程和内容；购货订单的副本应递交给请购、保管和会计部门等。

（四）验收控制

货物的验收应由独立于请购、采购和会计部门的人员来承担，其控制责任是检验收到货物的数量和质量。

（1）对于数量，验收部门在货运单上签字之前，应通过计数、过磅或测量等方法来证明货运单上所列数量，并要求两个收货人在收货报告单上签字。

（2）对于质量，验收部门应检验有无因运输损失而导致的缺陷，在货物质量检验需要有较高的专业知识或者必须经过仪器、实验才能进行的情况下，收货部门应将部分样品送交专家和实验室以对其质量进行检验。

（3）每一项收到的货物必须在检验以后填制包括供应商名称，收货日期，货物名称、数量、质量，运货人名称，以及原购货订单编号等内容的收货报告单，并及时报告请购、购货

（五）应付账款控制

任何应付账款上的不正确记录和不按时偿还该债务，都会导致交易双方不必要的债务纠纷。对应付账款的控制有：应付账款的记录必须由独立于请购、采购、验收、付款的员工来进行；应付账款的入账必须在取得和审核各种必要的凭证以后才能进行；对于有预付货款的交易，在收到供应商发票后，应将预付金额冲抵部分发票金额来记录应付账款；必须分别设置应付账款的统一账户和明细分类账；对于享有折扣的交易，应根据供应商发票金额减去折扣金额的净额登记应付账款；每月应将应付账款明细账与客户的对账单进行核对。

（六）付款控制

（1）支票准备。支票准备应独立于采购、付款确认和函证程序，所有付款都应有事前编号的支票，对已签发的支票应将其原始凭证加盖“已付款”印章，避免重复付款，尽可能使用有安全保障的支票书写器或电脑生成的支票，对于空白支票应安全存放，作废的支票应立即注销等。

（2）支付。付款前，应复核客户发票上的数量、价格、合计数，以及折扣条件等，核对支票的金额，采购和付款应有各自独立的签名，对支票应采取函寄或其他安全方式送交。

（3）会计处理。会计部门应及时记录付款业务，定期核对总账的分类账及日记账，注意未付账款，检查应付账款的明细账和有关文件，以防失去可能的现金折扣。

第三节／采购与付款循环重大错报风险的评估

一、采购与付款循环存在的重大错报风险

注册会计师基于在了解被审计单位及其环境的整个过程中所识别的相关风险，结合对采购与付款循环中拟测试控制的了解，考虑在采购与付款循环中发生错报的可能性，以及潜在错报的重大程度是否足以导致重大错报，从而评估采购与付款循环的相关交易和余额存在的重大错报风险，为设计和实施进一步审计程序提供基础。

影响采购与付款交易和余额的重大错报风险可能包括以下几点。

（一）低估负债或相关准备

在承受反映较高盈利水平和营运资本的压力下，被审计单位管理层可能试图低估应付账款等负债或资产相关准备，包括低估对存货应计提的跌价准备。重大错报风险常常集中体现在：

（1）遗漏交易，如未记录已收取货物但尚未收到发票的采购相关的负债、未记录尚未付款但已经购买的服务支出等。

（2）采用不正确的费用支出截止期限，如将本期的支出延迟到下期确认。

（3）将应当及时确认损益的费用性支出资本化，通过资产的逐步摊销予以消化等。这些将对完整性、截止、发生、存在、准确性和分类认定产生影响。

（二）管理层错报负债费用支出的偏好和动因

被审计单位管理层可能为了完成预算、满足业绩考核要求、保证从银行获得资金、吸引潜在投资者、误导股东、影响公司股价等动机，通过操纵负债和费用的确认控制损益。例如：

（1）平滑利润。通过多计准备或少负债和准备，把损益控制在被审计单位管理层希望的程度。

（2）利用特别目的实体把负债从资产负债表中剥离，或利用关联方之间的费用定价优势制造虚假的收益增长趋势。

（3）被审计单位管理层把私人费用计入企业费用，把企业资金当作私人资金运作。

（三）费用支出的复杂性

被审计单位以复杂的交易安排购买一定期间的多种服务，管理层对于涉及的服务收益与付款安排所涉及的复杂性缺乏足够的了解，可能导致费用支出分配或计提的错误。

（四）不正确地记录外币交易

当被审计单位进口用于出售的商品时，可能采用不恰当的外币汇率而导致该项采购的记录出现差错。此外，还存在未能将诸如运费、保险费和关税等与存货相关的进口费用进行正确分摊的风险。

（五）舞弊和盗窃的固有风险

如果被审计单位经营大型零售业务，由于所采购商品和固定资产的数量及支付的款项

庞大、交易复杂，容易造成商品发运错误，员工和客户发生舞弊和盗窃的风险较高。如果那些负责付款的会计人员有权接触应付账款主文档，并能够通过在应付账款主文档中擅自添加新的账户来虚构采购交易，风险也会增加。

（六）存在未记录的权利和义务

被审计单位存在未记录的权利和义务，可能导致其资产负债表分类错误，以及财务报表附注不正确或披露不充分。

如前所述，为评估重大错报风险，注册会计师应详细了解有关交易或付款的内部控制，这些控制主要是预防、检查和纠正前面所认定的重大错报的固有风险而设置的。注册会计师可以通过审阅以前年度审计工作底稿、观察内部控制执行情况、询问管理层和员工、检查相关的文件和资料等方法对内部控制加以了解。对相关文件和资料的检查可以提供审计证据，如通过检查供应商对账表和银行对账单能够发现差错并加以纠正。

在评估重大错报风险时，注册会计师需要充分了解被审计单位对采购与付款交易的控制活动，目的在于使得计划实施的审计程序更加有效。也就是说，注册会计师必须对被审计单位的重大错报风险有一定认识，在此基础上设计并实施进一步审计程序，才能有效应对重大错报风险。

二、根据重大错报风险的评估结果设计进一步审计程序

针对评估的财务报表层次重大错报风险，注册会计师应计划进一步审计程序的总体方案，包括确定针对相关认定计划采用综合性方案或实质性方案，以及考虑审计程序的性质、时间安排和范围。当存在下列情形之一时，注册会计师应当设计和实施控制测试：

（1）在评估认定层次重大错报风险时，预期企业的内部控制的运行是有效的，即在确定实质性程序的性质、时间安排和范围时，注册会计师拟信赖被审计单位内部控制运行的有效性。

（2）仅实施实质性程序并不能够提供认定层次充分、适当的审计证据。

综合控制测试及实质性程序，注册会计师需要评价获取的审计证据是否足以应对识别出的认定层次重大错报风险。表 9-1 假定评估应付账款为重要账户，并且在相关认定包括存在或发生、完整性、准确性、截止、计价和分摊的前提下，注册会计师计划的进一步审计程序的总体方案。

表 9-1　　采购与付款循环的重大错报风险及进一步审计程序的总体方案

重大错报风险描述	相关的财务报表项目及认定	风险程度	是否信赖控制	进一步审计程序总体方案	拟通过控制测试中获取的保证程度	拟从实质性程序中获取的保证程度
确认的负债及费用并未实际发生	应付账款、其他应付款：存在；销售费用、管理费用：发生	一般	是	综合性	高	低
不计提采购相关的负债或不计提尚未付款的已经购买的服务支出	应付账款、其他应付款：完整；销售费用、管理费用：完整性	特别	是	综合性	高	中

（续表）

重大错报风险描述	相关的财务报表项目及认定	风险程度	是否信赖控制	进一步审计程序总体方案	拟通过控制测试中获取的保证程度	拟从实质性程序中获取的保证程度
采用不正确的费用支出截止期，如将本期的支出延迟到下期确认	应付账款、其他应付款：存在和完整性；销售费用、管理费用：截止	一般	否	实质性	无	高
发生的采购未能以正确的金额记录	应付账款、其他应付款：准确性、计价和分摊；销售费用、管理费用：准确性	一般	是	综合性	高	低

需要说明的是，表 9-1 是根据注册会计师对重大错报风险的初步评估编制的，如果在审计过程中注册会计师了解的情况或获取的证据导致其更新相关风险的评估，则注册会计师需要执行的进一步审计程序也需要相应更新。例如，如果注册会计师通过控制测试发现被审计单位针对计价认定的相关控制存在缺陷，导致其需要提高对相关控制风险的评估水平，则注册会计师可能需要提高相关重大错报风险的评估水平，并进一步修改实质性审计程序的性质、时间安排和范围。

第四节 / 采购与付款循环的控制测试

本节以第二节“采购与付款循环的业务活动和相关内部控制”及“表 9-1 采购与付款循环的重大错报风险描述和进一步审计程序的总体方案”为基础，进一步举例说明采购与付款循环中常见内部控制的具体测试方法。需要说明的是，如本章第三节“采购与付款循环重大错报风险的评估”所述，是否执行如本节示例的控制测试是注册会计师根据其风险评估确定的。在一些情况下，如被审计单位的采购是根据 IT 系统事先设定的规则（包括购买的商品及数量）自动发起的，付款也是根据收到商品后系统设置的付款期限自动确定的，该过程在除 IT 系统之外没有其他相关凭据的情形下，注册会计师可能判断无法仅通过执行实质性程序获取充分、适当的审计证据。在另一些情况下，是否执行本节所述的控制测试则是注册会计师根据审计效率作出的总体判断。如果采取依赖于有效的内部控制减少实质性程序的方法，比仅依赖于实质性程序更能够提高审计的总体效率，则选择执行控制测试就是适当的。另外，有效的内部控制仅能降低而不能消除重大错报风险，因此，仅依赖控制测试而不执行实质性程序也不能为相关的重要账户及其认定提供充分、适当的审计证据。注册会计师还需要根据本章第五节“采购与付款循环的实质性程序”的指引，设计和执行实质性程序。采购与付款循环的风险、内部控制和控制测试程序如表 9-2 所示。

表 9-2 采购与付款循环的风险、内部控制和控制测试程序

风险	主要相关认定	自动化控制示例	人工控制示例	内部控制测试程序
新增供应商或供应商信息变更未经恰当的认证	存货:存在 其他费用:发生 应付账款:存在	采购订单上的供应商代码必须在系统供应商清单中存在匹配的代码,才能生效并发送供应商	复核人复核并批准每一对供应商数据的变更请求,包括供应商地址、银行账户的变更,以及新增供应商等	(1) 询问复核人复核供应商数据变更请求的过程。 (2) 抽样检查变更需求是否有相关文件支持及有复核人的复核确认。 (3) 检查系统中采购订单的生成逻辑
采购订单与有效的请购单不符	存货:存在、准确性、计价和分摊 其他费用:发生、准确性 应付账款:存在、准确性、计价和分摊	—	(1) 复核人复核采购订单是否有经适当权限人员签署的请购单支持。 (2) 复核人确认采购订单的价格与供应商协商一致且该供应商已通过审批	(1) 询问复核人复核采购订单的过程,包括复核人提出的问题及其跟进记录。 (2) 抽样检查采购订单是否有对应的请购单及复核人签署确认
接收了缺乏有效采购订单或未经验收的商品	应付账款:存在、完整性 存货:存在、完整性 其他费用:发生、完整性	入库确认后,系统生成连续编号的入库单	收货人员只有完成以下程序后才能在系统中确认商品入库: (1) 检查是否存在有效的采购订单。 (2) 检查是否存在有效的验收单。 (3) 检查收到的货物的数量是否与发货单一致	(1) 检查系统入库单编号的连续性。 (2) 询问收货人员的收货过程,抽样检查入库单是否有对应一致的采购订单及验收单
临近会计期末的采购未被记录在正确的会计期间	应付账款:存在、完整性 存货:存在、完整性 其他费用:发生、完整性	系统每月末生成包含所有已收货但相关发票未录入系统货物信息的例外报告	复核人复核该例外报告中的项目,确定采购是否被记录在正确的期间以及负债计提是否有效	(1) 检查系统例外报告的生成逻辑。 (2) 询问复核人对报告的复核过程,核对报告中的采购是否计提了相应负债,检查复核人的签署确认
批准付款的发票上存在价格、数量错误或劳务尚未提供的情形	应付账款:完整性、准确性、计价和分摊 存货:完整性、准确性、计价和分摊	当入库单录入系统后,系统将其与采购订单进行核对。当发票录入系统后,系统将其详细信息与采购订单及入库单进行核对。对不符事项生成例外报告	负责应付账款且无职责冲突的人员负责跟进例外报告中的所有项目。只有当不符信息从例外报告中消除后,发票才可以付款	(1) 检查系统报告的生成逻辑。 (2) 与复核人讨论其复核过程,抽样选取例外报告。检查是否存在复核的证据、复核人提出问题的跟进是否适当等。 (3) 抽样选取采购发票,检查是否与入库单和采购订单所记载的价格、供应商、日期、描述和数量一致

第五节 采购与付款循环的实质性程序

一、应付账款审计

应付账款是企业在正常经营过程汇总，因购买材料、商品或接受劳务供应等而应付给供应单位的款项。可以看出，应付账款业务是随着企业赊购交易的发生而发生的，注册会计师应结合采购业务实施应付账款审计。

(一) 应付账款审计的目标

应付账款审计的目标一般包括：确定期末应付账款是否存在；确定期末应付账款是否为被审计单位应履行的偿还义务；确定应付账款的发生和偿还记录是否完整；确定应付账款期末余额是否正确；确定应付账款在财务报表上的披露是否恰当。

(二) 应付账款的实质性程序

(1) 获取或编制应付账款明细表，复核加计正确，并与报表数、总账数和明细账合计数核对是否相符。

(2) 根据被审计单位实际情况，选择以下方法对应付账款实施分析程序：

第一，对本期期末应付账款余额与上期期末余额进行比较。分析其波动原因。

第二，分析长期挂账的应付账款，要求被审计单位作出解释，判断被审计单位是否缺乏偿债能力或利用应付账款隐瞒利润。

第三，计算应付账款对存货的比率、应付账款对流动负债的比率，并与以前期间对比分析，评价应付账款整体的合理性。

第四，根据存货、营业成本的增减变动幅度，判断应付账款增减变动的合理性。

(3) 函证应付账款。一般情况下，应付账款不需要函证，这是因为函证不能保证查出未记录的应付账款，并且注册会计师能够取得购货发票等外部凭证来证实应付账款的余额。但如果控制风险较高，某些应付账款明细账户金额较大或被审计单位处于财务困难阶段，则应进行应付账款的函证。

(4) 查找未入账的应付账款。为了防止企业低估负债，注册会计师应检查被审计单位有无故意漏记应付账款的行为。注册会计师应检查被审计单位在资产负债表日未处理的不相符的购货发票(如抬头不符，与合同某项规定不符等)及有材料入库凭证但未收到购货发票的经济业务；检查资产负债表日后应付账款明细账贷方发生额的相应凭证，确认其入账时间是否正确。检查时，注册会计师还可以询问被审计单位的会计和采购人员，查阅资本预算、工作通知单和基建合同。

如果注册会计师通过这些审计程序发现某些未入账的应付账款，应将有关情况详细记入审计工作底稿，根据其重要性水平确定是否需要建议被审计单位作相应调整。

(5) 检查应付账款是否存在借方余额。如有，应查明原因，必要时建议被审计单位作重分类调整。

(6) 结合预付账款的明细余额，查明是否有应付账款和预付账款同时挂账的项目；结合其他应付款的明细余额，查明是否有不属于应付账款的其他应付款。

(7) 检查应付账款长期挂账的原因，并作出记录，注意其是否可能发生呆账收益。

(8) 查明应付账款在资产负债表中的披露是否恰当。一般来说，“应付账款”项目应根据“应付账款”和“预付账款”科目所属明细科目的期末贷方余额的合计数填列。

在完成应付账款审计程序之后，注册会计师需要完成应付账款审计工作底稿。应付账款审定表如表 9-3 所示。

表 9-3　　应付账款审定表

客户名称：　　编制人：　　日期：
截止日：　　复核人：　　日期：

一、按照性质分类

项目	期初数				期末数				本期未审数与上期未审数的比较		本期审定数与上期审定数的比较		原因分析
	未审数	账项调整	重分类调整	审定数	未审数	账项调整	重分类调整	审定数	变动额	变动率	变动额	变动率	
										0		0	
										0		0	
										0		0	
										0		0	
										0		0	
合计										0		0	

二、按照账龄分类

项目	期初数				期末数				本期未审数与上期未审数的比较		本期审定数与上期审定数的比较		原因分析
	未审数	账项调整	重分类调整	审定数	未审数	账项调整	重分类调整	审定数	变动额	变动率	变动额	变动率	
1 年以内(含 1 年)										0		0	
1 年至 2 年(含 2 年)										0		0	
2 年至 3 年(含 3 年)										0		0	

（续表）

项目	期初数				期末数				本期未审数与上期未审数的比较		本期审定数与上期审定数的比较		原因分析
	未审数	账项调整	重分类调整	审定数	未审数	账项调整	重分类调整	审定数	变动额	变动率	变动额	变动率	
3年以上										0		0	
										0		0	
合计										0		0	

二、固定资产审计

对于固定资产审计，一方面由于固定资产使用期长、价位大、更新慢，增减变化发生的频率较之流动资产来说要小得多，发生数量上的差错或弊端也较少，审计人员在制订整个审计计划时，通常安排用于固定资产审计的时间较少，审计程序和方法也比较简单。另一方面由于固定资产单位价值高，其价值总额在资产总额中一般都占有较大比重，固定资产的安全与完整对企业的生产经营影响极大，对固定资产的审计又必须予以高度重视。另外，固定资产审计通常会涉及累计折旧审计。

固定资产审计的范围很广。固定资产项目反映企业所有固定资产的原价，累计折旧项目反映企业固定资产的累计折旧数额，这两项无疑属于固定资产的审计范围。除此之外，固定资产的增加包括购置、自行建造、投资者投入、融资租入、更新改造、以非现金资产抵偿债务方式取得或以应收债权换入、以非货币性交易换入、经批准无偿调入、接受捐赠和盘盈等多种途径，相应涉及银行存款、应付账款、预付账款、在建工程、股本、资本公积、长期应付款、递延税款等项目；企业的固定资产又因出售、报废、投资转出、捐赠转出、抵债转出、以非货币性交易换出、无偿调出、毁损和盘亏等原因而减少，与固定资产清理、其他应收款、资产处置损益、营业外收入和营业外支出等项目有关；企业按月计提固定资产折旧，又与制造费用、营业费用、管理费用等项目联系在一起，因此，在进行固定资产审计时，应当关注这些相关项目。

（一）固定资产审计的目标

固定资产审计的目标一般包括：确定固定资产是否存在；确定固定资产是否归被审计单位所有；确定固定资产及累计折旧增减变动的记录是否完整；确定固定资产的计价和折旧政策是否恰当；确定固定资产的期末余额是否正确；确定固定资产在财务报表上的披露是否恰当。

（二）固定资产的实质性程序

（1）索取或编制固定资产及累计折旧分类汇总表。固定资产及累计折旧分类汇总表是分析固定资产账户余额变动情况的重要依据，是固定资产审计的重要工作底稿，注册会计师应注意验证固定资产明细账与总账的金额是否相符，如果不符，则应将明细分类账与有关的原始凭证进行核对，查出差异原因并予以更正。对于各项固定资产的累计折旧，注册会计师也要加计汇总与总账核对，揭示并查明差异原因，予以更正。核对无误后，索取或编制固定资产及累计折旧分类汇总表。

(2) 实施分析程序。根据被审计单位业务的性质，选择以下方法对固定资产实施分析程序：

第一，计算固定资产原值与本期产品产量的比率，并与以前期间作比较，以发现闲置固定资产或已减少固定资产未在账户上注销的问题。

第二，计算本期计提折旧额与固定资产总成本的比率，将此比率与上期作比较，旨在发现本期折旧额计算上的错误。

第三，计算累计折旧与固定资产总成本的比率，将此比率与上期作比较，旨在发现累计折旧核算上的错误。

第四，比较本期各月之间、本期与以前各期之间的修理及维护费用，旨在发现资本性支出和收益性支出区分上可能存在的错误。

第五，比较本期与以前各期固定资产的增减情况。由于被审计单位的生产经营情况在不断变化，各期之间固定资产增加和减少的数额可能有很大相关性。注册会计师应当深入分析其差异，并根据被审计单位以往和今后的生产经营趋势，判断差异产生的原因是否合理。

第六，分析固定资产的构成及增减变动情况，与在建工程、现金流量表、生产能力等相关信息交叉复核，检查固定资产相关金额的合理性和准确性。

(3) 固定资产增加的审查。被审计单位如果不能正确核算固定资产的增加，将对资产负债表和利润表产生长期的影响。因此，审计固定资产的增加，是固定资产实质性程序中的重要内容。固定资产的增加有购置、自制自建、投资者投入、更新改造增加、债务人抵债增加等多种途径。注册会计师的审计重点如下：

第一，审查固定资产增加是否列入计划、是否合法。

第二，审查固定资产的计价是否符合规定。固定资产计价的正确与否影响折旧的提取、成本的计算，要认真审查。固定资产计价一般以历史成本为标准，历史成本即企业为取得某项固定资产，按其全新状态所应支付的全部货币金额。但固定资产增加的途径不同，其原始价值计算方法也不同。例如，投资转入的固定资产可按评估或合同、协议约定的价格入账，捐赠固定资产可按市价入账，盘盈固定资产可按重置完全价值入账等。注册会计师在审核固定资产计价时，应区别不同情况，逐项仔细审查。

第三，审查固定资产的所有权是否归属企业。注册会计师对于房地产类的固定资产，应查明所有权或使用权的证明文件；对融资租入的固定资产，应验证有关合同，证实其非经营租赁；对汽车等运输设备，应验证有关准购证和执照等，证实其非租入。

(4) 固定资产减少的审查。企业固定资产的减少大致通过出售、报废、毁损、向其他单位投资转出、盘亏等方式。为了保护固定资产的安全和完整，必须对固定资产的减少进行严格的审查，从而确定固定资产减少的合理性、合法性。由于固定资产减少的原因不同，注册会计师在审查时应区别不同情况，抓住审计重点。注册会计师的审计重点如下：

第一，审查减少固定资产的批准文件。

第二，审查减少固定资产是否进行技术检验或评估。

第三，审查减少固定资产的会计账务处理是否正确，累计折旧是否冲销。

第四,审查减少固定资产的净损益,验证其正确性与合法性,并与“银行存款”“营业外收支”“资产处置损益”“投资收益”等有关账户进行核对。

(5) 对固定资产进行实地观察。实施实地观察审计程序时,注册会计师可以以固定资产明细分类账为起点,进行实地追查,以证明会计记录中所列固定资产确实存在,并了解其目前的使用状况;也可以以实地为起点,追查至固定资产明细分类账,以获取实际存在的固定资产均已入账的证据。

当然,注册会计师实地观察的重点是本期新增加的重要固定资产,有时观察范围也会扩展到以前期间增加的固定资产。观察范围的确定需要依据被审计单位内部控制的强弱、固定资产的重要性和注册会计师的经验来判断。如果为初次审计,则应适当扩大观察范围。

(6) 调查未使用和不需用的固定资产。注册会计师应调查被审计单位有无已完工或已购建但尚未交付使用的新增固定资产、因改建扩建等原因暂停使用的固定资产,以及多余或不适用的需要进行处理的固定资产,如有,则应作彻底调查,以确定其是否真实。同时,还应调查未使用、不需用固定资产的购建启用及停用时点,并进行记录。

(7) 检查固定资产的抵押、担保情况。结合对银行借款等的检查,了解固定资产是否存在抵押、担保情况。如存在,应取证、记录,并提请被审计单位作必要披露。

(8) 检查固定资产是否已在资产负债表中恰当地披露。财务报表附注通常应说明固定资产的标准、分类、计价方法和折旧方法,各类固定资产的预计使用年限、预计净残值和折率,分类别披露固定资产在本期的增减变动情况,并应披露用作抵押、担保和本期从在建工程转入数、本期出售固定资产数、本期置换固定资产数等情况。

三、累计折旧审计

企业计提固定资产折旧,是为了把固定资产的成本分配于各个收益期。实现期间收入与费用的正确配比。折旧核算是一个成本分配过程,因而折旧计提和核算的正确性、合规性就成了固定资产审计中一项重要的内容。对固定资产折旧的审查,就是为了确定固定资产折旧的计算、提取和分配是否合法与公允。

(一) 累计折旧审计的目标

固定资产折旧的特性决定了累计折旧审计的主要目标是:确定折旧政策和方法是否符合企业会计准则的规定;确定累计折旧增减变动的记录是否正确、完整;确定折旧费用的计算、分摊是否正确、合理;确定累计折旧的期末余额是否正确;确定累计折旧在财务报表上的披露是否恰当。

(二) 计提折旧的实质性程序

(1) 编制或索取固定资产及累计折旧分类汇总表。注册会计师应通过编制或索取固定资产及累计折旧分类汇总表,了解被审计单位固定资产的折旧计提情况,在此基础上,对表内有关数字进行加计复核,并与报表数、总账和明细账进行核对。

(2) 对固定资产累计折旧实施分析程序。注册会计师首先应对本期增加和减少固定资产、使用年限长短不一和折旧方法不同的固定资产做适当调整。其次,用应计提折旧的固定资产乘以本期的折旧率,如果总的计算结果与被审计单位的折旧总额相近,并且固定资产及累计折旧内部控制较健全时,则可以适当减少累计折旧和折旧费用的其他实质性测试工作量。

注册会计师还应计算本期计提折旧额占固定资产原值的比率并与上期作比较，分析本期折旧计提额的合理性和准确性；计算累计折旧额占固定资产原值的比率，评估固定资产的老化率，并估计因闲置、报废等原因可能发生的固定资产损失。

（3）审查被审计单位固定资产折旧政策的执行情况。注册会计师主要应检查折旧范围、折旧方法是否符合企业会计准则的规定，如有无扩大或缩小固定资产折旧范围、随意变更固定资产折旧方法的问题。

（4）审查固定资产折旧计算和分配。注册会计师应审阅、复核固定资产折旧计算表，并对照记账凭证、固定资产卡片和固定资产分类表，通过核实月初固定资产原值、分类和个别折旧率，复算折旧额的计算是否正确，折旧费用的分配是否合理，分配方法与上期是否一致。

（5）审查折旧计入成本的合理性。将"累计折旧"账户贷方的本期计提折旧额与相应的成本费用中的折旧费用明细账户的借方进行比较，以查明所计提折旧金额是否全部摊入本期产品成本费用。一旦发现差异，应及时追查原因，并考虑是否应建议被审计单位做适当调整。

（6）检查累计折旧的披露是否恰当。被审计单位应在其财务报表附注中按固定资产类别列示累计折旧期初金额、本期计提额、本期减少额及期末余额。

四、固定资产减值准备审计

固定资产的可收回金额低于其账面价值称为固定资产减值。可收回金额应当根据固定资产的公允价值减去处置费用后的净额与资产预计未来现金流量的现值两者之间的较高者确定。

（1）企业如果存在下列迹象，表明其固定资产可能发生了减值：

第一，固定资产的市价当期大幅度下跌，跌幅明显高于因时间的推移或正常使用而预计的下跌。

第二，企业经营所处的经济、技术或者法律等环境，以及固定资产所处的市场在当期或者将在近期发生重大变化，从而对企业产生不利影响。

第三，市场利率或者其他市场投资回报率在当期已经提高，从而影响企业计算固定资产预计未来现金流量现值的折现率，导致固定资产可收回金额大幅度降低。

第四，有证据表明固定资产陈旧过时或者其实体已经损坏。

第五，固定资产已经被闲置、终止使用或者计划提前处置。

第六，企业内部报告的证据表明固定资产的经济绩效已经低于或者将低于预期，如固定资产所创造的净现金流量或者实现的营业利润远远低于预计金额等。

第七，其他表明固定资产可能已经发生减值的迹象。

如果固定资产存在上述迹象，导致其可收回金额低于账面价值的，应当将固定资产的账面金额减记至可收回金额，将减记的金额确认为固定资产减值损失，计入当期损益，同时计提相应的固定资产减值准备。

（2）注册会计师对固定资产减值准备的实质性程序一般包括：

第一，获取或编制固定资产减值准备明细表，复核加计正确，并与总账数和明细账合计数核对相符。

第二，检查固定资产减值准备计提和核销的批准程序，取得书面报告等证明文件。

第三，检查被审计单位计提固定资产减值准备的依据是否充分及会计处理是否正确。

第四，检查资产组的认定是否恰当，计提固定资产减值准备的依据是否充分，会计处理是否正确。

第五，实施分析程序，计算本期末固定资产减值准备占期末固定资产原值的比率，并与期初数作比较，分析固定资产的质量状况。

第六，检查被审计单位处置固定资产时原计提的减值准备是否同时结转，会计处理是否正确。

第七，检查是否存在转回固定资产减值准备的情况。按照企业会计准则的规定，固定资产减值损失一经确认，在以后会计期间不得转回。

第八，确定固定资产减值准备的披露是否恰当。如果企业计提了固定资产减值准备，应当在财务报表附注中披露：当期确认的固定资产减值损失金额；企业提取的固定资产减值准备累计金额。

在审计固定资产、累计折旧以及固定资产减值准备时，审计人员需要编制固定资产审定表，检查固定资产的分类是否正确，复核加计正确，并与报表数、总账数进行核对。固定资产的审计与累计折旧、固定资产减值准备审计勾稽关系密切，只有在完成固定资产、累计折旧及固定资产减值准备后，才能完成固定资产审定表的编制。固定资产审定表如表 9-4 所示。

表 9-4　　固定资产审定表

被审计单位名称：　　索引号：
项目：固定资产审定表　　财务报表截止日：
编制：　　复核：
日期：　　日期：

项目名称	期末未审数	账项调整		重分类调整		期末审定数	上期末审定数	索引号
		借方	贷方	借方	贷方			
一、固定资产原价合计								
其中：房屋及建筑物								
铁路设施								
机器设备								
运输设备								
电子设备								
其他设备								
二、累计折旧合计								
其中：房屋及建筑物								
铁路设施								
机器设备								
运输设备								

（续表）

项目名称	期末未审数	账项调整		重分类调整		期末审定数	上期末审定数	索引号
		借方	贷方	借方	贷方			
电子设备								
其他设备								
三、减值准备合计								
其中：房屋及建筑物								
铁路设施								
机器设备								
运输设备								
电子设备								
其他设备								
四、账面价值合计								
其中：房屋及建筑物								
铁路设施								
机器设备								
运输设备								
电子设备								
其他设备								
审计说明及调整分录：								
审计结论：								

复习思考题

1. 注册会计师甲在审计D公司的年度财务报表时，注意到和采购与付款循环相关的内部控制存在缺陷。他认为D公司在资产负债表日故意推迟记录发生的应付账款，于是决定实施审计程序进一步查找未入账的应付账款。请问注册会计师甲应如何查找未入账的应付账款？

2. 注册会计师通过采用分析程序对被审计单位的固定资产进行分析，可以发现哪些问题和错误？

3. 试述固定资产减值准备的实质性程序。

第十章
生产与存货循环审计

教学目标

➢ 知识目标

1. 了解生产与存货循环的主要业务活动、凭证、记录以及相关的内部控制活动。
2. 熟悉生产与存货循环的关键控制点。

➢ 能力目标

1. 能够运用控制测试方法，评价生产与存货相关内部控制情况，初步评价内部控制运行是否有效。

2. 培养学生审计分析能力，能够运用实质性程序和细节测试对不同行业的存货实物及计价进行测试。

➢ 素养目标

基于不同行业存货的特殊性，关注注册会计师生产与存货循环审计的审计质量和其专业胜任能力，培养学生的执业责任感。

导入案例

扇贝逃走之谜

獐子岛成立于1992年，主营虾夷扇贝、海参、鲍鱼等海产品育苗、养殖、加工、销售等业务，于2006年在深交所挂牌上市，被称为“水产第一股”。

2014年、2015年獐子岛连续2年亏损，于2016年5月被实施退市风险警示，又因为2016年净利润扭亏为盈于2017年3月撤销退市风险警示。獐子岛刚从退市边缘拯救回来，2017年扇贝又饿死了，业绩又亏损。2018年，獐子岛通过出售资产等手段让业绩转正，没想到2019年扇贝继续死亡，业绩又一次亏损。

频繁“出逃”的扇贝引起了证监会的关注，因獐子岛涉嫌信息披露违法违规，2018年2月，证监会决定对公司立案调查。经过2年多的调查，证监会借助北斗卫星导航系统，对獐子岛27条采捕船只数百余万条海上航行定位数据进行分析，并委托两家第三方专业机构运用计算机技术还原了采捕船只的真实航行轨迹，复原了獐子岛最近2年真实的采捕海域，从而确定实际采捕面积，并据此认定獐子岛公司成本、营业外支出、利润等存在虚假。2020 年 9 月 11 日，证监会官方发布消息，獐子岛及相关人员的造假把戏被揭穿。

资料来源：杜一兰. 扇贝“跑路”？獐子岛奇葩造假被查，股民损失谁埋单？[EB/OL]. (2020-10-09)[2022-05-28]. http://www.inewsweek.cn/finance/2020-10-09/10556.shtml.

思考：存货是企业资产的重要组成部分，在本案例中，面对獐子岛经营特点和存货的特殊性，注册会计师应该如何按照审计程序实施审计？如何利用专家的工作？如何保持审计独立性和应有的专业胜任能力？

第一节 生产与存货循环审计概述

一、存货的性质

存货的性质由于被审计单位业务的不同而有很大的差别。存货是企业的重要资产，存货的采购、使用和销售和企业的经营活动紧密相关，对企业的财务状况和经营成果具有重大而广泛的影响。注册会计师应当确认在财务报表中列示的存货金额是否正确（存在、完整性、计价和分摊认定）、是否归被审计单位所有（权利和义务认定），期末计价是否准确（计价和分摊认定），存货购入的和发出交易是否计入正确的会计期间（截止认定）。

原材料的采购入库在采购与付款循环中涉及，产成品的出库销售在销售与收款循环中涉及，本书侧重于原材料入库之后至产成品发出之间的业务活动。

二、涉及的主要凭证与会计记录

在内部控制比较健全的企业，处理生产和存货业务通常需要使用很多单据与会计记录。典型的生产与存货循环审计所涉及的主要单据与会计记录有以下几种。

（一）生产指令

生产指令又称生产任务通知单或生产通知单，是企业下达制造产品等生产任务的书面文件，用以通知供应部门组织材料发放，生产车间组织产品制造，会计部门组织成本计算。广义的生产指令包括用于指导产品加工的工艺规程，如机械加工企业的“路线图”等。

（二）领发料凭证

领发料凭证是企业为控制材料发出所采用的各种凭证，如材料发出汇总表、领料单、限额领料单、领料登记簿、退料单等。

（三）产量和工时记录

产量和工时记录是登记工人或生产班组在出勤时间内完成产品数量、质量和生产这些产品所耗费工时数量的原始记录。产量和工时记录的内容与格式是多种多样的，在不同的生产企业中，甚至在同一企业的不同生产车间中，由于生产类型不同而采用不同格式的产量和工时记录。常见的产量和工时记录主要有工作通知单、工序进程单、工作班产量报告、产量通知单、产量明细表、废品通知单等。

(四) 工薪汇总表及工薪费用分配表

工薪汇总表是为了反映企业全部工薪的结算情况,并据以进行工薪总分类核算和汇总整个企业工薪费用而编制的,它是企业进行工薪费用分配的依据。工薪费用分配表反映了各生产车间各产品应负担的生产工人工薪及福利费。

(五) 材料费用分配表

材料费用分配表是用来汇总反映各生产车间各产品所耗费的材料费用的原始记录。

(六) 制造费用分配汇总表

制造费用分配汇总表是用来汇总反映各生产车间各产品所应负担的制造费用的原始记录。

(七) 成本计算单

成本计算单是用来归集某一成本计算对象所应承担的生产费用,计算该成本计算对象的总成本和单位成本的记录。

(八) 产成品入库单和出库单

产成品入库单是产品生产完成并经检验合格后从生产部门转入仓库的凭证。产成品出库单是根据经批准的销售单发出产成品的凭证。

(九) 存货明细账

存货明细账是用来反映各种存货增减变动情况和期末库存数量及相关成本信息的会计记录。

(十) 存货盘点指令,盘点表及盘点标签

一般制造型企业通常会定期对存货实物进行盘点,将实物盘点数量与账面数量进行核对,对差异进行分析调查,必要时作账务调整,以确保账实相符。在实施存货盘点之前,管理人员通常编制存货盘点指令,对存货盘点的时间、人员、流程及后续处理等方面作出安排。在盘点过程中,通常会使用盘点表记录盘点结果,以及使用盘点标签对已盘点存货及数量作出标识。

(十一) 存货货龄分析表

很多制造型企业通过编制存货货龄分析表,识别流动较慢或滞销的存货,并根据市场情况和经营预测,确定是否需要计提存货跌价准备。这对于管理具有保质期的存货(如食物、药品、化妆品等)尤其重要。

第二节 生产与存货循环的业务活动和相关内部控制

对于一般制造型企业而言,生产和存货循环通常是重大的业务循环,注册会计师需要在审计计划阶段了解该循环涉及的业务活动及相关的内部控制。注册会计师通常通过实施下列程序，了解生产和存货循环的业务活动和相关内部控制：询问参与生产和存货循环各业务活动的被审计单位人员，一般包括生产部门、仓储部门、人事部门和财务部门的员工和管理人员；获取并阅读企业的相关业务流程图或内部控制手册等资料；观察生产和存货循环中特定控制的运用，如观察生产部门将完工产品移送入库的流程及相关控制活动；检查文件资料，如检查原材料领料单、成本计算表、产成品出入库单等；实施穿行测试，即追踪一笔交易在财务报告信息系统中的处理过程。例如，选取某种产成品，追踪该产品制订生产计划、领料生产、成本核算、完工入库的整个过程。

一、生产与存货循环的主要业务活动

以一般制造型企业为例，简要地介绍生产和存货循环通常涉及的主要业务活动及相关的内部控制。生产与存货循环涉及的主要业务活动包括：计划和安排生产；发出原材料；生产产品；核算产品成本；产成品入库及储存；发出产成品；存货盘点；计提存货跌价准备等。上述业务活动通常涉及以下部门：生产计划部门、仓储部门、生产部门、人事部门、销售部门、会计部门等。

（一）计划和安排生产

生产计划部门的职责是根据客户订购单或者销售部门对销售预测和产品需求的分析来决定生产授权。如决定授权生产，即签发预先顺序编号的生产通知单。该部门通常应将发出的所有生产通知单顺序编号并加以记录控制。此外，通常该部门还需编制一份材料需求报告，列示所需要的材料和零件及其库存。

（二）发出原材料

仓储部门的责任是根据从生产部门收到的领料单发出原材料。领料单上必须列示所需的材料数量和种类，以及领料部门的名称。领料单可以一料一单，也可以多料一单，通常需一式三联。仓库管理人员发料并签署后，将其中一联连同材料交给领料部门（生产部门存根联），一联留在仓库登记材料明细账（仓库联），一联交会计部门进行材料收发核算和成本核算（财务联）。

（三）生产产品

生产部门在收到生产通知单及领取原材料后，便将生产任务分解到每一个生产工人，并将所领取的原材料交给生产工人，据以执行生产任务。生产工人在完成生产任务后，将完成的产品先交生产部门统计人员查点，再转交检验员验收并办理入库手续；或是将所完成的半成品移交下一个环节，作进一步加工。

（四）核算产品成本

为了正确核算并有效控制产品成本，必须建立健全成本会计制度，将生产控制和成本核算有机结合在一起。一方面，生产过程中的各种记录、生产通知单、领料单、计工单、产量统计记录表、生产统计报告、入库单等文件资料都要汇集到会计部门，由会计部门对其进行检查和核对，了解和控制生产过程中存货的实物流转。另一方面，会计部门要设置相应的会计账户，会同有关部门对生产过程中的成本进行核算和控制。由于核算精细程度的不同，成本会计制度可以非常简单，只是在期末记录存货余额。成本会计制度也可以是完善的标准成本制度，持续地记录所有材料处理、在产品和产成品，并形成对成本差异的分析报告。完善的成本会计制度应该提供原材料转为在产品、在产品转为产成品，以及按成本中心、分批次生产任务通知单或生产周期所消耗的材料、人工和间接费用的分配与归集的详细资料。

(五) 产成品入库及储存

产成品入库须由仓储部门先行点验和检查，再签收。签收后，将实际入库数量通知会计部门。据此，仓储部门确立了本身应承担的保管责任，并对验收部门的工作进行验证。除此之外，仓储部门还应根据产成品的品质特征分类存放，并填制标签。

(六) 发出产成品

产成品的发出须由独立的发运部门进行。装运产成品时必须持有经有关部门核准的发运通知单，并据此编制出库单。出库单一般为一式四联，一联交仓储部门；一联由发运部门留存；一联送交客户；一联作为开具发票的依据。

(七) 存货盘点

管理人员编制盘点指令，安排适当人员对存货实物(包括原材料、在产品和产成品等所有存货类别)进行定期盘点，将盘点结果与存货账面数量进行核对，调查差异并进行适当调整。

(八) 计提存货跌价准备

财务部门根据存货货龄分析表信息或相关部门提供的有关存货状况的其他信息，结合存货盘点过程中对存货状况的检查结果，对出现损毁、滞销、跌价等降低存货价值的情况进行分析计算，计提存货跌价准备。

二、生产与存货循环审计的内部控制

(一) 计划和安排生产内部控制

对于计划和安排生产这项主要业务活动，有些被审计单位的内部控制要求根据经审批的月度生产计划书，由生产计划经理签发预先按顺序编号的生产通知单。

(二) 发出原材料内部控制

对于发出原材料这项主要业务活动，有些被审计单位的内部控制要求：

(1) 领料单应当经生产主管批准，仓库管理员凭经批准的领料单发料：领料单一式三联，分别作为生产部门存根联、仓库联和财务联。

(2) 仓库管理员应把领料单编号、领用数量、规格等信息输入计算机系统，经仓储经理复核并以电子签名方式确认后，系统自动更新材料明细台账。

(三) 生产产品和核算产品成本内部控制

对于生产产品和核算产品成本这两项主要业务活动，有些被审计单位的内部控制要求：

(1) 生产成本记账员应根据原材料领料单财务联，编制原材料领用日报表与计算机系统自动生成的生产记录日报表核对材料耗用和流转信息；由会计主管审核无误后，生成记账凭证并过账至生产成本及原材料明细账和总分类账。

(2) 生产部门记录生产各环节所耗用工时数，包括人工工时数和机器工时数，并将工时信息输入生产记录日报表。

(3) 每月末，由生产车间与仓库核对原材料和产成品的转出和转入记录，如有差异，仓库管理员应编制差异分析报告，经仓储经理和生产经理签字确认后交会计部门进行调整。

（4）每月末，由计算机系统对生产成本中各项组成部分进行归集，按照预设的分摊公式和方法，自动将当月发生的生产成本在完工产品和在产品之间按比例分配。同时，将完工产品成本在各不同产品类别之间分配，由此生成产品成本计算表和生产成本分配表。由生产成本记账员编制成生产成本结转凭证，经会计主管审核批准后进行账务处理。

（四）产成品入库和储存内部控制

对于产成品入库和储存这项主要业务活动，有些被审计单位的内部控制要求：

（1）产成品入库时，质量检验员应检查并签发预先按顺序编号的产成品验收单，由生产小组将产成品送交仓库，仓库管理员应检查产成品验收单，并清点产成品数量，填写预先顺序编号的产成品入库单经质检经理、生产经理和仓储经理签字确认后，由仓库管理员将产成品入库单信息输入计算机系统，计算机系统自动更新产成品明细台账。

（2）存货存放在安全的环境（如上锁、使用监控设备的环境）中，只有经过授权的工作人员才可以接触及处理存货。

（五）发出产成品内部控制

对于发出产成品这项主要业务活动，在销售与收款流程循环中涉及了产成品出库这一环节，此外还有后续的结转销售成本环节。有些被审计单位可能提出以下内部控制要求：

（1）产成品出库时，由仓库管理员填写预先顺序编号的出库单，并将产成品出库单信息输入计算机系统，经仓储经理复核并以电子签名方式确认后，计算机系统自动更新产成品明细台账并与发运通知单编号核对。

（2）产成品装运发出前，由运输经理独立检查出库单、销售订购单和发运通知单，确定从仓库提取的商品附有经批准的销售订购单，并且确保所提取商品的内容与销售订购单一致。

（3）每月末，生产成本记账员根据计算机系统内状态为“已处理”的订购单数量，编制销售成本结转凭证，结转相应的销售成本，经会计主管审核批准后进行账务处理。

（六）盘点存货内部控制

对于盘点存货这项业务活动，有些被审计单位的内部控制要求：

（1）生产部门和仓储部门在盘点日前对所有存货进行清理和归整，便于盘点顺利进行。

（2）每一组盘点人员中应包括仓储部门以外的其他部门人员，即不能由负责保管存货的人员单独负责盘点存货；安排不同的工作人员分别负责初盘和复盘。

（3）盘点表和盘点标签事先连续编号，发放给盘点人员时登记领用人员；盘点结束后回收并清点所有已使用和未使用的盘点表和盘点标签。

（4）为防止存货被遗漏或重复盘点，所有盘点过的存货贴盘点标签，注明存货品名、数量和盘点人员，完成盘点前检查现场确认所有存货均已贴上盘点标签。

（5）将不属于本单位的代其他方保管的存货单独堆放并作标识；将盘点期间需要领用的原材料或出库的产成品分开堆放并作标识。

（6）汇总盘点结果，与存货账面数量进行比较，调查分析差异原因，并对认定的盘盈和盘亏提出账务调整建议，经仓储经理、生产经理、财务经理和总经理复核批准后入账。

（七）存货跌价准备内部控制

对于计提存货跌价准备这项业务活动，有些被审计单位的内部控制要求：

（1）定期编制存货货龄分析表，管理人员复核该分析表，确定是否有必要对滞销存货计提存货跌价准备，并计算存货可变现净值，据此计提存货跌价准备。

（2）生产部门和仓储部门每月上报残次冷背存货明细，采购部门和销售部门每月上报原材料和产成品最新价格信息，财务部门据此分析存货跌价风险并计提跌价准备，由财务经理和总经理复核批准并入账。

第三节　生产与存货循环重大错报风险的评估

以一般制造类企业为例，影响生产与存货循环交易和余额的风险因素可能包括：

（1）交易的数量和复杂性。制造类企业交易的数量庞大、业务复杂，增加了错误和舞弊的风险。

（2）成本核算的复杂性。制造类企业的成本核算比较复杂。虽然原材料和直接人工等直接成本的归集和分配比较简单，但间接费用的分配可能较为复杂，并且同一行业中的不同企业也可能采用不同的认定和计量基础。

（3）产品的多元化。这可能要求聘请专家来验证其质量、状况或价值。另外，计算库存存货数量的方法也可能是不同的。例如，计量煤堆、筒仓里的谷物或糖、黄金或贵重宝石、化工品和药剂产品的存储量的方法都可能不一样。这并不是要求注册会计师每次清点存货都需要专家配合，如果存货容易辨认、存货数量容易清点，就无须请求专家帮助。

（4）某些存货项目的可变现净值难以确定。例如，价格受全球经济供求关系影响的存货，由于其可变现净值难以确定，会影响存货采购价格和销售价格的确定，并将影响注册会计师对与存货计价和分摊认定有关的风险进行的评估。

（5）将存货存放在很多地点。大型企业可能将存货存放在很多地点，并且可以在不同的地点之间转移存货，这将增加商品途中毁损或遗失的风险、导致存货在两个地点被重复记录、产生转移定价的错误或舞弊。

（6）寄存的存货。有时候存货虽然还存放在企业，但可能已经不归企业所有。反之，企业的存货也可能被寄存在其他企业。

由于存货与企业各项经营活动的紧密联系，存货的重大错报风险往往与财务报表其他项目的重大错报风险紧密相关。综上所述，一般制造型企业的存货的重大错报风险通常包括：①存货实物可能不存在（存在认定）；②属于被审计单位的存货可能未在账面反映（完整性认定）；③存货的所有权可能不属于被审计单位（权利和义务认定）；④存货的单位成本可能存在计算错误（计价和分摊认定、准确性认定）；⑤存货的账面价值可能无法实现，即跌价损失准备的计提可能不充分（计价和分摊认定）。

第四节 生产与存货循环的控制测试

生产与存货循环的内部控制主要包括存货数量的内部控制和存货单价的内部控制两方面。由于生产与存货循环与其他业务循环的紧密联系，生产与存货循环中某些审计程序，特别是对存货余额的审计程序，与其他相关业务循环的审计程序同时进行将更为有效。

风险评估和风险应对是整个审计过程的核心，因此，注册会计师通常以识别的重大错报风险为起点，选取拟测试的控制并实施控制测试。表 10-1 列示了通常情况下注册会计师对生产与存货循环实施的控制测试。

表 10-1　生产与存货循环的控制测试

风险	主要相关认定	自动化控制示例	人工控制示例	内部控制测试程序
发出原材料				
原材料的发出可能未经授权	生产成本：存在		所有领料单由生产主管审核签字批准，仓库管理员凭经批准的领料单发出原材料	选取领料单，了解生产主管如何执行相关审核，检查是否有生产主管的签字授权
发出的原材料可能未正确计入相应产品的生产成本中	生产成本：计价和分摊	领料单信息输入系统时须输入对应的生产任务单编号和所生产的产品代码，每月末系统自动归集生成材料成本明细表	生产主管每月末将其生产任务单及相关领料单存根联与材料成本明细表进行核对，调查差异并处理	检查生产主管核对材料成本明细表的记录，并询问其核对过程及结果
记录人工成本				
生产工人的人工成本可能未得到准确反映	生产成本：准确性	所有员工有专属员工代码和部门代码，员工的考勤记录记入相应员工代码	人事部每月编制工薪费用分配表，按员工所属部门将工薪费用分配至生产成本、制造费用、管理费用和销售费用，经财务经理复核后入账	
记录制造费用				
发生的制作费用可能没有得到完整归集	制作费用：完整性	系统根据输入的成本和费用代码自动识别制造费用并进行归集	成本会计每月复核系统生成的制作费用明细表并调查异常波动。必要时由财务经理批准进行调整	检查系统的自动归集设置是否符合有关成本和费用的性质，是否合理。 询问并检查成本会计复核制造费用明细表的过程和记录，检查财务经理对调整制造费用的分录的批准记录

（续表）

风险	主要相关认定	自动化控制示例	人工控制示例	内部控制测试程序
计算产品成本				
生产成本和制造费用在不同产品之间、在产品和产成品之间的分配可能不正确	存货：计价和分摊 营业成本：准确性		成本会计执行产品成本核算，财务经理每月末审核产品成本计算表及相关资料并检查异常项目	询问财务经理如何执行复核及调查，选取产品成本计算表及相关资料，检查财务经理的复核记录
产成品入库				
已完工产品的生产成本可能没有转移到产成品中	存货：计价和分摊	系统根据当月输入的产成品入库单和出库单信息自动生成产成品收（入库）发（出库）存（余额）报表	成本会计将产成品收发存报表中的产品入库数量与当月成本计算表中结转的产成品成本对应的数量进行核对	询问和检查成本会计将产成品收发存报表与成本计算表进行核对的过程和记录
发出产成品				
销售发出的产成品的成本可能没有准确地转入营业成本	存货：计价和分摊 营业成本：准确性	系统根据确认的营业收入所对应的售出产品自动结转营业成本	财务经理和总经理每月对毛利率进行比较分析，对异常波动进行调查和处理	检查系统设置的自动结转功能是否正常运行，成本结转方式是否符合公司成本核算政策。 询问和检查财务经理和总经理进行毛利率分析的过程和记录，并对异常波动的调查和处理结果进行核实
盘点存货				
存货可能被盗或因材料领用及产品销售未入账而出现账实不符的情况	存货：存在		仓库保管员每月末盘点存货并与仓库台账核对并调节一致；成本会计监督其盘点与核对，并抽查部分存货进行复盘。 每年年末盘点所有存货，并根据盘点结果分析盘盈盘亏并进行账面调整	检查系统中员工的部门代码设置是否与其实际职责相符。 询问并检查财务经理复核工资费用分配表的过程和记录
计算存货跌价准备				
可能存在残冷背次的存货，影响存货的价值	存货：计价和分摊 资产减值损失：完整性	系统根据存货入库日期自动统计货龄，每月末生成存货货龄分析表	财务部根据系统生成的存货货龄分析表，综合生产和仓储部门上报的存货情况，计提存货减值准备，报总经理审核批准后入账	询问财务经理识别减值风险并确定减值准备的过程，检查总经理的复核批准记录

在上述控制测试中，如果人工控制在执行时依赖于信息系统生成的报告，注册会计师还应当针对系统生成报告的准确性执行测试，如与计提存货跌价准备相关的管理层控制中使用了系统生成的存货货龄分析表，其准确性影响管理层控制的有效性，因此，注册会计师需要同时测试存货货龄分析表的准确性。

有些被审计单位采用信息系统执行全程自动化成本核算。在这种情况下，注册会计师通常需要对信息系统中的成本核算流程和参数设置进行了解和测试（可能需要利用信息技术专家的工作），并测试相关信息系统一般控制的运行有效性。

需要说明的是，表 10-1 列示的是生产与存货循环一些较为常见的内部控制和相应的控制测试程序，其目的在于帮助注册会计师根据具体情况设计能够实现审计目标的控制测试。表 10-1 既未包含生产与存货循环所有的内部控制和控制测试，又并不意味着审计实务应当按此执行。一方面，被审计单位所处行业不同、规模不一、内部控制制度的设计和执行方式不同，以前期间接受审计的情况也各不相同。另一方面，受审计时间、审计成本的限制，注册会计师除了确保审计质量和审计效果，还需要提高审计效率，尽可能地消除重复的测试程序，保证检查某一凭证时能够一次完成对该凭证的全部审计测试程序，并按最有效的顺序实施审计测试。因此，在审计实际工作中，注册会计师需要从实际出发，设计适合被审计单位具体情况的实用、高效的控制测试计划。

第五节 生产与存货循环的实质性程序

在完成控制测试之后，注册会计师基于控制测试的结果（即控制运行是否有效），确定从控制测试中已获得的审计证据及其保证程度，确定是否需要对具体审计计划中设计的实质性程序的性质、时间安排和范围作出适当调整。

一、存货的审计目标

存货审计，尤其是对年末存货余额的测试，通常是审计中最复杂也最费时的部分。对存货存在和存货价值的评估常常十分困难。由于存货对于企业的重要性、存货问题的复杂性，以及存货与其他项目密切的关联度，要求注册会计师对存货项目的审计应当予以特别的关注。

存货审计涉及数量和单价两个方面。针对存货数量的实质性程序主要是存货监盘。此外，还包括对第三方保管的存货实施函证等程序，对在途存货检查相关凭证和期后入库记录等。针对存货单价的实质性程序包括对购买和生产成本的审计程序和对存货可变现净值的审计程序。其中，原材料成本的计量较为简单，通常通过对采购成本的审计进行测试；在产品和产成品成本的计量较为复杂，包括测试原材料成本、人工成本和制造费用的归集和分摊。

存货的审计目标一般包括实施审计程序以证实：账面存货余额对应的实物是否真实存在（存在认定）；属于被审计单位的存货是否均已入账（完整性认定）；存货是否属于被审计单位（权利和义务）；存货单位成本的计量是否准确（计价和分摊认定）；存货的账面价值是否可

以实现(计价和分摊认定)。

二、存货的一般审计程序

获取年末存货余额明细表,并执行以下工作:复核单项存货金额的计算(单位成本 x 数量)和明细表的加总计算是否准确;将本年年末存货余额与上年年末存货余额进行比较,总体分析变动原因。

三、存货监盘

(一) 存货监盘的作用

如果存货对财务报表是重要的,注册会计师应当实施下列审计程序,对存货的存在和状况获取充分、适当的审计证据:

(1) 在存货盘点现场实施监盘(除非不可行)。

(2) 对期末存货记录实施审计程序,以确定其是否准确反映实际的存货盘点结果。

在存货盘点现场实施监盘时,注册会计师应当实施下列审计程序:

(1) 评价管理层用以记录和控制存货盘点结果的指令和程序。

(2) 观察管理层制定的盘点程序的执行情况。

(3) 检查存货。

(4) 执行抽盘。

存货监盘的相关程序可以用作控制测试或者实质性程序。注册会计师可以根据风险评估结果、审计方案和实施的特定程序作出判断。例如,如果只有少数项目构成了存货的主要部分,注册会计师可能选择将存货监盘用作实质性程序。

需要说明的是,尽管实施存货监盘,获取有关期末存货数量和状况的充分、适当的审计证据是注册会计师的责任,这并不能取代被审计单位管理层定期盘点存货、合理确定存货的数量和状况的责任。

注册会计师监盘存货的目的在于获取有关存货数量和状况的审计证据。因此,存货监盘针对的主要是存货的存在认定,对存货的完整性认定、计价和分摊认定,也能提供部分审计证据。此外,注册会计师还可能在存货监盘中获取有关存货所有权的部分审计证据。

(二) 存货监盘计划

1. 制订存货监盘计划的基本要求

注册会计师应当根据被审计单位存货的特点、盘存制度和存货内部控制的有效性等情况,在评价被审计单位管理层制定的存货盘点程序的基础上编制存货监盘计划,对存货监盘作出合理安排。

2. 制订存货监盘计划应考虑的相关事项

在编制存货监盘计划时,注册会计师需要考虑以下事项:

(1) 与存货相关的重大错报风险。存货通常具有较高水平的重大错报风险,影响重大错报风险的因素具体包括存货的数量和种类、成本归集的难易程度、陈旧过时的速度或易损坏程度、遭受失窃的难易程度。由于制造过程和成本归集制度的差异,制造企业的存货与其他企业(如批发企业)的存货相比往往具有更高的重大错报风险,对于注册会计师的审计工作而言则更具复杂性。外部因素也会对重大错报风险产生影响。例如,技术进步可能导致某些产品过时,从而导致存货价值更容易发生高估。

(2) 与存货相关的内部控制的性质。在制订存货监盘计划时,注册会计师应当了解被审计单位与存货相关的内部控制,并根据内部控制的完善程度确定进一步审计程序的性质、时间安排和范围。与存货相关的内部控制涉及被审计单位供、产销各个环节,包括采购、验收、仓储、领用、加工、装运出库等方面。

(3) 对存货盘点是否制定了适当的程序,并下达了正确的指令。注册会计师一般需要复核或与管理员讨论其存货盘点程序。在复核或与管理层讨论其存货盘点程序时,注册会计师应当考虑下列主要因素,以评价其能否合理地确定存货的数量和状况;盘点的时间安排;存货盘点范围和场所的确定;盘点人员的分工及胜任能力;盘点前的会议及任务布置;存货的整理和排列,对毁损、陈旧、过时、残次及所有权不属于被审计单位的存货的区分;存货的计量工具和计量方法;在产品完工程度的确定方法;存放在外单位的存货的盘点安排;存货收发截止的控制;盘点期间存货移动的控制;盘点表单的设计、使用和控制;盘点结果的汇总,以及盘盈或盘亏的分析、调查和处理。如果认为被审计单位的存货盘点程序存在缺陷,注册会计师应当提请被审计单位进行调整。

(4) 存货盘点的时间安排。如果存货盘点在除财务报表日以外的其他日期进行,注册会计师除实施存货监盘相关审计程序外,还应当实施其他审计程序,以获取审计证据,确定存货盘点日与财务报表日之间的存货变动是否已得到恰当的记录。

(5) 被审计单位是否一贯采用永续盘存制。存货数量的盘存制度一般分为实盘存制和永续盘存制。存货盘存制度不同,注册会计师需要作出的存货监盘安排也不同。如果被审计单位通过实地盘存制确定存货数量,则注册会计师要参加此种盘点。如果被审计单位采用永续盘存制,注册会计师应在年度中一次或多次参加盘点。

(6) 存货的存放地点(包括不同存放地点的存货的重要性和重大错报风险),以确定适当的监盘地点。如果被审计单位的存货存放在多个地点。注册会计师可以要求被审计单位提供一份完整的存货存放地点清单(包括期末库存量为零的仓库、租赁的仓库,以及第三方代被审计单位保管存货的仓库等),并考虑其完整性。

(7) 是否需要专家协助。注册会计师可能不具备其他专业领域专长与技能。在确定资产数量或资产实物状况(如矿石堆),或在收集特殊类别存货(如艺术品、稀有玉石、房地产、电子器件、工程设计等)的审计证据时,注册会计师可以考虑请求专家的协助。

3. 存货监盘计划的主要内容

存货监盘计划应当包括以下主要内容:

(1) 存货监盘的目标、范围和时间安排。存货监盘的主要目标包括获取被审计单位资产负债表日有关存货数量和状况,以及有关管理层存货盘点程序可靠性的审计证据,检查存货的数量是否真实完整,是否归属被审计单位,存货有无毁损、陈旧、过时、残次和短缺等状况。

存货监盘范围的大小取决于存货的内容、性质,以及与存货相关的内部控制的完善程度和重大错报风险的评估结果。存货监盘的时间,包括实地察看盘点现场的时间、观察存货盘点的时间和对已盘点存货实施检查的时间等,应当与被审计单位实施存货盘点的时间相协调。

（2）存货监盘的要点及关注事项。存货监盘的要点主要包括注册会计师实施存货监盘程序的方法、步骤，以及各个环节应注意的问题和所要解决的问题。注册会计师需要重点关注的事项包括盘点期间的存货移动、存货的状况、存货的截止确认、存货的各个存放地点和金额等。

（3）参加存货监盘人员的分工。注册会计师应当根据被审计单位参加存货盘点人员分工、分组情况、存货监盘工作量的大小和人员素质情况，确定参加存货监盘的人员组成以及各组成人员的职责和具体的分工情况，并加强督导。

（4）抽盘存货的范围。注册会计师应当根据对被审计单位存货盘点和对被审计单位内部控制的评价结果确定抽盘存货的范围。在实施观察程序后，如果认为被审计单位内部控制设计良好并且得到有效实施、存货盘点组织良好，可以相应缩小实施抽盘的范围。

（三）存货监盘程序

存货监盘程序如表10-2所示。在存货盘点现场实施监盘时，注册会计师应当实施下列审计程序：

（1）评价管理层用以记录和控制存货盘点结果的指令和程序。注册会计师需要考虑这些指令和程序是否包括下列方面：

第一，适当控制活动的运用。例如，收集已使用的存货盘点记录，清点未使用的存货盘点表单，实施盘点和复盘程序。

第二，准确认定在产品的完工程度，流动缓慢（呆滞）、过时或毁损的存货项目，以及第三方拥有的存货（如寄存货物）。

第三，在适用的情况下用于估计存货数量的方法，如可能需要估计煤堆的重量。

第四，对存货在不同存放地点之间的移动以及截止日前后出入库的控制。

一般而言，被审计单位在盘点过程中停止生产并关闭存货存放地点以确保停止存货的移动，有利于保证盘点的准确性。但特定情况下，被审计单位可能由于实际原因无法停止生产或收发货物。这种情况下，注册会计师可以根据被审计单位的具体情况考虑其无法停止存货移动的原因及其合理性。

（2）观察管理层制定的盘点程序（如对盘点时及其前后的存货移动的控制程序）的执行情况。这有助于注册会计师获取有关管理层指令和程序是否得到适当设计和执行的审计证据。尽管盘点存货时最好能保持存货不发生移动，在某些情况下存货的移动是难以避免的。如果在盘点过程中被审计单位的生产经营仍将持续进行，注册会计师应通过实施必要的检查程序，确定被审计单位是否已经对此设置了相应的控制程序，确保在适当的期间对存货作出了准确记录。

此外，注册会计师可以获取有关截止性信息（如存货移动的具体情况）的复印件，有助于日后对存货移动的会计处理实施审计程序。具体来说，注册会计师一般应当获取盘点日前后存货收发及移动的凭证，检查库存记录与会计记录期末截止是否正确。注册会计师需要关注所有在盘点日以前入库的存货项目是否均已包括在盘点范围内，以及所有已确认为销售但尚未装运出库的商品是否均未包括在盘点范围内。

在途存货和被审计单位直接向顾客发运的存货是否均已得到了适当的会计处理。注册会计师通常可观察存货的验收入库地点和装运出库地点以执行截止测试。在存货入库和装运过程中采用连续编号的凭证时，注册会计师应当关注盘点日前的最后编号。如果被审计单位没有使用连续编号的凭证，注册会计师应当列出盘点日以前的最后几笔装运和入库记录。如果被审计单位使用运货车厢或拖车进行存储、运输或验收入库，注册会计师应当详细列出存货场地上满载和空载的车厢或拖车，并记录各自的存货状况。

（3）检查存货。在存货监盘过程中检查存货，虽然不一定能确定存货的所有权，但有助于确定存货的存在，以及识别过时、毁损和陈旧的存货。注册会计师应当把所有过时、毁损或陈旧存货的详细情况记录下来，这既便于进一步追查这些存货的处置情况，又能为测试被审计单位存货跌价准备计提的准确性提供证据。

（4）执行抽盘。在对存货盘点结果进行测试时，注册会计师可以从存货盘点记录中选取项目追查至存货实物，以及从存货实物中选取项目追查至盘点记录，以获取有关盘点记录准确性和完整性的审计证据。

（5）其他需要特别关注的情况包括：

第一，存货盘点范围。在被审计单位盘点存货前，注册会计师应当观察盘点现场，确定应纳入盘点范围的存货是否已经适当整理和排列，并附有盘点标识，防止遗漏或重复盘点。对未纳入盘点范围的存货，注册会计师应当查明未纳入的原因。

第二，对特殊类型存货的监盘。对某些特殊类型的存货而言，被审计单位通常使用的盘点方法和控制程序并不完全适用。这些存货通常或没有标签，或其数量难以估计，或其质量难以确定，或盘点人员无法对其移动实施控制。在这些情况下，注册会计师需要运用职业判断，根据存货的实际情况，设计恰当的审计程序，对存货的数量和状况获取审计证据。

（6）存货监盘结束时的工作。在被审计单位存货盘点结束前，注册会计师应当：

第一，再次观察盘点现场，以确定所有应纳入盘点范围的存货是否均已盘点。

第二，取得并检查已填用、作废及未使用盘点表单的号码记录，确定其是否连续编号，查明已发放的表单是否均已收回，并与存货盘点的汇总记录进行核对。注册会计师应当根据自己在存货监盘过程中获取的信息对被审计单位最终的存货盘点结果汇总记录进行复核，并评估其是否正确地反映了实际盘点结果。

如果存货盘点日不是资产负债表日，注册会计师应当实施适当的审计程序，确定盘点日与资产负债表日之间存货的变动是否已得到恰当的记录。

表 10-2　　存货监盘程序

被审计单位：　　索引号：　　报表期间：
项目：　　编制：
复核：

审计程序	索引号
一、计划存货监盘工作	
1. 评价管理层用以记录和控制存货盘点的结果的指令和程序，包括： （1）被审计单位收集已使用的存货盘点记录的程序。 （2）清点未使用的存货盘点表单的程序。 （3）实施盘点和复盘程序。 （4）准确认定在产品的完工程度，流动缓慢（呆滞）、过时或毁损的存货项目的程序，以及第三方拥有的存货（如寄存货物）的程序。 （5）在适用的情况下用于估计存货数量的方法。 （6）对存货在不同存放地点之间的移动以及截止日前后期间出入库的控制	

（续表）

审计程序	索引号
2. 根据被审计单位的存货盘存制度和相关内部控制的有效性，评价其盘点时间是否合理： (1) 永续盘存制下，如盘点日和资产负债表日不一致，应当考虑两者的间隔情况，评价对内部控制的信赖能否将盘点日的结论延伸到资产负债表日。 (2) 确定采用实地盘存制时盘点日是否与资产负债表日一致。 (3) 确定对存放在不同地点的相同存货项目是否同时盘点	
3. 查阅以前年度的存货监盘工作底稿	
4. 与管理层讨论以前年度存货存在的问题以及目前存货的状况	
5. 获取被审计单位的仓库清单或存货存放地点清单，包括期末库存量为零的仓库、租赁的仓库，以及第三方代保管存货的仓库等： (1) 将清单中的存货存放地点与上年底稿中记录的存放地点比较。 (2) 复核租赁费明细账，检查租用的仓库是否均已包括在仓库清单中	
6. 如存在特殊存货，考虑是否需要利用专家的工作或其他注册会计师的工作	
7. 编制存货监盘计划，并将计划传达给参加监盘的项目组成员	
二、执行监盘	
8. 在被审计单位盘点存货前，观察盘点现场： (1) 确定应纳入盘点范围的存货是否已经适当整理和排列。 (2) 确定存货是否附有盘点标识。 (3) 对未纳入盘点范围的存货，查明未纳入的原因。 (4) 存货是否已经停止流动，如未停止流动，如何对在不同存放地点之间的流动以及出入库情况进行控制	
9. 在被审计单位盘点人员盘点时进行观察： (1) 确定被审计单位盘点人员是否遵守盘点计划，被审计单位盘点过程是否有独立于存货实物经管责任的人员参与。 (2) 确定被审计单位盘点人员是否准确地记录存货的数量和状况。 (3) 是否使用复计法(是指对相同的存货执行两次清点以确保盘点数量的准确性)，如不是，确保客户盘点是准确的。 (4) 关注存货发送和验收场所，确定这里的存货应包括在盘点范围之内还是排除在外。 (5) 关注存货所有权的证据，如货运单据以及商标等。 (6) 关注所有应盘点的存货是否均已盘点。 (7) 当使用称量机器时，是否采取步骤以确保其准确性。 (8) 对于特殊类型的存货(如堆积型存货)，用于估计数量的方法是恰当的	
10. 被审计单位是否对整个盘点过程实施恰当的监督，确保按照盘点计划执行	
11. 检查所有权不属于被审计单位的存货： (1) 取得其规格、数量等有关资料。 (2) 确定这些存货是否已分别存放、标明。 (3) 确定这些存货未被纳入盘点范围	
12. 执行抽盘程序： (1) 从存货盘点记录中选取项目追查至存货实物，以测试盘点记录的准确性。 (2) 从存货实物中选取项目追查至存货盘点记录，以测试存货盘点的完整性	

（续表）

审计程序	索引号
13. 对以包装箱等封存的存货，考虑要求打开或挪开成堆的箱子	
14. 当抽盘中发现重大错误时，考虑扩大抽盘范围	
15. 对于那些没有抽盘的其他项目，复印或列出明细信息，以便它们能与存货清单相一致	
16. 对检查发现的差异，进行适当处理： (1) 查明差异原因。 (2) 及时提请被审计单位更正。 (3) 如果差异较大，应当扩大检查范围或提请被审计单位重新盘点	
17. 特别关注存货的移动情况，防止遗漏或重复盘点	
18. 记录被审计单位用于确定在产品完工程度的方法，并评估其足够性和合理性；特别关注存货的状况，观察被审计单位是否已经恰当区分所有毁损、陈旧、过时及残次的存货	
19. 对特殊类型的存货，考虑实施追加的审计程序或利用专家的工作	
20. 获取盘点日前后存货收发及移动的凭证，检查库存记录与会计记录期的截止是否正确： (1) 存货采购截止： ① 查盘点日前最后的与盘点日后最前的________张入库单或验收报告，确定截止是否正确； ② 如有必要，选择重要存货项目，核对其在盘点汇总记录和会计记录中的数量，确定是否一致，截止是否恰当； ③ 如果被审计单位期末存货明细记录可以依赖，将从入库单中选取的样本与永续盘存明细记录核对一致 (2) 存货销售截止： ① 检查盘点日前最后的与盘点日后最前的________张出库单货或发运报告，确定截止是否正确； ② 如有必要，选择重要存货项目，核对其在盘点汇总记录和会计记录中的数量，确定范围是否一致，截止是否恰当； ③ 如果期末存货明细记录可以信赖，将从出库单中选取的样本与永续盘存制明细记录保持一致 (3) 在途货物及部门间流动截止： ① 检查盘点日前后一段时期的文件样本，包括截止期前后的和截止期后最前的__________份文件； ②如有必要，选择重要存货项目，核对其在盘点汇总记录和会计记录中的数量，确定范围是否一致，截止是否恰当	
三、监盘后，复核盘点结果，完成存货监盘报告	
21. 在被审计单位存货盘点结束前，再次观察盘点现场，以确定所有应纳入盘点范围的存货是否均已盘点	
22. 在被审计单位存货盘点结束前，取得并检查已填用、作废及未使用的盘点表单及号码记录： (1) 确定其是否连续编号。 (2) 如盘点表未预先编号，记录已使用盘点表的数量或进行复印。	

（续表）

审计程序	索引号
(3) 提请被审计单位划去盘点表上所有空白部分。 (4) 查明已发放的表单是否均已收回。 (5) 与存货盘点汇总记录进行核对。 (6) 必要时，将盘点表上的事项与检查记录进行核对	
23. 取得并复核盘点结果汇总记录，形成存货盘点报告(记录)，完成存货监盘报告： (1) 评估其是否正确地反映了实际盘点结果。 (2) 确定盘点结果汇总记录中未包括所有权不属于被审计单位的货物。 (3) 选择盘点结果汇总记录中的项目，查至原始盘点表，以确定没有混入不应包括在内的存货信息。 (4) 选择价值较大的存货项目，和上期相同项目的库存数量比较，获取异常变动的信息	
24. 在永续盘存制下，如果永续盘存制记录与存货盘点结果之间出现重大差异，应当实施追加的审计程序，查明原因并检查永续盘存记录是否已作出适当的调整	
25. 如果认为被审计单位的盘点方式及其结果无效，提请被审计单位重新盘点	
26. 确定存货监盘的审计结论	
审计说明：	
审计结论：	

（四）特殊情况的处理

（1）在存货盘点现场实施存货监盘不可行。在某些情况下，实施存货监盘可能是不可行的，这可能是存货性质和存放地点等因素造成的。例如，存货存放在对注册会计师的安全有威胁的地点。然而，给注册会计师带来不便的一般因素不足以支持注册会计师作出实施存货监盘不可行的决定。审计中的困难、时间和成本等事项本身，不能作为注册会计师省略不可替代的审计程序或满足于说服力不足的审计证据的正当理由。

如果在存货盘点现场实施存货监盘不可行，注册会计师应当实施替代审计程序（如检查盘点日后出售盘点日之前取得或购买的特定存货的文件记录），以获取有关存货的存在和状况的充分、适当的审计证据。

但在其他一些情况下，如果不能实施替代审计程序，或者实施替代审计程序可能无法获取有关存货的存在和状况的充分、适当的审计证据，注册会计师需要按照《中国注册会计师审计准则第1502号——在审计报告中发表非无保留意见》的规定，发表非无保留意见。

（2）因不可预见的情况导致无法在存货盘点现场实施监盘。有时，由于不可预见情况而可能导致无法在预定日期实施存货监盘，两种比较典型的情况包括：一是注册会计师无法亲临现场，即不可抗力导致其无法到达存货存放地实施存货监盘；二是气候因素，即恶劣的天气导致注册会计师无法实施存货监盘程序，或由于恶劣的天气无法观察存货，如木材被积雪覆盖。如果由于不可预见的情况无法在存货盘点现场实施监盘，注册会计师应当另择日期实施监盘，并对间隔期内发生的交易实施审计程序。

（3）由第三方保管或控制的存货。如果由第三方保管或控制的存货对财务报表是重要的，注册会计师应当实施下列全部或部分审计程序，以获取有关该存货存在和状况的充分、适当的审计证据：

第一，向持有被审计单位存货的第三方函证存货的数量和状况。

第二，实施检查或其他适合具体情况的审计程序。根据具体情况（如获取的信息使注册会计师对第三方的诚信和客观性产生疑虑），注册会计师可能认为实施其他审计程序是适当的。其他审计程序可以作为函证的替代程序，也可以作为追加的审计程序。

其他审计程序的示例包括：①实施或安排其他注册会计师实施对第三方的存货监盘（如可行）；②获取其他注册会计师或服务机构注册会计师针对用以保证存货得到恰当盘点和保管的内部控制的适当性而出具的报告；③检查与第三方持有的存货相关的文件记录，如仓储单；④当存货被作为抵押品时，要求其他机构或人员进行确认。

考虑到第三方仅在特定时点执行存货盘点工作，在实务中，注册会计师可以事先考虑实施函证的可行性。如果预期不能通过函证获取相关审计证据，可以事先计划和安排存货监盘等工作。此外，注册会计师可以考虑由第三方保管存货的商业理由的合理性，以进行存货相关风险（包括舞弊风险）的评估，并计划和实施适当的审计程序，如检查被审计单位和第三方所签署的存货保管协议的相关条款、复核被审计单位调查及评价第三方工作的程序等。

四、存货计价测试

存货监盘程序主要是对存货的数量进行测试。为验证财务报表上存货余额的真实性，还应当对存货的计价进行审计。存货计价测试包括两个方面：一是被审计单位所使用的存货单位成本是否正确；二是否恰当计提了存货跌价损失准备。

在对存货的计价实施细节测试之前，注册会计师通常先要了解被审计单位本年度的存货计价方法与以前年度是否保持一致。如发生变化，变化的理由是否合理，是否经过适当的审批。

（一）存货单位成本测试

针对原材料的单位成本，注册会计师通常基于企业的原材料计价方法（如先进先出法，加权平均法等），结合原材料的历史购买成本，测试其账面成本是否准确，测试程序包括核对原材料采购的相关凭证（主要是与价格相关的凭证，如合同、采购订单、发票等）以及验证原材料计价方法的运用是否正确。以加权平均法为例，审计人员需要进行的计价测试如表 10-3 所示。

表 10-3　　存货——存货计价测试表——月末一次加权平均法

被审计单位：　　索引号：　　报表期间：
项目：　　编制：　　复核：

审计目标：	对各类存货的计价方法进行测算，判断其计价方法选用的合理性。 检查各类存货计价方法是否与以前年度一致，并确定期末存货计价是否正确	
审计过程：		
存货类别：	存货名称：	存货规格型号：

（续表）

月份	计量单位	收　入			发　出			结　存			应结转			差异
		数量	单价	金额	数量	单价	金额	数量	单价	金额	数量	单价	金额	
期初														
1														
2														
3														
合计													差异率	—

审计说明：

审计结论：

针对产成品和在产品的单位成本，注册会计师需要对成本核算过程实施测试，包括直接材料成本测试、直接人工成本测试、制造费用测试和生产成本在当期完工产品与在产品之间分配的测试四项内容，具体内容如下：

（1）直接材料成本测试。对于采用定额单耗的企业，可选择某一成本报告期若干种具有代表性的产品成本计算单，获取样本的生产指令或产量统计记录及其直接材料单位消耗定额，根据材料明细账或采购业务测试工作底稿中各该直接材料的单位实际成本，计算直接材料的总消耗量和总成本，与该样本成本计算单中的直接材料成本核对。

对于未采用定额单耗的企业，可获取材料费用分配汇总表、材料发出汇总表（或领料单）、材料明细账（或采购业务测试工作底稿）中各该直接材料的单位成本，作如下检查：成本计算单中直接材料成本与材料费用分配汇总表中该产品负担的直接材料费用是否相符，分配标准是否合理；将抽取的材料发出汇总表或领料单中若干种直接材料的发出总量和各该种材料的实际单位成本之积，与材料费用分配汇总表中各该种材料费用进行比较。

对于采用标准成本法的企业，获取样本的生产指令或产量统计记录、直接材料单位标准用量、直接材料标准单价及发出材料汇总表或领料单，检查下列事项：根据生产量、直接材料单位标准用量和标准单价计算的标准成本与成本计算单中的直接材料成本核对是否相符；直接材料成本差异的计算与账务处理是否正确。

（2）直接人工成本测试。对于采用计时工资制的企业，获取样本的实际工时统计记录、员工分类表、员工工薪手册（工资率）和人工费用分配汇总表，作如下检查：成本计算单中直接人工成本与人工费用分配汇总表中该样本的直接人工费用核对是否相符；样本的实际工时统计记录与人工费用分配汇总表中该样本的实际工时核对是否相符；抽取生产部门若干天的工时台账与实际工时统计记录核对是否相符；当没有实际工时统计记录时，则可根据员工分类表及员工工薪手册中的工资率，计算复核人工费用分配汇总表中该样本的直接人工费用是否合理。

对于采用计件工资制的企业，获取样本的产量统计报告、个人（小组）产量记录和经批准的单位工薪标准或计件工资制度，检查下列事项：根据样本的统计产量和单位工薪标准计算的人工费用与成本计算单中直接人工成本核对是否相符；抽取若干个直接人工（小组）的产量记录，检查是否被汇总计入产量统计报告。

对于采用标准成本法的企业，获取样本的生产指令或产量统计报告、工时统计报告和经批准的单位标准工时、标准工时工资率、直接人工的工薪汇总表等资料，检查下列事项：根据产量和单位标准工时计算的标准工时总量与标准工时工资率之积同成本计算单中直接人工成本核对是否相等：直接人工成本差异的计算与账务处理是否正确，并注意直接人工的标准成本在当年内有无重大变更。

（3）制造费用测试。获取样本的制造费用分配汇总表、按项目分列的制造费用明细账、与制造费用分配标准有关的统计报告及其相关原始记录，作如下检查：制造费用分配汇总表中，样本分担的制造费用与成本计算单中的制造费用核对是否相符；制造费用分配汇总表中的合计数与样本所属成本报告期的制造费用明细账总计数核对是否相符；制造费用分配汇总表选择的分配标准（机器工时数、直接人工工资、直接人工工时数、产量等）与相关的统计报告或原始记录核对是否相符，并对费用分配标准的合理性作出评估；如果企业采用预计费用分配率分配制造费用，则应针对制造费用分配过多或过少的差额，检查其是否作了适当的账务处理；如果企业采用标准成本法，则应检查样本中标准制造费用的确定是否合理，计入成本计算单的数额是否正确，制造费用差异的计算与账务处理是否正确，并注意标准制造费用在当年度内有无重大变更。

（4）生产成本在当期完工产品与在产品之间分配的测试。检查成本计算单中在产品数量与生产统计报告或在产品盘存表中的数量是否一致；检查在产品约当产量计算或其他分配标准是否合理；计算复核样本的总成本和单位成本。

（二）存货跌价损失准备的测试

注册会计师在测试存货跌价损失准备时，需要从以下两个方面进行测试：

（1）识别需要计提跌价损失准备的存货项目。注册会计师可以通过询问管理层和相关部门（生产、仓储、财务、销售等）员工，了解被审计单位如何收集有关滞销、过时、陈旧、毁损、残次存货的信息并为之计提必要的跌价损失准备。如果被审计单位编制了存货货龄分析表，则可以通过审阅该分析表识别滞销或陈旧的存货。此外，注册会计师还要结合存货监盘过程中检查存货状况而获取的信息，以判断被审计单位的存货跌价损失准备计算表是否有遗漏。

（2）检查可变现净值的计量是否合理。在存货计价审计中，由于被审计单位对期末存货采用成本与可变现净值孰低的方法计价，注册会计师应充分关注其对存货可变现净值的确定及存货跌价准备的计提。

可变现净值是指企业在日常活动中，存货的估计售价减去至完工时估计将要发生的成本、估计的销售费用以及相关税费后的金额。企业确定存货的可变现净值，应当以取得的确凿证据为基础，并且考虑持有存货的目的以及资产负债表日后事项的影响等因素。注册会计师应抽样检查可变现净值的确定依据，以及检查相关计算是否正确。存货——存货跌价准备测试表如表 10-4 所示。

表 10-4　　存货——存货跌价准备测试表

被审计单位：　　索引号：　　报表期间：
项目：　　编制：　　复核：

审计目标：检查存货跌价准备的合理性

审计过程：

序号	存货明细项目	期末余额	期末可变现净值	期末应提跌价准备	期末已计提跌价准备	本期应补提跌价准备

审计说明：

审计结论：

复习思考题

1. 生产与存货环节常见重大错报风险有哪些？
2. 生产循环如何进行相关控制测试？
3. 如何对存货的计价进行测试？

第十一章 货币资金审计

教学目标

➢ 知识目标

1. 了解货币资金的主要业务活动、凭证记录和相关的内部控制。
2. 熟悉货币资金业务的关键控制点。

➢ 能力目标

1. 掌握针对货币资金的控制测试。
2. 掌握货币资金审计分析性程序，灵活地运用审计方法，实施货币资金的细节测试。

➢ 素养目标

保持职业怀疑与应有的职业道德，识别企业货币资金存在的重大错报或舞弊，确保企业的资金活动合法合规。

导入案例

延安必康负债累累，难掩货币资金造假

2018 年 12 月 10 日，瑞华所河南分所与延安必康签订《审计业务约定书》，约定由瑞华所河南分所(以下简称瑞华所)对延安必康 2018 年年度财务报表提供审计服务，审计服务费 360 万元。2019 年 4 月 25 日，瑞华所为延安必康 2018 年年度财务报表出具了标准无保留意见的审计报告。

陕西证监局表示，瑞华所出具的审计报告未发现控股股东及关联方非经营性占用上市公司资金，审计报告财务报表附注“关联方资金拆借”中未披露相关资金占用情况，未发现延安必康通过全资子公司陕西必康的银行账户虚增货币资金，审计报告中有关报表项目与事实不符，最终作出“获取的审计证据是充分、适当的，为发表审计意见提供了基础”及“财务报表在所有重大方面按照企业会计准则的规定编制，公允反映了延安必康 2018 年 12 月 31 日合并及公司的财务状况以及 2018 年度合并及公司的经营成果和现金流量”等不实结论，审计报告存在虚假记载。

陕西证监局指出，瑞华所在延安必康 2018 年年度财务报表审计过程中未勤勉尽责：其一，资金占用的风险识别和评估程序存在缺陷。延安必康控股股东新沂必康及实际控制人长期存在高比例质押，瑞华所在审计中，对上述情况可能引发的上市公司舞弊风险因素考虑不充分，未对控股股东及其关联方占用上市公司资金风险进行恰当评估，作出“不存在侵占上市公司资产的舞弊风险”的识别结果。其二，延安必康虚增货币资金的行为主要发生在其全资子公司陕西必康银行账户，瑞华所对该银行账户货币资金审计程序存在缺陷。

依据《中华人民共和国证券法》第二百二十三条的规定，陕西证监局决定对瑞华所责令改正，没收业务收入 360 万元，并处以 360 万元罚款；对两位延安必康 2018 年年度财务报表审计报告签字注册会计师给予警告，并分别处以 3 万元罚款。

资料来源：根据《中国证券监督管理委员会陕西监管局行政处罚决定书（瑞华会计师事务所、郭伟、郑晓）》（〔2021〕2 号）整理编写。

思考：上述案例中，注册会计师对延安必康货币资金审计是否存在问题？注册会计师在财务报表审计中是否做到了勤勉尽责？本案例中，会计师事务所作为独立于政府和企业的第三方机构，应如何通过对上市公司审计保护投资者和债权人合法权益？

第一节　货币资金审计概述

货币资金是企业资产的重要组成部分，是企业资产中流动性最强的一种资产。货币资金主要来源于股东投入、债权人借款和企业经营累积，主要用于资产的取得和费用的结付。只有保持健康的、正向的现金流，企业才能够继续生存；如果出现现金流逆转迹象，产生了不健康的、负向的现金流，企业将会陷入财务困境，并导致人们对企业的持续经营能力产生疑虑。

根据货币资金存放地点及用途的不同，货币资金分为库存现金、银行存款和其他货币资金。

一、货币资金与业务循环

企业资金的营运过程，从资金流入企业形成货币资金开始，到通过销售收回货币资金、成本补偿确定利润、部分资金流出企业为止。企业资金的不断循环，构成企业的资金周转。货币资金与各业务循环直接相关。

二、涉及的主要单据和会计记录

货币资金审计涉及的单据和会计记录主要有：现金盘点表；银行对账单；银行存款余额调节表；有关科目的记账凭证；有关会计账簿。

三、货币资金的内部控制

由于货币资金是企业流动性最强的资产，企业必须加强对货币资金的管理，建立良好的货币资金内部控制，以确保全部应收取的货币资金均能收取，并及时、正确地予以记录；全部货币资金支出是按照经批准的用途进行的，并及时、正确地予以记录；库存现金、银行存款报告正确，并得以恰当保管；正确预测企业正常经营所需的货币资金收支额，确保企业有充足又不过剩的货币资金余额。

一般而言，一个良好的货币资金内部控制应该达到以下几点：货币资金收支与记账的岗位分离；货币资金收支要有合理、合法的凭据；全部收支及时准确入账，并且资金支付应严格履行审批、复核制度；控制现金坐支，当日收入现金应及时送存银行；按月盘点现金，编制银行存款余额调节表，以做到账实相符；对货币资金进行内部审计。

以下要求通常应当是共同遵循的。

（一）岗位分工及授权批准

（1）企业应当建立货币资金业务的岗位责任制，明确相关部门和岗位的职责权限，确保办理货币资金业务的不相容岗位相互分离、制约和监督。出纳人员不得兼任稽核、会计档案保管和收入、支出、费用、债权债务账目的登记工作。企业不得由一人办理货币资金业务的全过程。

（2）企业应当对货币资金业务建立严格的授权审批制度，明确审批人对货币资金业务的授权批准方式、权限、程序、责任和相关控制措施，规定经办人办理货币资金业务的职责范围和工作要求。

（3）企业应当按照规定的程序办理货币资金支付业务。

第一，支付申请。企业有关部门或个人用款时，应当提前向审批人提交货币资金支付申请，注明款项的用途、金额、预算、支付方式等内容，并附有效经济合同或相关证明。

第二，支付审批。审批人根据其职责、权限和相应程序对支付申请进行审批，审核付款业务的真实性、付款金额的准确性，以及申请人提交票据或者证明的合法性，严格监督资金支付。对不符合规定的货币资金支付申请，审批人应当拒绝批准。

第三，支付复核。财务部门收到经审批人审批签字的相关凭证或证明后，应再次复核业务的真实性、金额的准确性，以及相关票据的齐备性，相关手续的合法性和完整性，并签字认可。复核无误后，交由出纳人员办理支付手续。

第四，办理支付。出纳人员应当根据复核无误的支付申请，按规定办理货币资金支付手续，及时登记库存现金和银行存款日记账。

（4）企业对于重要货币资金支付业务，应当实行集体决策和审批，并建立责任追究制度，防范贪污、侵占、挪用货币资金等行为。

（5）严禁未经授权的机构或人员办理货币资金业务或直接接触货币资金。

（二）现金和银行存款的管理

（1）企业应当加强现金库存限额的管理，超过库存限额的现金应及时存入银行。

（2）企业必须根据《现金管理暂行条例》的规定，结合本企业的实际情况，确定本企业现金的开支范围。不属于现金开支范围的业务应当通过银行办理转账结算。

（3）企业现金收入应当及时存入银行，不得从企业的现金收入中直接支付（即坐支）。因特殊情况需坐支现金的，应事先报经开户银行审查批准，由开户银行核定坐支范围和限额。企业借出款项必须执行严格的授权批准程序，严禁擅自挪用、借出货币资金。

（4）企业取得的货币资金收入必须及时入账，不得私设“小金库”，不得账外设账，严禁收款不入账。

(5) 企业应当严格按照《支付结算办法》等国家有关规定,加强银行账户的管理,严格按照规定开立账户,办理存款、取款和结算。银行账户的开立应当符合企业经营管理实际需要,不得随意开立多个账户,禁止企业内设管理部门自行开立银行账户。企业应当定期检查、清理银行账户的开立及使用情况,发现问题应及时处理。企业应当加强对银行结算凭证的填制、传递及保管等环节的管理与控制。

(6) 企业应当严格遵守银行结算纪律,不准签发没有资金保证的票据或远期支票,套取银行信用;不准签发、取得和转让没有真实交易和债权债务的票据,套取银行和他人资金;不准违反规定开立和使用银行账户。

(7) 企业应当指定专人定期核对银行账户(每月至少核对一次),编制银行存款余额调节表,使银行存款账面余额与银行对账单调节相符。如调节不符,应查明原因,及时处理。

(8) 企业应当定期和不定期地进行现金盘点,确保现金账面余额与实际库存相符。如发现不符,应及时查明原因并作出处理。

(三) 票据及有关印章的管理

(1) 企业应当加强与货币资金相关的票据的管理,明确各种票据的购买、保管、领用、背书转让、注销等环节的职责权限和程序,并专设登记簿进行记录,防止空白票据的遗失和被盗用。企业因填写、开具失误或者其他原因导致作废的法定票据,应当按规定予以保存,不得随意处置或销毁。对超过法定保管期限、可以销毁的票据,在履行审核手续后进行销毁,但应当建立销毁清册并由授权人员监销。

(2) 企业应当加强银行预留印鉴的管理。财务专用章应由专人保管,个人名章必须由本人或其授权人员保管。严禁一人保管支付款项所需的全部印章。按规定需要有关负责人签字或盖章的经济业务,必须严格履行签字或盖章手续。

(四) 监督检查

(1) 企业应当建立对货币资金业务的监督检查制度,明确监督检查机构或人员的职责权限,定期和不定期地进行检查。

(2) 货币资金监督检查的内容主要包括:

第一,货币资金业务相关岗位及人员的设置情况。重点检查是否存在货币资金业务不相容岗位职责未分离的现象。

第二,货币资金授权批准制度的执行情况。重点检查货币资金支出的授权批准手续是否健全,是否存在越权审批行为。

第三,支付款项印章的保管情况。重点检查是否存在办理付款业务所需的全部印章交由一人保管的现象。

第四,票据的保管情况。重点检查票据的购买、领用、保管手续是否健全,票据保管是否存在漏洞。

(3) 对监督检查过程中发现的货币资金内部控制中的薄弱环节,应当及时采取措施,加以纠正和完善。

第二节 货币资金重大错报风险的评估

货币资金主要包括库存现金、银行存款和其他货币资金。

银行存款是指企业存放在银行或其他金融机构的各种款项。按照国家有关规定，凡是独立核算的企业都必须在当地银行开设账户。企业在银行开设账户以后，除按核定的限额保留库存现金外，超过限额的现金必须存入银行；除了在规定的范围内可以用现金直接支付款项，在经营过程中所发生的一切货币收支业务，都必须通过银行存款账户进行结算。

一、货币资金的可能发生错报环节

以一般制造业为例，与库存现金、银行存款相关的交易和余额的可能发生错报环节通常包括：（括号内为相应的认定）

（1）被审计单位资产负债表的货币资金项目中的库存现金和银行存款在资产负债表日不存在。（存在）

（2）被审计单位所有应当记录的现金收支业务和银行存款收支业务未得到完整记录，存在遗漏。（完整性）

（3）被审计单位的现金收款通过舞弊手段被侵占。（完整性）

（4）记录的库存现金和银行存款不是为被审计单位所拥有或控制。（权利和义务）

（5）库存现金和银行存款的金额未被恰当地包括在财务报表的货币资金项目中，与之相关的计价调整未得到恰当记录。（计价和分摊）

（6）库存现金和银行存款未按照企业会计准则的规定在财务报表中作出恰当列报。（列报）

二、识别应对可能发生错报环节的内部控制

为评估与货币资金的交易、账户余额或披露相关的认定的重大错报风险，注册会计师应了解与货币资金相关的内部控制，这些控制主要是为防止、发现并纠正相关认定发生重大错报的固有风险（即可能发生错报环节）而设置的。注册会计师可以通过审阅以前年度审计工作底稿、观察内部控制执行情况、询问管理层和员工、检查相关的文件和资料等方法对这些控制进行了解，此外，对相关文件和资料进行检查也可以提供审计证据，如通过检查财务人员编制的银行余额调节表，可以发现差错并加以纠正。

（一）库存现金内部控制

由于现金是企业流动性最强的资产，加强现金管理对于保护企业资产安全完整具有重要的意义。在良好的现金内部控制下，企业的现金收支记录应及时、准确、完整；全部现金支出均按经批准的用途进行；现金得以安全保管。一般而言，一个良好的现金内部控制应该达到以下几点：现金收支与记账的岗位分离；现金收支要有合理、合法的凭据；全部收入及时准确入账，并且现金支出应严格履行审批、复核制度；控制现金坐支，当日收入现金应及时送存银行；按月盘点现金，以做到账实相符；对现金收支业务进行内部审计。

一般了解现金内部控制时，注册会计师应当注意检查库存现金内部控制的建立和执行情况，重点包括：

(1) 库存现金的收支是否按规定的程序和权限办理。

(2) 是否存在与被审计单位经营无关的款项收支情况。

(3) 出纳与会计的职责是否严格分离。

(4) 库存现金是否妥善保管，是否定期盘点、核对等。

(二) 银行存款内部控制

一般而言，一个良好的银行存款的内部控制与库存现金的内部控制相类似，应达到以下几点：

(1) 银行存款收支与记账的岗位分离。

(2) 银行存款收支要有合理、合法的凭据。

(3) 全部收支及时、准确地入账，全部支出要有核准手续。

(4) 按月编制银行存款余额调节表，做到账实相符。

(5) 加强对银行存款收支业务的内部审计。

按照我国现金管理的有关规定，超过规定限额的现金支出一律使用支票。因此，企业应建立相应的支票申领制度，明确申领范围、申领批准及支票签发、支票报销等。对于支票报销和现金报销，企业应建立报销制度。报销人员报销时应当有正常的报批手续、适当的付款凭据，有关采购支出还应具有验收手续。会计部门应对报销单据加以审核，出纳员见到加盖核准戳记的支出凭据后方可付款。付款应及时登记入账，相关凭证应按顺序或内容编制并作为会计记录的附件。

注册会计师对银行存款内部控制的了解一般与了解现金的内部控制同时进行。注册会计师应当注意的内容包括：银行存款的收支是否按规定的程序和权限办理；银行账户的开立是否符合《银行账户管理办法》等相关法律法规的要求；银行账户是否存在与本单位经营无关的款项收支情况；是否存在出租、出借银行账户的情况；出纳与会计的职责是否严格分离；是否定期取得银行对账单并编制银行存款余额调节表等。

三、与货币资金相关的重大错报风险

在评价货币资金的交易、账户余额或披露的认定层次的重大错报风险时，注册会计师通常运用职业判断，依据因货币资金的交易、账户余额或披露的具体特征而导致重大错报风险的可能性（即固有风险），以及风险评估是否考虑了相关控制（即控制风险），形成对与货币资金相关的重大错报风险的评估，进而影响进一步审计程序。

货币资金交易、账户余额或披露的认定层次的重大错报风险可能包括：

(1) 被审计单位存在虚假的货币资金余额和交易，因而导致银行存款余额的存在性或交易的发生存在重大错报风险。

(2) 被审计单位存在大额的外币交易和余额，可能存在外币交易或余额未被准确记录的风险。例如，对于有外币现金或外币银行存款的被审计单位，企业有关外币交易的增减变动或年底余额可能因未采用正确的折算汇率而导致计价错误（计价和分摊、准确性认定）。

(3) 银行存款的期末收支存在大额的截止性错误（截止认定）。例如，被审计单位期末存在金额重大且异常的银付企未付，企收银未收事项。

(4) 被审计单位可能存在未能按照企业会计准则的规定对货币资金作出恰当披露的风险。例如,被审计单位期末持有使用受限制的大额银行存款,但在编制财务报表时未在财务报表附注中对其进行披露。

在实施货币资金审计的过程中,如果被审计单位存在以下事项或情形,注册会计师需要保持警觉:

(1) 被审计单位的现金交易比例较高,并与其所在的行业常用的结算模式不同。

(2) 库存现金规模明显超过业务周转所需资金。

(3) 银行账户开立数量与企业实际的业务规模不匹配。

(4) 在没有经营业务的地区开立银行账户。

(5) 企业资金存放于管理层或员工个人账户。

(6) 货币资金收支金额与现金流量表不匹配。

(7) 不能提供银行对账单或银行存款余额调节表。

(8) 存在长期或大量银行未达账项。

(9) 银行存款明细账存在非正常转账的"一借一贷"。

(10) 违反货币资金存放和使用规定(如上市公司未经批准开立账户转移募集资金、未经许可将募集资金转作其他用途等)。

(11) 存在大额外币收付记录,而被审计单位并不涉足外贸业务。

(12) 被审计单位以各种理由不配合注册会计师实施银行函证。

当被审计单位存在以上事项或情形时,可能表明存在舞弊风险。

四、拟实施的进一步审计程序的总体方案

注册会计师基于以上识别的重大错报风险评估结果,制定实施进一步审计程序的总体方案(包括综合性方案和实质性方案),继而实施控制测试和实质性审计程序,以应对识别出的重大错报风险。注册会计师通过综合性方案或实质性方案获取的审计证据应足以应对识别出的认定层次的重大错报风险。

第三节 货币资金的控制测试

一、库存现金的控制测试

在已识别的重大错报风险的基础上,注册会计师选取拟测试的控制并实施控制测试。常见的库存现金内部控制以及注册会计师相应可能实施的内部控制测试程序。

(一) 现金付款的审批和复核

例如,被审计单位针对现金付款审批作出以下内部控制要求:部门经理审批本部门的付款申请,审核付款业务是否真实发生、付款金额是否准确,以及后附票据是否齐备,并在复核无误后签字认可。针对该内部控制,注册会计师可以在选取适当样本的基础上实施以下控制测试程序:①询问相关业务部门的部门经理和财务经理其在日常现金付款业务中执行的

内部控制，以确定其是否与被审计单位内部控制政策要求保持一致；②观察财务经理复核付款申请的过程，是否核对了付款申请的用途、金额及后附相关凭据，以及在核对无误后是否进行了签字确认；③重新核对经审批及复核的付款申请及其相关凭据，并检查是否经签字确认。

（二）现金盘点

注册会计师针对被审计单位的现金盘点实施的现金监盘，可能涉及：

（1）检查现金以确定其是否存在，并检查现金盘点结果。

（2）观察执行现金盘点的人员对盘点计划的遵循情况，以及用于记录和控制现金盘点结果的程序的实施情况。

（3）获取有关被审计单位现金盘点程序可靠性的审计证据。现金监盘程序是用作控制测试还是实质性程序，取决于注册会计师对风险评估结果、审计方案和实施的特定程序的判断。注册会计师可以将现金监盘同时用作控制测试和实质性程序。如被审计单位库存现金存放部门有两处或两处以上的，应同时进行盘点。

针对该内部控制，注册会计师可以在选取适当样本的基础上实施以下控制测试程序：①在月末最后一天参与被审计单位的现金盘点，检查是否由应付账款会计进行现金盘点；②观察现金盘点程序是否按照盘点计划的指令和程序执行，是否编制了现金盘点表并根据内控要求经财务部相关人员签字复核；③检查现金盘点表中记录的现金盘点余额是否与实际盘点金额保持一致、现金盘点表中记录的现金日记账余额是否与被审计单位现金日记账中余额保持一致；④针对调节差异金额超过一定金额的调节项，检查是否经财务经理批准后进行财务处理。

二、银行存款的控制测试

在已识别的重大错报风险的基础上，注册会计师选取拟测试的控制并实施控制测试。常见的银行存款内部控制以及注册会计师相应可能实施的内部控制测试程序有以下几点。

（一）银行账户的开立、变更和注销

例如，被审计单位针对银行账户的开立、变更和注销作出了以下内部控制要求：会计主管根据被审计单位的实际业务需要就银行账户的开立、变更和注销提出申请，经财务经理审核后报总经理审批。针对该内部控制，注册会计师可以实施以下控制测试：询问会计主管被审计单位本年开户、变更、撤销的整体情况；取得本年度账户开立、变更、撤销申请项目清单，检查清单的完整性，并在选取适当样本的基础上检查账户的开立、变更、撤销项目是否已经财务经理和总经理审批。

（二）银行付款的审批和复核

被审计单位针对银行付款审批作出以下内部控制要求：部门经理审批本部门的付款申请，审核付款业务是否真实发生、付款金额是否准确，以及后附票据是否齐备，并在复核无误后签字认可。财务部门在安排付款前，财务经理再次复核经审批的付款申请及后附相关凭据或证明，如核对一致，进行签字认可并安排付款。针对该内部控制，注册会计师可以在选取适当样本的基础上实施以下控制测试：

（1）询问相关业务部门的部门经理和财务经理在日常银行付款业务中执行的内部控

制，以确定其是否与被审计单位内部控制政策要求保持一致。

（2）观察财务经理复核付款申请的过程，是否核对了付款申请的用途、金额及后附相关凭据，以及在核对无误后是否进行了签字确认。

（3）重新核对经审批及复核的付款申请及其相关凭据，并检查是否经签字确认。

（三）编制银行存款余额调节表

被审计单位为保证财务报表中银行存款余额的存在性、完整性和准确性，作出以下内部控制要求：每月末，会计主管指定应收账款会计核对银行存款日记账和银行对账单，编制银行存款余额调节表，使银行存款账面余额与银行对账单调节相符。如存在差异项，查明原因并进行差异调节说明。会计主管复核银行存款余额调节表，对需要进行调整的调节项目及时进行处理，并签字确认。针对该内部控制，注册会计师可以实施以下控制测试：

（1）询问应收账款会计和会计主管，以确定其执行的内部控制是否与被审计单位内部控制政策要求保持一致，特别是针对未达账项的编制及审批流程。

（2）针对选取的样本，检查银行存款余额调节表，查看调节表中记录的企业银行存款日记账余额是否与银行存款日记账余额保持一致、调节表中记录的银行对账单余额是否与被审计单位提供的银行对账单中的余额保持一致。

（3）针对调节项目，检查是否经会计主管签字、复核。

（4）针对大额未达账项进行期后收付款的检查。

第四节 货币资金的实质性程序

一、库存现金的实质性程序

根据重大错报风险的评估和从控制测试（如实施）中所获取的审计证据和保证程度，注册会计师就库存现金实施的实质性程序可能包括：

（1）核对库存现金日记账与总账的金额是否相符，检查非记账本位币库存现金的折算汇率及折算金额是否正确。注册会计师测试现金余额的起点是核对库存现金日记账与总账的金额是否相符。如果不相符，应查明原因，必要时应建议被审计单位作出适当调整。

（2）监盘库存现金。对被审计单位现金盘点实施的监盘程序是用作控制测试还是实质性程序，取决于注册会计师对风险评估结果、审计方案和实施的特定程序的判断。如果注册会计师可能基于风险评估的结果判断无须对现金盘点实施控制测试，仅实施实质性程序。

企业盘点库存现金，通常包括对已收到但未存入银行的现金、零用金、找换金等的盘点。盘点库存现金的时间和人员应视被审计单位的具体情况而定，但现金出纳员和被审计单位会计主管人员必须参加，并由注册会计师进行监盘。监盘库存现金的步骤与方法主要有：

第一，查看被审计单位制定的盘点计划，以确定监盘时间。对库存现金的监盘最好实施突击性的检查，时间最好选择在上午上班前或下午下班时，监盘范围一般包括被审计单位各部门经管的所有现金。

第二，查阅库存现金日记账并同时与现金收付凭证相核对。一方面检查库存现金日记账的记录与凭证的内容和金额是否相符；另一方面了解凭证日期与库存现金日记账日期是否相符或接近。

第三，检查被审计单位现金实存数，并将该监盘金额与库存现金日记账余额进行核对，如有差异，应要求被审计单位查明原因，必要时应提请被审计单位作出调整；如无法查明原因，应要求被审计单位按管理权限批准后作出调整。若有冲抵库存现金的借条、未提现支票、未作报销的原始凭证，应在“库存现金监盘表”（表 11-1）中注明，必要时应提请被审计单位作出调整。

第四，在非资产负债表日进行监盘时，应将监盘金额调整至资产负债表日的金额，并对变动情况实施程序。

（3）抽查大额库存现金收支。查看大额现金收支，并检查原始凭证是否齐全、原始凭证内容是否完整、有无授权批准、记账凭证与原始凭证是否相符、账务处理是否正确、是否记录于恰当的会计期间等内容。

（4）检查库存现金是否在财务报表中作出恰当列报。根据有关规定，库存现金在资产负债表的“货币资金”项目中反映，注册会计师应在实施上述审计程序后，确定“库存现金”账户的期末余额是否恰当，进而确定库存现金是否在资产负债表中恰当地披露。

表 11-1　　货币资金——库存现金监盘表

被审计单位：　　索引号：　　报表期间：
项目：　　编制人：　　复核人：

检查盘点记录					实有库存现金盘点记录				
项　目		项次	人民币	美元	面　额	人民币		美　元	
上一日账面库存余额		①				张	金额	张	金额
盘点日未记账传票收入金额		②			1 000 元				
盘点日未记账传票支出金额		③			500 元				
盘点日账面应有金额		④=①+②-③							
盘点实有库存现金数额		⑤			100 元				
盘点日应有与实有差异		⑥=④-⑤			50 元				
差异原因分析	白条抵库（张）				20 元				
					10 元				
					5 元				
					2 元				
					1 元				
					5 角				
					2 角				

（续表）

项　目		项次	人民币	美元	面　额	人民币		美　元	
追溯调整	报表日至审计日库存现金支出总额			1角					
	报表日至审计日库存现金收入总额			5分					
	报表日库存现金应有余额			2分					
	报表日账面汇率			1分					
	报表日余额折合本位币金额			合计					
本位币合计									

出纳员：　　　　会计主管人员：　　　　监盘人：　　　　检查日期：

二、银行存款的实质性程序

根据重大错报风险的评估和从控制测试（如实施）中所获取的审计证据和保证程度，注册会计师就银行存款实施的实质性程序可能包括：

（1）获取银行存款余额明细表，复核加计是否正确，并与总账数和日记账合计数核对是否相符；检查非记账本位币银行存款的折算汇率及折算金额是否正确。注册会计师核对银行存款日记账与总账的余额是否相符。如果不相符，应查明原因，必要时应建议作出适当调整。如果对被审计单位银行账户的完整性存有疑虑，如当被审计单位可能存在账外账或资金体外循环时，注册会计师可以考虑额外实施以下实质性程序：

第一，注册会计师亲自到中国人民银行或基本存款账户开户行查询并打印"已开立银行结算账户清单"，以确认被审计单位账面记录的银行人民币结算账户是否完整。

第二，结合其他相关细节测试，关注原始单据中被审计单位的收（付）款银行账户是否包含在注册会计师已获取的开立银行账户清单内。

（2）实施实质性分析程序。计算银行存款累计余额应收利息收入，分析比较被审计单位银行存款应收利息收入与实际利息收入的差异是否恰当，评估利息收入的合理性，检查是否存在高息资金拆借，确认银行存款余额是否存在，利息收入是否已经完整记录。

（3）检查银行存款账户发生额。注册会计师还可以考虑对银行存款账户的发生额实施以下程序：

第一，分析不同账户发生银行日记账漏记银行交易的可能性，获取相关账户相关期间的全部银行对账单。

第二，如果对被审计单位银行对账单的真实性存有疑虑，注册会计师可以在被审计单位的协助下亲自到银行获取银行对账单。在获取银行对账单时，注册会计师要全程关注银行对账单的打印过程。

第三，从银行对账单中选取交易的样本与被审计单位银行日记账记录进行核对；从被审计单位银行存款日记账上选取样本，核对至银行对账单。

第四，浏览银行对账单，选取大额异常交易，如银行对账单上有一收一付相同金额，或分次转出相同金额等，检查被审计单位银行存款日记账上有无该项收付金额记录。

（4）取得并检查银行对账单和银行存款余额调节表。取得并检查银行对账单和银行存款余额调节表是证实资产负债表中所列银行存款是否存在的重要程序。银行存款余额调节表通常应由被审计单位根据不同的银行账户及货币种类分别编制。具体测试程序通常包括：

第一，取得并检查银行对账单：①取得被审计单位加盖银行印章的银行对账单，注册会计师应对银行对账单的真实性保持警觉，必要时，亲自到银行获取对账单，并对获取过程保持控制；②将获取的银行对账单余额与银行日记账余额进行核对，如存在差异，获取银行存款余额调节表；③将被审计单位资产负债表日的银行对账单与银行询证函回函核对，确认是否一致。

第二，取得并检查银行存款余额调节表：①检查调节表中加计数是否正确，调节后银行存款日记账余额与银行对账单余额是否一致；②检查调节事项。对于企业已收付、银行尚未入账的事项，检查相关收付款凭证，并取得期后银行对账单，确认未达账项是否存在，银行是否已于期后入账；对于银行已收付、企业尚未入账的事项，检查期后企业入账的收付款凭证，确认未达账项是否存在，如果企业的银行存款余额调节表存在大额或较长时间的未达账项，注册会计师应查明原因并确定是否需要提请被审计单位进行调整；③关注长期未达账项，查看是否存在挪用资金等事项；④特别关注银付企未付、企付银未付中支付异常的领款事项，包括没有载明收款人、签字不全等支付事项，确认是否存在舞弊行为。

（5）函证银行存款余额，编制银行函证结果汇总表，检查银行回函。应注意：银行函证程序是证实资产负债表所列银行存款是否存在的重要程序。通过向往来银行函证，注册会计师不仅可以了解企业资产的存在，还可了解企业账面反映所欠银行债务的情况，并有助于发现企业未入账的银行借款和未披露的或有负债。

注册会计师应当对银行存款（包括零余额账户和在本期内注销的账户）、借款，以及与金融机构往来的其他重要信息实施函证程序，除非有充分证据表明某一银行存款、借款，以及与金融机构往来的其他重要信息对财务报表不重要且与之相关的重大错报风险很低。如果不对这些项目实施函证程序，注册会计师应当在审计工作底稿中说明理由。

当实施函证程序时，注册会计师应当对询证函保持控制，当函证信息与银行回函结果不符时，注册会计师应当调查不符事项，以确定是否表明存在错报。在实施银行函证时，注册会计师需要以被审计单位名义向银行发函询证，以验证被审计单位的银行存款是否真实、合法、完整。根据《关于进一步规范银行函证及回雨工作的通知》（财会〔2016〕13 号）（以下简称《通知》），各银行应对询证函列示的全部项目作出回应，并在收到询证函之日起 10 个工作日内，将回函直接寄往会计师事务所。银行询证函如下所示。

银行询证函

编号：

致________________________(以下简称贵行，即"函证收件人")：

________________公司(以下简称本公司)聘请的××会计师事务所(特殊普通合伙)[××分所]正在对本公司[______年度(或期间)]的财务报表进行审计，按照中国注册会计师审计准则"列明其他相关审计准则名称"的要求，应当询证本公司与贵行相关的信息。下列第1～14项及附表(如适用)信息出自本公司的记录：

(1) 如与贵行记录相符，请在本函"结论"部分签字和签章或签发电子签名；

(2) 如有不符，请在本函"结论"部分列明不符项目及具体内容，并签字和签章或签发电子签名。

本公司谨授权贵行将回函直接寄至××会计师事务所(特殊普通合伙)[××分所]或直接转交××会计师事务所函证经办人①，地址及联系方式②如下：

回函地址：　　　　　　　　　　　　　　邮编：

回函联系方式：

有关函证问题请联系：　　　联系人：审计______部　　　__________

电子邮箱：　　　　　　　　传真：　　　　　　　　项目组负责人：________

截至______年　月　日(即"函证基准日")，本公司与贵行相关的信息③列示如下：

1. 银行存款

账户名称	银行账号	币种	利率	账户类型	账户余额	是否属于资金归集(资金池或其他资金管理)账户	起始日期	终止日期	是否存在冻结、担保或其他使用限制(如是，请注明)	备注

除上述列示的银行存款(包括余额为零的存款账户)外，本公司并无在贵行的其他存款。

2. 银行借款

借款人名称	借款账号	币种	余额	借款日期	到期日期	利率	抵(质)押品/担保人	备注

除上述列示的银行借款外，本公司并无自贵行的其他借款。

---

① 会计师事务所应按照相关银行公示的函证具体要求提供相关人员的证明文件等。

② "回函地址、联系人、电话、传真、邮编、电子邮箱"等要素应完整、准确填写。

③ 本询证函所列示的第1～14项及附表(如适用)信息，以银行印章所代表的总分支机构主体范围进行回函。

3. 自______年____月____日起至______年____月____日期间内注销的银行存款账户

账户名称	银行账号	币种	注销账户日

除上述列示的注销账户外，本公司在此期间并未在贵行注销其他账户。

4. 本公司作为委托人的委托贷款

账户名称	银行结算账号	资金借入方	币种	利率	余额	贷款起止日期	备注

除上述列示的委托贷款外，本公司并无通过贵行办理的其他以本公司作为委托人的委托贷款。

5. 本公司作为借款人的委托贷款

账户名称	银行结算账号	资金借出方	币种	利率	余额	贷款起止日期	备注

除上述列示的委托贷款外，本公司并无通过贵行办理的其他以本公司作为借款人的委托贷款。

6. 担保

(1) 本公司为其他单位提供的、以贵行为担保受益人的担保。

被担保人	担保方式	币种	担保余额	担保到期日	担保合同编号	备注

除上述列示的担保外，本公司并无其他以贵行为担保受益人的担保。

(2) 贵行向本公司提供的担保(如保函业务、备用信用证业务等)。

被担保人	担保方式	币种	担保金额	担保到期日	担保合同编号	备注

除上述列示的担保外，本公司并无贵行提供的其他担保。

7. 本公司为出票人且由贵行承兑而尚未支付的银行承兑汇票

银行承兑汇票号码	结算账户账号	币种	票面金额	出票日	到期日	抵(质)押品

除上述列示的银行承兑汇票外,本公司并无由贵行承兑而尚未支付的其他银行承兑汇票。

8. 本公司向贵行已贴现而尚未到期的商业汇票

商业汇票号码	承兑人名称	币种	票面金额	出票日	到期日	贴现日	贴现率	贴现净额

除上述列示的商业汇票外,本公司并无向贵行已贴现而尚未到期的其他商业汇票。

9. 本公司为持票人且由贵行托收的商业汇票

商业汇票号码	承兑人名称	币种	票面金额	出票日	到期日

除上述列示的商业汇票外,本公司并无由贵行托收的其他商业汇票。

10. 本公司为申请人,由贵行开具的、未履行完毕的不可撤销信用证

信用证号码	受益人	币种	信用证金额	到期日	未使用金额

除上述列示的不可撤销信用证外,本公司并无由贵行开具的、未履行完毕的其他不可撤销信用证。

11. 本公司与贵行之间未履行完毕的外汇买卖合约

类别	合约号码	贵行卖出币种	贵行买入币种	未履行的合约买卖金额	汇率	交收日期

除上述列示的外汇买卖合约外,本公司并无与贵行之间未履行完毕的其他外汇买卖合约。

12. 本公司存放于贵行托管的证券或其他产权文件

证券或其他产权文件名称	证券代码或产权文件编号	数量	币种	金额

除上述列示的证券或其他产权文件外，本公司并无存放于贵行托管的其他证券或其他产权文件。

13. 本公司购买的由贵行发行的未到期银行理财产品

产品名称	产品类型（封闭式/开放式）	币种	持有份额	产品净值	购买日	到期日	是否被用于担保或存在其他使用限制

除上述列示的银行理财产品外，本公司并未购买其他由贵行发行的理财产品。

14. 其他

(6) 检查银行存款账户存款人是否为被审计单位，若存款人非被审计单位，应获取该账户户主和被审计单位的书面声明，确认资产负债表日是否需要提请被审计单位进行调整。

(7) 关注是否存在质押、冻结等对变现有限制或存在境外的款项。如果存在，是否已提请被审计单位作必要的调整和披露。

(8) 对不符合现金及现金等价物条件的银行存款在审计工作底稿中予以列明，以考虑对现金流量表的影响。

(9) 抽查大额银行存款收支的原始凭证，检查原始凭证是否齐全、记账凭证与原始凭证是否相符、账务处理是否正确、是否记录于恰当的会计期间等项内容。检查是否存在非营业目的的大额货币资金转移，并核对相关账户的进账情况；如有与被审计单位生产经营无关的收支事项，应查明原因并作相应的记录。

(10) 检查银行存款收支的截止是否正确。选取资产负债表日前后若干张、一定金额以上的凭证实施截止测试，关注业务内容及对应项目，如有跨期收支事项，应考虑是否提请被审计单位进行调整。

(11) 检查银行存款是否在财务报表中作出恰当列报。根据有关规定，企业的银行存款在资产负债表的“货币资金”项目中反映。

三、其他货币资金的实质性程序

如果被审计单位有定期存款，注册会计师可以考虑实施以下审计程序：

(1) 向管理层询问定期存款存在的商业理由并评估其合理性。

(2) 获取定期存款明细表，检查是否与账面记录金额一致，存款人是否为被审计单位，定期存款是否被质押或限制使用。

(3) 在监盘库存现金的同时，监盘定期存款凭据。如果被审计单位在资产负债表日有大额定期存款，基于对风险的判断考虑选择在资产负债表日实施监盘。

(4) 对未质押的定期存款，检查开户证实书原件，以防止被审计单位提供的复印件是未质押(或未提现)前原件的复印件。在检查时，还要认真核对相关信息，包括存款人、金额、期限等，如有异常，须实施进一步审计程序。

(5) 对已质押的定期存款，检查定期存单复印件，并与相应的质押合同核对。对于质押借款的定期存单，关注定期存单对应的质押借款有无入账，对于超过借款期限但仍处于质押状态的定期存款，还应关注相关借款的偿还情况，了解相关质权是否已被行使；对于为他人担保的定期存单，关注担保是否逾期及相关质权是否已被行使。

(6) 函证定期存款相关信息。

(7) 结合财务费用审计测算利息收入的合理性，判断是否存在体外资金循环的情形。

(8) 在资产负债表日后已提取的定期存款，核对相应的兑付凭证等。

(9) 关注被审计单位是否在财务报表附注中对定期存款给予充分披露。

复习思考题

1. 货币资金业务常见的重大错报风险有哪些?

2. 库存现金审计的实质性程序包括哪些?

3. 为什么要对银行存款进行函证? 当银行存款余额为零时，是否需要向其开户银行发函?

第十二章 完成审计工作

教学目标

➢ 知识目标

1. 了解期初余额审计的主要方法，理解审计差异调节表，进而学会编制试算平衡表。

2. 理解并识记书面声明的内容，以及注册会计师应对管理层拒不提供书面声明或对书面声明存在疑虑时的应对之策。

➢ 能力目标

1. 理解并熟练区分第一类与第二类期后事项，以及运用注册会计师在期后事项三个时点中的责任内容。

2. 掌握与治理层沟通的内容，具备良好的沟通技巧和语言能力。

➢ 素养目标

1. 培养大局观念，对整体情况的判断形成复核能力，并在此过程中秉持以专业主义为原则的职业怀疑态度。

2. 谨记法治意识，如实、客观处理已发现的问题，做到敢于承担、敢于反思、勇于进步。

导入案例

报表批准报出日变更，导致销售退回构成期后调整事项

恒烁股份(以下简称公司)申报基准日为2021年6月30日，申报报表在2021年8月经董事会批准报出，2021年11月发生大额销售退回事项。因其他会计差错调整事项，公司在审核中重新编制了申报期间财务报表，并于2022年1月批准报出。该退货事项因发生在更正后申报财务报表批准报出日之前，构成新出具财务报表的资产负债表日后事项，公司对退回进行追溯调整。审核中对大额退货是否构成期后调整事项，会计处理是否符合企业会计准则的规定进行了关注。

2021年6～9月向杰理科技销售的产品于11月退货2 109.52万元，主要原因系适配性。原申报财务报表已于2021年8月27日经董事会批准后对外报出，公司于2021年11月与杰理科技沟通协商后，决定对杰理科技进行退货处理，并于2021年12月初收到退货。此外，因对F103产品技术授权金和股份支付确认方式进行了更正，公司重新编制了2018年度、2019年度、2020年度和2021年1～6月的财务报表，并于2022年1月28日召开第一届董事会第七次会议决议批准报出。该退货事项发生在更正后申报财务报表批准报出日之前，构成新出具财务报表的资产负债表日后事项。对本次销售退回中归属于2021年6月的部分，公司追溯调整了2021年1～6月申报财务报表。

资料来源：IPO清平调.申报报表批准报出日变更导致销售退回构成期后调整事项（恒烁股份）[EB/OL].（2022-04-15）[2023-1-02]. https://mp.weixin.qq.com/s/LJuFmwHEKvRaV1qYR0cv6w.

思考：请思考期后事项的种类，判断原申报财务报表中退货事项是否构成期后调整事项。

第一节 完成审计工作概述

一、期初余额

对期初余额的审计，既包括注册会计师首次接受委托对被审计单位的财务报表进行审计时所涉及的如何审计财务报表期初余额问题，又包括注册会计师执行连续审计业务时所涉及的如何审计财务报表期初余额问题。期初余额以上期期末余额为基础，反映了以前期间的交易和事项以及上期采用的会计政策的结果。注册会计师应当根据期初余额对财务报表的影响程度，合理运用职业判断，以确定期初余额的审计范围。判断期初余额对本期财务报表的影响程度应着眼于以下三方面：一是上期结转至本期的金额；二是上期所采用的会计政策；三是上期期末已存在的或有事项及承诺。注册会计师应以这三方面的内容为重点，确定期初余额对本期财务报表的影响。

在执行首次审计业务时，注册会计师针对期初余额的目标是获取充分、适当的审计证据以确定：期初余额是否含有对本期财务报表产生重大影响的错报；期初余额反映得恰当的会计政策是否在本期财务报表中得到一贯运用，以及会计政策的变更是否已按照适用的财务报表编制基础作出恰当的会计处理和充分的列报与披露。

为达到上述期初余额的审计目标，注册会计师应当阅读被审计单位最近期间的财务报表、相关披露，以及前任注册会计师出具的审计报告（如有），获取与期初余额相关的信息。注册会计师对期初余额需要实施的审计程序的性质和范围取决于下列事项：被审计单位运用的会计政策；账户余额、各类交易或披露的性质，以及本期财务报表存在的重大错报风险；期初余额相对于本期财务报表的重要程度；上期财务报表是否经过审计，如果经过审计，前任注册会计师的意见是否为非无保留意见。注册会计师对期初余额实施的审计程序应当包括：确定上期期末余额是否已正确结转至本期，在适当的情况下已作出重新表述；确定期初余额是否反映对恰当会计政策的运用；实施一项或多项审计程序。注册会计师实施的一项或多项审计程序包括：如果上期财务报表已经审计，查阅前任注册会计师的审计工作底稿，以获取有关期初余额的审计证据；评价本期实施的审计程序是否提供了有关期初余额的审计证据；实施其他专门的审计程序，以获取有关期初余额的审计证据。

如果获取的审计证据表明期初余额存在可能对本期财务报表产生重大影响的错报，注册会计师应当实施适合具体情况的追加的审计程序，以确定对本期财务报表的影响。如果上期财务报表已由前任注册会计师审计，并发表了非无保留意见，注册会计师应当按照规定，在评估本期财务报表重大错报风险时，评价导致对上期财务报表发表非无保留意见的事项的影响。在对期初余额实施审计程序后，注册会计师应当分析已获取的审计证据，区分不同情况形成对被审计单位期初余额的审计结论，在此基础上确定其对本期财务报表出具审计报告的影响。

二、编制审计差异调节表和试算平衡表

在完成了控制测试和实质性程序之后，对于审计过程中发现的被审计单位会计处理方法与有关会计准则和制度不一致的地方，即审计差异内容，注册会计师理应根据审计重要性原则予以初步确定汇总，并建议被审计单位进行调整，以确定最终审计后的财务报表。审计差异内容按是否需要调整被审计单位的账簿记录可分为核算误差和重分类误差。核算误差是因企业对交易或事项进行了不正确的会计处理而引起的科目或金额的错误，重分类误差则是因为企业未按有关会计准则和制度的规定列报财务报表引起的报告项目的错误。因此，前者需要对企业的账簿记录进行调整，后者则只需要在编制报表的过程中调整即可，次年的年初数仍以未调整数核算。根据审计重要性水平来衡量，核算误差又可分为建议调整的不符事项和不建议调整的不符事项，这个划分过程需要审计人员较高的职业判断。

一般来说，审计人员在划分建议调整的不符事项和不建议调整的不符事项时，应从误差的金额和性质两个角度来考虑：如果单笔核算误差超过相关财务报表账户余额层次的重要性水平时，应视为建议调整的不符事项；有些核算误差虽然低于相关财务报表账户余额层次的重要性水平，但涉及舞弊与违法行为，或是不希望出现错误的科目，如实收资本（或股本）科目的错误，或是影响趋势的核算误差，性质重要的则应确定为建议调整不符事项；虽然单笔核算误差低于相关财务报表账户余额层次的重要性水平并且性质不重要，但数量较多，若干笔同类型核算误差汇总则超过了财务报表账户余额层次的重要性水平，应从中选取几笔较大的金额转为建议调整的不符事项，录入调整分录汇总表，以使未调整不符事项汇总金额降低到重要性水平以下。常见的审计差异调整格式如表 12-1 所示。

表 12-1　　　　账项调整事项汇总表

客户名称：　　　　　　　　　　　　索引号：
项目名称：　　　　　　　　　　　　编制人：
日　　期：　　　　　　　　　　　　复核人：

序号	索引号	调整说明	借方科目	二级科目	贷方科目	二级科目	金额

审计人员在征求被审计单位对需要调整财务报表事项的意见时，一般应采用书面形式，

并根据被审计单位的意见确定其对审计意见的影响。如果被审计单位予以采纳，应取得被审计单位同意调整的书面确认；如果被审计单位不予以调整，应分析原因，并根据未调整不符事项的性质和重要程度，确定是否应在审计报告中反映，以及如何反映。

试算平衡表是审计人员根据被审计单位提供的未审计财务报表，考虑调整分录和重分类分录等内容后确定的财务报表已审计数的表式。其中，试算平衡表中的"未审数"栏应根据被审计单位的未审财务报表期末数填列。在编制完试算平衡表后，注册会计师应注意核对相应的勾稽关系和报表的平衡关系。常见的资产负债表、利润及利润分配表的试算平衡表分别如表 12-2、表 12-3 所示。

表 12-2　　资产负债表的试算平衡表

客户名称：　编制：　日期：　索引：
会计时点：　复核：　日期：　分页：

资产	企业原报数	账项调整		报表调整		调后数	剥离调整	审定数
		借方	贷方	借方	贷方			
流动资产：								
货币资金								
交易性金融资产								
以公允价值计量且其变动计入当期损益的金融资产								
衍生金融资产								
应收票据								
应收账款								
应收款项融资								
预付款项								
其他应收款								
其中：应收利息								
应收股利								
存货								
合同资产								
持有待售资产								
一年内到期的非流动资产								
其他流动资产								
流动资产合计								
非流动资产：								

（续表）

资产	企业原报数	账项调整		报表调整		调后数	剥离调整	审定数
		借方	贷方	借方	贷方			
债权投资								
可供出售金融资产								
其他债权投资								
持有至到期投资								
长期应收款								
设定受益计划净资产								
长期股权投资								
其他权益工具投资								
其他非流动金融资产								
投资性房地产								
固定资产								
在建工程								
生产性生物资产								
油气资产								
使用权资产								
无形资产								
开发支出								
商誉								
长期待摊费用								
递延所得税资产								
其他非流动资产								
非流动资产合计								
资产总计								

表 12-3　　利润及利润分配表的试算平衡表

客户名称：　　编制：　　日期：　　索引：
会计时点：　　复核：　　日期：　　分页：

项目	企业原报数	账项调整		报表调整		调后数	剥离调整	审定数
		借方	贷方	借方	贷方			
一、营业收入								

（续表）

项目	企业原报数	账项调整		报表调整		调后数	剥离调整	审定数
		借方	贷方	借方	贷方			
其中：主营业务收入								
其他业务收入								
减：营业成本								
其中：主营业务成本								
其他业务成本								
税金及附加								
销售费用								
管理费用								
研发费用								
财务费用								
其中：利息费用								
利息收入								
加：其他收益								
投资收益（损失以“—”号填列）								
其中：对联营企业和合营企业的投资收益								
以摊余成本计量的金融资产终止确认收益（损失以“—”号填列）								
净敞口套期收益（损失以“—”号填列）								
公允价值变动收益（损失以“—”号填列）								
信用减值损失（损失以“—”号填列）								
资产减值损失（损失以“—”号填列）								
资产处置收益（损失以“—”号填列）								

（续表）

项目	企业原报数	账项调整		报表调整		调后数	剥离调整	审定数
		借方	贷方	借方	贷方			
二、营业利润（亏损以“－”号填列）								
加：营业外收入								
减：营业外支出								
三、利润总额（亏损总额以“－”号填列）								
减：所得税费用								
四、净利润（净亏损以“－”号填列）								
（一）按经营持续性分类								
其中：持续经营净利润（净亏损以“－”号填列）								
终止经营净利润（净亏损以“－”号填列）								
（二）按所有权归属分类								
其中：归属于母公司股东的净利润（净亏损以“－”号填列）								
少数股东损益（净亏损以“－”号填列）								
五、其他综合收益的税后净额								
归属于母公司股东的其他综合收益的税后净额								
（一）不能重分类进损益的其他综合收益								
1. 重新计量设定受益计划变动额								
2. 权益法下不能转损益的其他综合收益								
3. 其他权益工具投资公允价值变动								

（续表）

项目	企业原报数	账项调整		报表调整		调后数	剥离调整	审定数
		借方	贷方	借方	贷方			
4. 企业自身信用风险公允价值变动								
5. 其他								
（二）将重分类进损益的其他综合收益								
1. 权益法下可转损益的其他综合收益								
2. 其他债权投资公允价值变动								
3. 其他债权投资公允价值变动损益								
4. 金融资产重分类计入其他综合收益的金额								
5. 持有至到期投资重分类为其他债权投资损益								
6. 其他债权投资信用减值准备								
7. 现金流量套期储备								
8. 外币财务报表折算差额								
9. 自用房地产或作为存货的房地产转换为以公允价值计量的投资性房地产在转换日公允价值大于账面价值部分								
10. 多次交易分步处置子公司股权构成一揽子交易的，丧失控制权之前各次交易处置价款与对应净资产账面价值份额的差额								
11. 其他								
归属于少数股东的其他综合收益的税后净额								
六、综合收益总额								
归属于母公司股东的综合收益总额								

（续表）

项目	企业原报数	账项调整		报表调整		调后数	剥离调整	审定数
		借方	贷方	借方	贷方			
归属于少数股东的综合收益总额								
七、每股收益								
（一）基本每股收益								
（二）稀释每股收益								
八、利润分配								
（一）年初未分配利润								
（二）可供分配的利润								
1. 提取法定盈余公积								
2. 其他								
（三）可供投资者分配的利润								
1. 应付优先股股利								
2. 提取任意盈余公积								
3. 应付普通股股利（应付利润）								
4. 转作资本（或股本）的普通股股利								
5. 其他								
九、未分配利润								

三、书面声明

书面声明是指管理层向注册会计师提供的书面陈述，用以确认某些事项或支持其他审计证据。书面声明不包括财务报表及其认定，以及支持性账簿和相关记录。在本节中单独提及管理层时，应当理解为管理层和治理层（如适用）。

（一）针对管理层责任的书面声明

针对财务报表的编制，注册会计师应当要求管理层提供书面声明，确认其根据审计业务约定条款，履行了按照适用的财务报表编制基础编制财务报表并使其实现公允反映（如适用）的责任。

针对提供的信息和交易的完整性，注册会计师应当要求管理层就下列事项提供书面声明：按照审计业务约定条款，已向注册会计师提供所有相关信息，并允许注册会计师不受限制地接触所有相关信息以及被审计单位内部人员和其他相关人员；所有交易均已记录并反映在财务报表中。

如果未从管理层获取其确认已履行责任的书面声明，注册会计师在审计过程中获取的有关管理层已履行这些责任的其他审计证据是不充分的。这是因为仅凭其他审计证据不能判断管理层是否在认可并理解其责任的基础上，编制和列报财务报表并向注册会计师提供了相关信息。基于管理层认可并理解在审计业务约定条款中提及的管理层的责任，注册会计师可能还要求管理层在书面声明中再次确认其对自身责任的认可与理解。当存在下列情况时，这种确认尤为适当：代表被审计单位签订审计业务约定条款的人员不再承担相关责任；审计业务约定是在以前年度签订的；有迹象表明管理层误解了其责任；情况的改变需要管理层再次确认其责任。当然，再次确认管理层对自身责任的认可与理解，并不限于管理层已知的全部事项。

（二）其他书面声明

除了《中国注册会计师审计准则第 1341 号——书面声明》和其他审计准则要求的书面声明，如果注册会计师认为有必要获取一项或多项其他书面声明，以支持与财务报表或者一项或多项具体认定相关的其他审计证据，注册会计师应当要求管理层提供这些书面声明。其他书面声明可能包括针对下列事项作出的声明：

（1）会计政策的选择和运用是否适当。

（2）是否按照适用的财务报表编制基础对下列事项（如相关）进行了确认、计量、列报或披露：①可能影响资产和负债账面价值或分类的计划或意图；②负债（包括实际负债和或有负债）；③资产的所有权或控制权，资产的留置权或其他物权，用于担保的抵押资产；④可能影响财务报表的法律法规及合同（包括违反法律法规及合同的行为）。

除了针对管理层提供的信息和交易的完整性的书面声明，注册会计师还可能认为有必要要求管理层提供书面声明，确认其已将注意到的所有内部控制缺陷向注册会计师通报。在获取有关管理层的判断和意图的证据时，或者在对判断和意图进行评价时，注册会计师可能考虑下列一项或多项事项：

（1）被审计单位以前对声明的意图的实际实施情况。

（2）被审计单位选取特定措施的理由。

（3）被审计单位实施特定措施的能力。

（4）是否存在审计过程中已获取的、可能与管理层判断或意图不一致的任何其他信息。

此外，注册会计师可能认为有必要要求管理层提供有关财务报表特定认定的书面声明，尤其是支持注册会计师就管理层的判断或意图或者完整性认定从其他审计证据中获取的了解。

（三）书面声明的日期和涵盖的期间

书面声明的日期应当尽量接近对财务报表出具审计报告的日期，但不得在审计报告日之后。书面声明应当涵盖审计报告针对的所有财务报表和期间。由于书面声明是必要的审计证据，在管理层签署书面声明前，注册会计师不能发表审计意见，也不能签署审计报告。此外，由于注册会计师关注截至审计报告日发生的、可能需要在财务报表中作出相应调整或披露的事项，书面声明的日期应当尽量接近对财务报表出具审计报告的日期，但不得在其之后。

在实务中可能会出现在审计报告中提及的所有期间内，现任管理层均尚未就任。他们可能由此声称无法就上述期间提供部分或全部书面声明。然而，这一事实并不能减轻现任管理层对财务报表整体的责任。相应地，注册会计师仍然需要向现任管理层获取涵盖整个相关期间的书面声明。

(四) 书面声明的形式

书面声明应当以声明书的形式致送注册会计师。以下介绍一种声明书参考格式的范例。与该声明书相关的几点背景信息有：被审计单位采用企业会计准则编制财务报表；《中国注册会计师审计准则第 1324 号——持续经营》中有关就被审计单位持续经营能力获取书面声明的要求不相关；所要求的书面声明不存在例外情况。如果存在例外情况，则需要对本参考格式列示的书面声明的内容予以调整，以反映这些例外情况。具体声明书的参考格式如下：

(致注册会计师)：

本声明书是针对你们审计 ABC 公司截至 2×22 年 12 月 31 日的年度财务报表而提供的。审计的目的是对财务报表发表意见，以确定财务报表是否在所有重大方面已按照企业会计准则的规定编制，并实现公允反映。

据我们所知，并在作出了必要的查询和了解后，我们确认：

一、财务报表

1. 我们已履行[插入日期]签署的审计业务约定书中提及的责任，即根据企业会计准则的规定编制财务报表，并对财务报表进行公允反映；

2. 在作出会计估计时使用的重大假设(包括与公允价值计量相关的假设)是合理的；

3. 已按照企业会计准则的规定对关联方关系及其交易作出了恰当的会计处理和披露；

4. 根据企业会计准则的规定，所有需要调整或披露的资产负债表日后事项都已得到调整或披露；

5. 未更正错报，无论是单独还是汇总起来，对财务报表整体的影响均不重大。未更正错报汇总表附在本声明书后；

6. [插入注册会计师可能认为适当的其他任何事项]。

二、提供的信息

7. 我们已向你们提供下列工作条件：

(1) 允许接触我们注意到的、与财务报表编制相关的所有信息(如记录、文件和其他事项)。

(2) 提供你们基于审计目的要求我们提供的其他信息。

(3) 允许在获取审计证据时不受限制地接触你们认为必要的本公司内部人员和其他相关人员。

8. 所有交易均已记录并反映在财务报表中。

9. 我们已向你们披露了由于舞弊可能导致的财务报表重大错报风险的评估结果。

10. 我们已向你们披露了我们注意到的、可能影响本公司的与舞弊或舞弊嫌疑相关的所有信息，这些信息涉及本公司的：

(1) 管理层；

(2) 在内部控制中承担重要职责的员工；

(3) 其他人员(在舞弊行为导致财务报表重大错报的情况下)。

11. 我们已向你们披露了从现任和前任员工、分析师、监管机构等方面获知的、影响财务报表的舞弊指控或舞弊嫌疑的所有信息。

12. 我们已向你们披露了所有已知的、在编制财务报表时应当考虑其影响的违反或涉嫌违反法律法规的行为。

13. 我们已向你们披露了我们注意到的关联方的名称和特征、所有关联方关系及其交易。

14. [插入注册会计师可能认为必要的其他任何事项]。

附:未更正错报汇总表

ABC公司 ABC公司管理层

(盖章)(签名并盖章)

中国××市二×二二年×月×日

(五) 对书面声明可靠性的疑虑以及管理层不提供要求的书面声明

1. 对书面声明可靠性的疑虑

如果对管理层的胜任能力、诚信、道德价值观或勤勉尽责存在疑虑,或者对管理层在这些方面的承诺或贯彻执行存在疑虑,注册会计师应当确定这些疑虑对书面或口头声明和审计证据总体的可靠性可能产生的影响。

如果书面声明与其他审计证据不一致,注册会计师应当实施审计程序以设法解决这些问题。注册会计师可能需要考虑风险评估结果是否仍然适当。如果认为不适当,注册会计师需要修正风险评估结果,并确定进一步审计程序的性质、时间安排和范围,以应对评估的风险。如果问题仍未解决,注册会计师应当重新考虑对管理层的胜任能力、诚信、道德价值观或勤勉尽责的评估,或者重新考虑对管理层在这些方面的承诺或贯彻执行的评估,并确定书面声明与其他审计证据的不一致对书面或口头声明和审计证据总体的可靠性可能产生的影响。此外,如果认为书面声明不可靠,注册会计师应当采取适当措施,包括确定其对审计意见可能产生的影响。

2. 管理层不提供要求的书面声明

如果管理层不提供要求的一项或多项书面声明,注册会计师应当:①与管理层讨论该事项;②重新评价管理层的诚信,并评价该事项对书面或口头声明和审计证据总体的可靠性可能产生的影响;③采取适当措施,包括确定该事项对审计意见可能产生的影响。

如果存在下列情形之一,注册会计师应当对财务报表发表无法表示意见:注册会计师对管理层的诚信产生重大疑虑,以至于认为其作出的书面声明不可靠;管理层不提供书面声明。这是因为仅凭其他审计证据,注册会计师不能判断管理层是否履行了上述两方面的责任。因此,如果注册会计师认为有关这些事项的书面声明不可靠,或者管理层不提供有关这些事项的书面声明,则注册会计师无法获取充分、适当的审计证据,这对财务报表的影响可能是广泛的,并不局限于财务报表的特定要素、账户或项目。在这种情况下,注册会计师需要按照《中国注册会计师审计准则第1502号——在审计报告中发表非无保留意见》的规定,对财务报表发表无法表示意见。

第二节 期后事项

企业的经营活动是连续不断、持续进行的，但财务报表的编制却是建立在“会计分期假设”基础之上的。也就是说，作为主要审计对象的财务报表，其编制基础不过是对连续不断的经营活动的一种人为划分。因此，注册会计师在审计被审计单位某一会计年度的财务报表时，除了对所审会计年度内发生的交易和事项实施必要的审计程序，还必须考虑所审会计年度之后发生和发现的事项对财务报表和审计报告的影响，以保证一个会计期间的财务报表的真实性和完整性。

一、期后事项的种类

期后事项是指财务报表日至审计报告日之间发生的事项，以及注册会计师在审计报告日后知悉的事实。

财务报表可能受到财务报表日后发生的事项的影响，因此适用的财务报表编制基础通常专门提及期后事项，将其区分为以下两类：其一，对财务报表日已经存在的情况提供证据的事项，即对财务报表日已经存在的情况提供了新的或进一步证据的事项。这类事项影响财务报表金额，需提请被审计单位管理层调整财务报表及与之相关的披露信息，称为“财务报表日后调整事项”。其二，对财务报表日后发生的情况提供证据的事项，即表明财务报表日后发生的情况的事项。这类事项虽不影响财务报表金额，但可能影响对财务报表的正确理解，需提请被审计单位管理层在财务报表附注中作适当披露，称为“财务报表日后非调整事项”。

审计报告的日期向财务报表使用者表明，注册会计师已考虑其知悉的、截至审计报告日发生的事项和交易的影响。

（一）财务报表日后调整事项

这类事项既为被审计单位管理层确定财务报表日账户余额提供信息，又为注册计师核实这些余额提供补充证据。如果这类期后事项的金额重大，应提请被审计单位对本期财务报表及相关的账户金额进行调整。例如：

（1）财务报表日后诉讼案件结案，法院判决证实了企业在财务报表日已经存在现时义务，需要调整原先确认的与该诉讼案件相关的预计负债，或确认一项新负债。

（2）财务报表日后取得确凿证据，表明某项资产在财务报表日发生了减值或者需要调整该项资产原先确认的减值金额。

（3）财务报表日后进一步确定了财务报表日前购入资产的成本或售出资产的收入。

（4）财务报表日后发现了财务报表舞弊或差错。

利用期后事项审计以确认被审计单位财务报表所列金额时，应对财务报表日已经存在的事项和财务报表日后出现的事项严加区分，不能混淆。如果确认发生变化的事项直到财务报表日后才发生，就不应将财务报表日后的信息并入财务报表中。

（二）财务报表日后非调整事项

这类事项不影响财务报表日财务状况，不需要调整被审计单位的本期财务报表。但如果被审计单位的财务报表因此可能受到误解，就应在财务报表中以附注的形式予以适当披露。被审计单位在财务报表日后发生的，以及需要在财务报表中披露而非调整的事项通常包括：

（1）财务报表日后发生重大诉讼、仲裁、承诺。

（2）财务报表日后资产价格、税收政策、外汇汇率发生重大变化。

（3）财务报表日后因自然灾害导致资产发生重大损失。

（4）财务报表日后发行股票和债券以及其他巨额举债。

（5）财务报表日后资本公积转增资本。

（6）财务报表日后发生巨额亏损。

（7）财务报表日后发生企业合并或处置子公司。

（8）财务报表日后企业利润分配方案中拟分配的以及经审议批准宣告发放的股利或利润。

期后事项分段示意如图 12-1 所示。根据期后事项的定义，期后事项可以按时段划分为三个时段：第一个时段是财务报表日后至审计报告日，我们可以把在这一期间发生的事项称为“第一时段期后事项”；第二个时段是审计报告日后至财务报表报出日，我们可以把这一期间发生的事项称为“第二时段期后事项”；第三个时段是财务报表报出日后，我们可以把这一期间发生的事项称为“第三时段期后事项”。

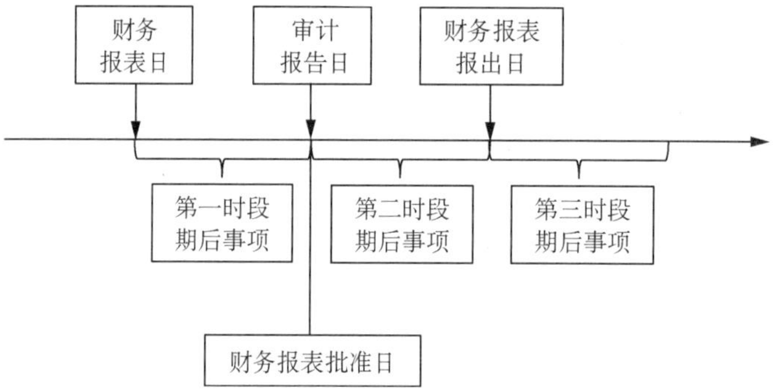

图 12-1 期后事项分段示意

图 12-1 中，财务报表日是指财务报表涵盖的最近期间的截止日期；财务报表批准日是指构成整套财务报表的所有报表（包括相关附注）已编制完成，并且被审计单位的董事会、管理层和类似机构已经认可其对财务报表负责的日期；财务报表报出日是指审计报告和已审计财务报表提供给第三方的日期。按照《中国注册会计师审计准则第 1501 号——对财务报表形成审计意见和出具审计报告》的规定，审计报告日不应早于注册会计师获取充分、适当的审计证据（包括管理层认可对财务报表的责任且已批准财务报表的证据），并在此基础上对财务报表形成审计意见的日期。因此，在实务中，审计报告日与财务报表批准日通常是相同的日期。

二、财务报表日至审计报告日之间发生的事项

（一）主动识别第一时段期后事项

注册会计师应当设计和实施审计程序，获取充分、适当的审计证据，以确定所有在财务

报表日至审计报告日之间发生的、需要在财务报表中调整或披露的事项均已得到识别。然而，注册会计师并不需要对之前已实施审计程序并已得出满意结论的事项执行追加的审计程序。

财务报表日至审计报告日之间发生的期后事项属于第一时段期后事项。对于这一时段的期后事项，注册会计师负有主动识别的义务，应当设计专门的审计程序来识别这些期后事项，并根据这些事项的性质判断其对财务报表的影响，进而确定是进行调整还是披露。

（二）用以识别期后事项的审计程序

注册会计师应当按照审计准则的规定实施审计程序，使得审计程序能够涵盖财务报表日至审计报告日（或尽可能接近审计报告日）的期间。

通常情况下，针对期后事项的专门审计程序，其实施时间越接近审计报告日越好。越接近审计报告日，也就意味着离财务报表日越远，被审计单位这段时间内累积的对财务报表日已经存在的情况提供的进一步证据也就越多；越接近审计报告日，注册会计师遗漏期后事项的可能性也就越小。在确定审计程序的性质和范围时，注册会计师应当考虑风险评估的结果。用以识别第一时段期后事项的审计程序通常包括：

（1）了解管理层为确保识别期后事项而建立的程序。

（2）询问管理层和治理层（如适用），确定是否已发生可能影响财务报表的期后事项。注册会计师可以询问根据初步或尚无定论的数据作出会计处理的项目的现状，以及是否已发生新的承诺、借款和担保，是否计划出售或购置资产等。

（3）查阅被审计单位的所有者、管理层和治理层在财务报表日后举行会议的纪要，在不能获取会议纪要的情况下，询问此类会议讨论的事项。

（4）查阅被审计单位最近的中期财务报表（如有）。

除这些审计程序外，注册会计师可能认为实施下列一项或多项审计程序是必要和适当的：

（1）查阅被审计单位在财务报表日后最近期间内的预算、现金流量预测和其他相关的管理报告。

（2）就诉讼和索赔事项询问被审计单位的法律顾问，或扩大之前口头或书面查询的范围。

（3）考虑是否有必要获取涵盖特定期后事项的书面声明以支持其他审计证据，从而获取充分、适当的审计证据。

（三）知悉对财务报表有重大影响的期后事项时的考虑

在实施上述审计程序后，如果注册会计师识别出对财务报表有重大影响的期后事项，应当确定这些事项是否按照适用的财务报表编制基础的规定在财务报表中得到恰当反映。如果所知悉的期后事项属于调整事项，注册会计师应当考虑被审计单位是否已对财务报表作出适当的调整。如果所知悉的期后事项属于非调整事项，注册会计师应当考虑被审计单位是否在财务报表附注中予以充分披露。

三、注册会计师在审计报告日后至财务报表报出日前知悉的事实

（一）被动识别第二时段期后事项

在审计报告日后，注册会计师没有义务针对财务报表实施任何审计程序。审计报告日

后至财务报表报出日前发现的事实属于“第二时段期后事项”，注册会计师针对被审计单位的审计业务已经结束，要识别可能存在的期后事项比较困难，因而无法承担主动识别第二时段期后事项的审计责任。然而，在这一阶段，被审计单位的财务报表并未报出，管理层有责任将发现的可能影响财务报表的事实告知注册会计师。当然，注册会计师还可能从媒体报道、举报信和证券监管部门告知等途径获悉影响财务报表的期后事项。

（二）知悉第二时段期后事项时的考虑

在审计报告日后至财务报表报出日前，如果知悉了某事实，并且在审计报告日知悉可能导致修改审计报告，注册会计师应当与管理层和治理层（如适用）讨论该事项，确定财务报表是否需要修改，如果需要修改，询问管理层将如何在财务报表中处理该事项。

1. 管理层修改财务报表时的处理

（1）如果管理层修改财务报表，注册会计师应当根据具体情况对有关修改实施必要的审计程序。同时，除非下文述及的特殊情况适用，注册会计师应当将用以识别期后事项的上述审计程序延伸至新的审计报告日，并针对修改后的财务报表出具新的审计报告。新的审计报告日不应早于修改后的财务报表被批准的日期。

（2）特殊情况。在有关法律法规或适用的财务报表编制基础未禁止的情况下，如果管理层对财务报表的修改仅限于反映导致修改的期后事项的影响，被审计单位的董事会、管理层和类似机构也仅对有关修改进行批准，注册会计师可以仅针对有关修改将用以识别期后事项的上述审计程序延伸至新的审计报告日。在这种情况下，注册会计师应当选用下列处理方式之一：一是修改审计报告，针对财务报表修改部分增加补充报告日期，从而表明注册会计师对期后事项实施的审计程序仅限于财务报表相关附注所述的修改；二是出具新的或经修改的审计报告，在强调事项段或其他事项段中说明注册会计师对期后事项实施的审计程序仅限于财务报表相关附注所述的修改。

2. 管理层不修改财务报表且审计报告未提交时的处理

如果认为管理层应当修改财务报表而没有修改，并且审计报告尚未提交给被审计单位，注册会计师应当先按照审计准则的规定发表非无保留意见，再提交审计报告。

3. 管理层不修改财务报表且审计报告已提交时的处理

如果认为管理层应当修改财务报表而没有修改，并且审计报告已经提交给被审计单位，注册会计师应当：

（1）通知管理层和治理层（除非治理层全部成员参与管理被审计单位）在财务报表作出必要修改前不要向第三方报出。

（2）如果财务报表在未经必要修改的情况下仍被报出，注册会计师应当采取适当措施，以设法防止财务报表使用者信赖该审计报告。

四、注册会计师在财务报表报出日后知悉的事实

（一）没有义务识别第三时段的期后事项

财务报表报出日后知悉的事实属于第三时段期后事项，注册会计师没有义务针对财务报表实施任何审计程序。然而，这并不排除注册会计师通过媒体等其他途径获悉可能对财务报表产生重大影响的期后事项的可能性。

（二）知悉第三时段期后事项时的考虑

在财务报表报出后，如果知悉了某事实，并且在审计报告日知悉可能导致修改审计报告，注册会计师应当：

（1）与管理层和治理层（如适用）讨论该事项。

（2）确定财务报表是否需要修改。

（3）如果需要修改，询问管理层将如何在财务报表中处理该事项。

应当指出的是，需要注册会计师在知悉后采取行动的第三时段期后事项是有严格限制的：一是这类期后事项应当是在审计报告日已经存在的事实；二是该事实如果被注册会计师在审计报告日前获知，可能影响审计报告。只有同时满足这两个条件，注册会计师才需要采取行动。

注册会计师针对管理层不同情形的应对方式如下。

1. 管理层修改财务报表时的处理

如果管理层修改了财务报表，注册会计师应当采取如下必要的措施：①根据具体情况对有关修改实施必要的审计程序；②复核管理层采取的措施能否确保所有收到原财务报表和审计报告的人士了解这一情况；③延伸实施审计程序，并针对修改后的财务报表出具新的审计报告；④在特殊情况下，修改审计报告或提供新的审计报告。

2. 管理层未采取任何行动时的处理

如果管理层没有采取必要措施确保所有收到原财务报表的人士了解这一情况，也没有在注册会计师认为需要修改的情况下修改财务报表，注册会计师应当通知管理层和治理层（除非治理层全部成员参与管理被审计单位），并设法防止财务报表使用者信赖该审计报告。

如果注册会计师已经通知管理层或治理层，但管理层和治理层没有采取必要措施，注册会计师应当采取适当措施，以设法防止财务报表使用者信赖该审计报告。注册会计师采取的措施取决于自身的权利和义务。因此，注册会计师可能认为寻求法律意见是适当的。

第三节 与治理层的沟通

编制财务报告一般是企业管理层的责任，其具体工作由管理层领导下的财务会计部门承担。对于财务报告的编制和披露过程，治理层负有监督职责。这种监督职责主要有：审核或监督企业的重大会计政策；审核或监督企业财务报告和披露程序；审核或监督与财务报告相关的企业内部控制；组织和领导企业内部审计；审核和批准企业的财务报告和相关信息披露；聘任和解聘负责企业外部审计的注册会计师并与其进行沟通等。

被审计单位的治理层与注册会计师在财务报告编制过程中监督和财务报表审计职责方面存在着共同的关注点，在履行职责方面存在着很强的互补性，这也正是注册会计师需要与治理层保持有效的双向沟通的根本原因。具体来讲，有效的双向沟通有助于：注册会计师和治理层了解与审计相关的背景事项，并建立建设性的工作关系，在建立这种关系时，注册会计师需要保持独立性和客观性；注册会计师向治理层获取与审计相关的信息。例如，治理层可以帮助注册会计师了解被审计单位及其环境、确定审计证据的适当来源，以及提供有关具体交易或事项的信息;治理层履行其对财务报告过程的监督责任,从而降低财务报表重大错报风险。

注册会计师应当就与财务报表审计相关且根据职业判断认为与治理层责任相关的重大事项,以适当的方式及时与治理层进行明晰的沟通。这是注册会计师与治理层沟通的总体要求。明晰的沟通是指沟通内容、沟通目标、沟通方式、沟通结果均要清晰明了。注册会计师与治理层沟通的主要目的是:就审计范围和时间以及注册会计师、治理层、管理层各方在财务报表审计和沟通中的责任,取得相互了解;及时向治理层告知审计中发现的与治理层责任相关的事项;共享有助于注册会计师获取审计证据和治理层履行责任的其他信息。明确与治理层沟通的目的,有助于注册会计师全面理解与治理层进行沟通的必要性,意识到自己向治理层告知审计中发现的与治理层责任相关的事项的义务,以期与治理层就履行各自职责达成共识并共享信息。

一、沟通的对象

注册会计师应当确定与被审计单位治理结构中的哪些适当人员进行沟通,适当人员可能因沟通事项的不同而不同。被审计单位的不同,适当的沟通对象可能不同。即使是同一家被审计单位,由于组织形式的变化、章程的修改和其他方面的变动,也可能使适当的沟通对象发生变动。沟通事项的不同,适当的沟通对象也会有所不同。注册会计师应当利用在了解被审计单位及环境时获取的有关治理结构和治理过程的信息。如果被审计单位的治理结构没有被清楚地界定,导致注册会计师无法清楚地识别适当的沟通对象,被审计单位也没有指定适当的沟通对象,注册会计师就应当尽早与审计委托人商定沟通对象,并就商定的结果形成备忘录或其他形式的书面记录。

通常注册会计师没有必要(实际上也不可能)就全部沟通事项与治理层整体进行沟通。适当的沟通对象往往是治理层下设组织和人员,如董事会下设的审计委员会、独立董事、监事会,以及被审计单位特别指定的组织和人员等。在某些情况下,治理层全部成员参与管理被审计单位(如小型企业),此时,如果就审计准则要求沟通的事项已与负有管理责任的人员沟通,并且这些人员同时负有治理责任,注册会计师无须就这些事项再次与负有治理责任的相同人员沟通。然而,注册会计师应当确信与负有管理责任人员的沟通能够向所有负有治理责任的人员充分传递应予沟通的内容。

二、沟通的事项

(一)注册会计师与财务报表审计相关的责任

注册会计师应当与治理层沟通注册会计师与财务报表审计相关的责任,包括:注册会计师负责对在治理层监督下管理层编制的财务报表形成和发表意见;财务报表审计并不减轻管理层或治理层的责任。

注册会计师与财务报表审计相关的责任应当包含在审计业务约定书,或者记录审计业务约定条款的其他适当形式的书面协议中。注册会计师向治理层提供审计业务约定书或其他适当形式的书面协议的副本,可能是与其就下列相关事项进行沟通的适当方式:

(1)注册会计师按照审计准则执行审计工作的责任,主要集中在对财务报表发表意见上。审计准则要求沟通的事项包括财务报表审计中发现的、与治理层对财务报告过程的监督有关的重大事项。

（2）审计准则并不要求注册会计师设计程序来识别与治理层沟通的补充事项。

（3）注册会计师依据法律法规的规定、与被审计单位的协议或适用于该业务的其他规定，承担所需要沟通特定事项的责任。

（二）计划的审计范围和时间安排

注册会计师应当与治理层沟通计划的审计范围和时间安排的总体情况，包括识别的特别风险。沟通的事项可能包括：注册会计师拟如何应对舞弊或错误导致的特别风险，以及重大错报风险评估水平较高的领域；注册会计师对与审计相关的内部控制采取的方案；在审计中对重要性概念的运用；实施计划的审计程序或评价审计结果需要的专门技术或知识的性质及程度，包括利用专家的工作；当《中国注册会计师审计准则第1504号——在审计报告中沟通关键审计事项》适用时，注册会计师对于哪些事项可能需要重点关注因而可能构成关键审计事项所作的初步判断；针对适用的财务报表编制基础，或者被审计单位所处的环境、财务状况和活动发生的重大变化对单一报表及披露产生的影响，注册会计师拟采取的应对措施。

（三）审计中发现的重大问题

注册会计师应当与治理层沟通审计中发现的下列重大问题：其一，注册会计师对被审计单位会计实务（包括会计政策、会计估计和财务报表披露）重大方面的质量的看法。在适当的情况下，注册会计师应当向治理层解释为何某项在适用的财务报表编制基础上可以接受的重大会计实务，并不一定最适合被审计单位的具体情况。其二，审计工作中遇到的重大困难。其三，已与管理层讨论或需要书面沟通的审计中出现的重大事项，以及注册会计师要求提供的书面声明，除非治理层全部成员参与管理被审计单位。其四，出现影响审计报告形式和内容的情形。其五，审计中出现的、根据职业判断认为对监督财务报告过程重大的其他事项。

（四）值得关注的内部控制缺陷

无论在风险评估过程中，还是在审计工作的其他阶段，注册会计师都有可能识别出内部控制缺陷。如果识别出内部控制缺陷，注册会计师应当根据已执行的审计工作，确定该缺陷单独或连同其他缺陷是否构成值得关注的内部控制缺陷。如果构成值得关注的内部控制缺陷，注册会计师应当以书面形式及时向治理层通报审计过程中识别出的值得关注的内部控制缺陷。

注册会计师还应当及时向相应层级的管理层通报下列内部控制缺陷：已向或拟向治理层通报的值得关注的内部控制缺陷，除非在具体情况下不适合直接向管理层通报；在审计过程中识别出的、其他方尚未向管理层通报而注册会计师根据职业判断认为足够重要从而值得管理层关注的内部控制其他缺陷。值得关注的内部控制缺陷的书面沟通文件应当包括对缺陷的描述、对其潜在影响的解释，以及使治理层和管理层能够了解沟通背景的充分信息。

在向治理层和管理层提供信息时，注册会计师应当特别说明下列事项：注册会计师执行审计工作的目的是对财务报表发表审计意见；审计工作包括考虑与财务报表编制相关的内部控制，其目的是设计适合具体情况的审计程序，并非对内部控制的有效性发表意见（如果结合财务报表审计对内部控制的有效性发表意见，应当删除“并非对内部控制的有效性发表意见”的措辞)；报告的事项仅限于注册会计师在审计过程中识别出的、认为足够重要从而值得向治理层报告的缺陷。

（五）注册会计师的独立性

注册会计师需要遵守与财务报表审计相关的职业道德要求，包括对独立性的要求。如果被审计单位是上市实体，注册会计师还应当与治理层沟通下列内容：

（1）就审计项目组成员、会计师事务所其他相关人员，以及会计师事务所和网络事务所按照相关职业道德要求保持了独立性作出声明。

（2）根据职业判断，注册会计师认为会计师事务所、网络事务所与被审计单位之间存在的可能影响独立性的所有关系和其他事项，其中包括会计师事务所和网络事务所在财务报表涵盖期间为被审计单位和受被审计单位控制的组成部分提供审计、非审计服务的收费总额。这些收费应当分配到适当的业务类型中，以帮助治理层评估这些服务对注册会计师独立性的影响。

（3）为消除对独立性的不利影响或将其降至可接受的水平，已经采取的相关防范措施。

（六）补充事项

注册会计师可能注意到一些补充事项，虽然这些事项不一定与监督财务报告流程有关，但对治理层监督被审计单位的战略方向或与被审计单位受托责任相关的义务很可能是重要的。这些事项可能包括与治理结构或过程有关的重大问题、缺乏适当授权的高级管理层作出的重大决策或行动。

在确定是否与治理层沟通补充事项时，注册会计师可能就其注意到的某类事项与适当层级的管理层进行讨论，除非在具体情形下不适合这么做。如果需要沟通补充事项，注册会计师让治理层注意下列事项可能是适当的：识别和沟通这类事项对审计目的（旨在对财务报表形成意见）而言，只是附带的；除对财务报表形成审计意见所需实施的审计程序外，没有专门针对这些事项实施其他程序；没有实施程序来确定是否还存在其他的同类事项。

三、沟通的过程

（一）确立沟通过程

清楚地沟通注册会计师的责任、计划的审计范围和时间安排，以及期望沟通的大致内容，有助于为有效的双向沟通确立基础。通常讨论下列事项可能有助于实现有效的双向沟通：沟通的目的；沟通拟采取的形式；由审计项目组和治理层中的哪些人员就特定事项进行沟通；注册会计师对沟通的期望，包括将进行双向沟通以及治理层就其认为与审计工作相关的事项与注册会计师沟通；对注册会计师沟通的事项采取措施和进行反馈的过程；对治理层沟通的事项采取措施和进行反馈的过程。

在与治理层沟通某些事项前，注册会计师可能就这些事项与管理层讨论，除非这种做法并不适当（如管理层的胜任能力或诚信问题）。如果被审计单位设有内部审计，注册会计师可以在与治理层沟通前与内部审计人员讨论相关事项。此外，治理层可能希望向第三方（如银行或特定监管机构）提供注册会计师书面沟通文件的副本。在某些情况下，向第三方披露书面沟通文件可能是违法或不适当的。在向第三方提供为治理层编制的书面沟通文件时，在书面沟通文件中声明不应被第三方依赖或者对第三方不承担责任等，告知第三方这些书面沟通文件不是为他们编制，可能是非常重要的。

（二）沟通的形式

有效的沟通可能包括结构化的陈述、书面报告和不太正式的沟通（包括讨论）。沟通主要有书面沟通与口头沟通两类形式。应当书面沟通的情形有如下几方面：

（1）对于审计中发现的重大问题，如果根据职业判断认为采用口头形式沟通不适当，注册会计师应当以书面形式与治理层沟通。

（2）对于审计准则要求的注册会计师的独立性，注册会计师应当以书面形式与治理层沟通。

（3）注册会计师应当以书面形式向治理层通报值得关注的内部控制缺陷。

除了特定事项的重要程度，沟通的形式（口头沟通或书面沟通，沟通内容的详略程度，以正式或非正式的方式沟通）可能还受下列因素的影响：

（1）特定事项的重要程度。

（2）对该事项的讨论是否将包含在审计报告中。

（3）特定事项是否已经得到满意的解决。

（4）管理层是否已事先就该事项进行沟通。

（5）被审计单位的规模、经营结构、控制环境和法律结构。

（6）在特殊目的财务报表审计中，注册会计师是否审计了该被审计单位的通用目的财务报表。在同时审计时，对于已经在通用目的财务报表审计中充分沟通的事项，就可以仅作简要沟通。

（7）法律法规的要求。

（8）治理层的期望，包括与注册会计师定期会谈或沟通的安排。

（9）注册会计师与治理层持续接触和对话的次数。

（10）治理机构的成员是否发生重大变化。

在审计实务中，对于审计准则规定的应当以书面形式沟通的事项，注册会计师一般采用致治理层的沟通函件的方式进行书面沟通。沟通函件的参考格式如下所示。

××公司董事会（审计委员会）：

根据《中国注册会计师审计准则第 1151 号——与治理层的沟通》的规定，注册会计师应当就与财务报表审计相关且根据职业判断认为与治理层责任相关的重大事项，以适当的方式及时与治理层沟通。保持有效的双向沟通关系，有利于注册会计师与治理层履行各自的职责。

必须特别强调的是，除法律法规和审计准则另有规定的情形之外，这份书面沟通文件仅供贵公司治理层使用，我们对第三方不承担任何责任，未经我们事先书面同意，沟通文件不得被引用、提及或向其他人披露。

以下内容是与我们对贵公司 20×2 年度财务报表进行的审计相关的、按规定应予沟通的重大事项：

（一）对贵公司所采用的会计政策、会计估计和财务报表披露的看法

（二）审计工作中遇到的重大困难

（三）尚未更正的重大错报

……

我们发现，贵公司将20×2年×月×日向×银行支付的银行借款利息×元计入了××在建工程成本。我们认为，根据适用的会计准则和相关会计制度的规定，该笔利息支出不符合借款费用资本化的条件，应当确认为本年度的财务费用。我们已于20×3年×月×日与贵公司管理层沟通并提请更正，但至今尚未得到更正。如不更正，将会导致少计费用从而虚增年度利润的后果，根据该笔业务的性质和重要程度，我们对贵公司20×2年度的财务报表将不能出具无保留意见的审计报告。现再次提请贵公司予以更正。

（四）其他事项

……

××会计师事务所（盖章）
中国注册会计师：（签名并盖章）
二〇×三年×月×日

（三）沟通的时间安排

注册会计师应当及时与治理层沟通。及时并非是一成不变的，适当的沟通时间安排因业务环境的不同而不同。相关的环境包括事项的重要程度、性质，以及期望治理层采取的行动。及时沟通的示例如下：

（1）对于计划事项的沟通，通常在审计业务的早期阶段进行，如系首次接受委托，沟通可以随同对审计业务约定条款的协商一并进行。

（2）对于审计中遇到的重大困难，如果治理层能够协助注册会计师克服这些困难，或者这些困难可能导致发表非无保留意见，需要尽快沟通；如果识别出值得关注的内部控制缺陷，注册会计师可能在进行书面沟通前，尽快与治理层口头沟通。

（3）注册会计师可以在讨论审计工作的计划范围及时间安排时沟通对关键审计事项的初步看法，注册会计师在沟通重大审计发现时也可以与治理层进行更加频繁的沟通，以进一步讨论此类事项。

（4）无论何时（如承接一项非审计服务和在总结性讨论中）就对独立性的不利影响和相关防范措施作出了重要判断，就独立性进行沟通都可能是适当的。

（5）沟通审计中发现的问题，包括注册会计师对被审计单位实务质量的看法，也可能作为总结性讨论的一部分。

（6）当同时审计通用目的和特殊目的财务报表时，注册会计师协调沟通的时间可能是适当的。

除了沟通事项的重要程度，可能与沟通的时间安排相关的其他因素涵盖：①沟通事项的重要程度；②被审计单位的规模、经营结构、控制环境和法律结构；③在规定的时限内沟通特定事项的法定义务；④治理层的期望，包括与注册会计师定期会谈或沟通的安排；⑤注册会计师识别出特定事项的时间。

（四）沟通过程的充分性

注册会计师应当评价其与治理层之间的双向沟通对实现审计目的是否充分。如果认为双方之间的沟通不充分，注册会计师应当评价其对重大错报风险评估及获取充分、适当的审计证据的能力的影响，并采取适当的措施。当然，注册会计师是不需要设计专门程序以支持其对与治理层之间的双向沟通的评价。这种评价可以建立在为其他目的而实施的审计程序所获取的见解的基础上。

不充分的双向沟通可能意味着令人不满意的控制环境，影响注册会计师对重大错报风险的评估。如果注册会计师与治理层之间的双向沟通不充分，并且这种情况得不到解决，注册会计师可以采取下列措施：①根据范围受到限制发表非无保留意见；②就采取不同措施的后果征询法律意见；③与第三方（如监管机构）、被审计单位外部的在治理结构中拥有更高权力的组织或人员（如企业的业主、股东大会中的股东），以及对公共部门负责的政府部门进行沟通；④在法律法规允许的情况下解除业务约定。

四、沟通的记录

注册会计师应当记录与治理层沟通的重大事项，包括记录那些对于表明形成审计报告的合理基础、证明审计工作的执行遵循了审计准则和其他法律法规要求而言很重要的事项。如果审计准则要求沟通的事项是以口头形式沟通的，注册会计师应当将其包括在审计工作底稿中，并记录沟通的时间和对象。如果审计准则要求沟通的事项是以书面形式沟通的，注册会计师应当保存一份沟通文件的副本，作为审计工作底稿的一部分。

如果被审计单位编制的会议纪要是沟通的适当记录，注册会计师可以将其副本作为对口头沟通的记录，并作为审计工作底稿的一部分。如果发现这些记录不能恰当地反映沟通的内容，并且有差别的事项比较重大，注册会计师一般会另行编制能恰当记录沟通内容的纪要，将其副本连同被审计单位编制的纪要一起报送治理层，提示两者的差别，以免引起不必要的误解。如果根据业务环境不容易识别出沟通人员，注册会计师还应当记录识别治理结构中适当沟通人员的过程。如果治理层全部参与管理，注册会计师还应当记录对沟通的充分性进行考虑的过程，即考虑与负有管理责任人员的沟通能否向所有负有治理责任的人员充分传递应予沟通内容的过程。

复习思考题

1. 为什么要对期初余额进行审计？注册会计师应当应用哪些程序对期初余额进行审计？

2. 什么是管理当局书面声明书？书面声明书有何作用？书面声明书中包含的主要内容有哪些？

3. 什么是期后事项？注册会计师应当应用哪些程序对期后事项进行审计？

4. 什么是治理层？注册会计师应当就哪些问题与治理层沟通？

第十三章 审计报告

教学目标

➢ 知识目标

1. 理解形成审计意见的基础内容，并掌握审计报告的核心要素及其规范要求。

2. 掌握审计意见类型的判断依据，并熟悉不同审计意见类型审计报告的格式与内容差异。

➢ 能力目标

1. 培养职业怀疑和消除怀疑的验证能力，并学会辨析注册会计师对其他信息的责任。

2. 培养根据审计证据出具审计报告的综合分析能力、专业判断能力。

➢ 素养目标

1. 秉持职业操守、坚持道德底线，独立、客观地评价证据并出具审计报告的职业素养。

2. 崇尚以务实、专业的态度处理学习和工作中的事务，形成敬畏法制、注重品行的职业习惯和价值观念。

导入案例

银行惨遭损失逾8亿元，CPA和会计师事务所全栽了

财务造假能有多胆大？注册会计师直接编造虚假报告敢信不？2022年4月，北京裁判文书网公布了一份判决书，揭露了注册会计师肖某编造虚假审计报告底稿，并"借道"长期合作的会计师事务所出具正式审计报告，用于相关企业向银行套取贷款。

安瑞普会计师事务所则成立于2004年，注册资本为50万元；在中国注册会计师协会登记的注册会计师共有9人，合伙人5名，从业人数20人。相比之下，安瑞普会计师事务所显得更为正规，肖某与其"长期合作关系"也不难理解。经法院审理查明，2019年5月，肖某在北京市房山区，编造虚假的北京杰讯传承文化传媒有限公司和珠海杰讯传承文化传媒有限公司2017—2018年度审计报告底稿，并要求安瑞普会计师事务所出具正式审计报告。安瑞普会计师事务所和张某军在没有履行任何审计职责的情况下，直接为北京杰讯和珠海杰讯出具2017—2018年度审计报告。2019年8月，肖某编造虚假的北京智安邦科技有限公司

2016—2018年度审计报告，并以天煜晟健会计所名义出具正式审计报告。2019年10月，肖某编造虚假的智安邦2016—2018年度审计报告底稿，并要求安瑞普会计所出具正式审计报告。同样，安瑞普会计师事务所和张某军在没有履行任何审计职责的情况下，直接为智安邦出具2016—2018年度的审计报告。“一顿操作”之下，肖某获利共计10.9万元，而安瑞普会计师事务所出具两份虚假审计报告的获利却只有3 300元。但其制作的虚假审计报告，却给银行带来了重大损失。

虚假审计报告所为何来？自然是被企业用于向银行贷款。其中，肖某、安瑞普会计师事务所为北京杰讯和珠海杰讯出具的2017—2018年度审计报告，被用于向北京银行大钟寺支行贷款3.3亿元；为智安邦出具的两份2016—2018年度审计报告，同样被用于向北京银行大钟寺支行贷款0.8亿元和4亿元。在贷款发放后，北京杰讯均未按约定支付相应利息。2020年4月，银行大钟寺支行宣布贷款提前到期，要求北京杰讯立即清偿债务，但各方一直未履行还本付息义务。在庭审中，北京杰讯、珠海杰讯及多名保证人均未出庭及答辩。虽然该银行大钟寺支行最终胜诉，但未出现的被告往往意味着后续执行不畅，仍有可能产生损失。肖某编造的虚假审计报告给银行造成直接经济损失8亿余元，安瑞普会计师事务所出具的虚假审计报告给银行造成直接经济损失7亿余元。最终注册会计师肖某和安瑞普会计师事务所双双被判，承担一定的民事和刑事责任。

资料来源：颜颖.审计报告也能编？银行惨遭损失逾8亿，CPA和会计所全栽了[N].中国基金报，2022-07-21.

思考：出具审计报告的前提条件是什么？注册会计师对财务报表审计的责任是什么？

第一节 审计报告概述

审计报告是指注册会计师根据审计准则的规定，在执行审计工作的基础上，对财务报表发表审计意见的书面文件。审计报告是注册会计师在完成审计工作后向委托人提交的最终产品，具有以下特征：注册会计师应当按照审计准则的规定执行审计工作；注册会计师在实施审计工作的基础上才能出具审计报告；注册会计师通过对财务报表发表意见履行业务约定书约定的责任；注册会计师应当以书面形式出具审计报告。

注册会计师应当根据由审计证据得出的结论，清楚表达对财务报表的意见。注册会计师一旦在审计报告上签名并盖章，就表明对其出具的审计报告负责。审计报告是注册会计师对财务报表是否在所有重大方面按照财务报表编制基础编制并实现公允反映发表审计意见的书面文件，因此，注册会计师应当将已审计的财务报表附于审计报告之后，以便于财务报表使用者正确理解和使用审计报告，并防止被审计单位替换、更改已审计的财务报表。注册会计师签发的审计报告，主要具有鉴证、保护和证明三方面的作用。

第二节 审计意见的形成

一、得出审计结论时考虑的内容

注册会计师应当就财务报表是否在所有重大方面按照适用的财务报表编制基础编制并实现公允反映形成审计意见。在得出结论时，注册会计师应当考虑下列五个方面的内容。

（一）是否已获取充分、适当的审计证据

在得出总体结论之前，注册会计师应当根据实施的审计程序和获取的审计证据，评价对认定层次重大错报风险的评估是否仍然适当。在形成审计意见时，注册会计师应当考虑所有相关的审计证据，无论该证据与财务报表认定相互印证还是相互矛盾。如果对重大的财务报表认定没有获取充分、适当的审计证据，注册会计师应当尽可能获取进一步的审计证据。

（二）未更正错报单独或汇总起来是否构成重大错报

在确定时，注册会计师应当考虑：

（1）相对特定类别的交易、账户余额或披露，以及财务报表整体而言，错报的金额和性质，以及错报发生的特定环境。

（2）与以前期间相关的未更正错报对相关类别的交易、账户余额或披露，以及财务报表整体的影响。（以前期间对本期的影响）

（三）评价财务报表是否在所有重大方面按照适用的财务报表编制基础编制

（1）注册会计师应当依据适用的财务报表编制基础特别评价下列内容：

第一，财务报表是否充分披露了选择和运用的重要会计政策。作出这一评价时，注册会计师应当考虑会计政策与被审计单位的相关性，以及会计政策是否以可理解的方式予以表述。

第二，选择和运用的会计政策是否符合适用的财务报表编制基础，并适合被审计单位的具体情况。

第三，管理层作出的会计估计是否合理。

第四，财务报表列报的信息是否具有相关性、可靠性、可比性和可理解性。作出这一评价时，注册会计师应当考虑：应当包括的信息是否均已包括，这些信息的分类、汇总、分解和描述是否适当；财务报表的总体列报（包括披露）是否由于包括不相关的信息或有碍正确理解所披露事项的信息而受到不利影响。

第五，财务报表是否作出充分披露，使财务报表预期使用者能够理解重大交易和事项对财务报表所传递的信息的影响。

第六，财务报表使用的术语（包括每一财务报表的标题）是否适当。

（2）在评价财务报表是否在所有重大方面按照适用的财务报表编制基础编制时，注册会计师还应当考虑被审计单位会计实务的质量，包括表明管理层的判断可能出现偏向的

迹象。

第一,管理层缺乏中立性可能影响注册会计师对财务报表整体是否存在重大错报的评价。

第二,缺乏中立性的迹象包括下列情形:管理层对注册会计师在审计期间提请其更正的错报进行选择性更正(只更正有利的);管理层在作出会计估计时可能存在偏向。

(四) 评价财务报表是否实现公允反映

在评价财务报表是否实现公允反映时,注册会计师应当考虑下列内容:财务报表的整体列报(包括披露)、结构和内容是否合理;财务报表(包括相关附注)是否公允地反映了相关交易和事项。

(五) 评价财务报表是否恰当提及或说明适用的财务报表编制基础

在某些情况下,财务报表可能声明按照两个编制基础(如某一国家或地区的财务报表编制基础和国际财务报告准则)编制。在这种情况下,两个编制基础都是适用的财务报表编制基础。只有当财务报表分别符合每个财务报表编制基础的所有要求时,声明财务报表按照这两个编制基础编制才是恰当的(财务报表要同时符合两个编制基础的要求)。

二、审计意见的类型

注册会计师的目标是在评价根据审计证据得出的结论的基础上,对财务报表形成审计意见,并通过书面报告的形式清楚地表达审计意见。在财务报表审计中,注册会计师发表审计意见的类型分为两大类,即无保留意见和非无保留意见。具体审计意见和适应情形如表 13-1 所示。

表 13-1 审计意见和适应情形

审计意见	适应情形
无保留意见	当注册会计师认为财务报表在所有重大方面按照适用的财务报表编制基础编制并实现公允反映时发表的审计意见
非无保留意见	对财务报表发表保留意见、否定意见或无法表示意见
	当存在下列情形之一时,注册会计师应当在审计报告中发表非无保留意见: (1) 根据获取的审计证据,得出财务报表整体存在重大错报的结论。 (2) 无法获取充分、适当的审计证据,不能得出财务报表整体不存在重大错报的结论

第三节 审计报告的基本内容

一、审计报告的要素

无保留意见审计报告应当包括下列要素:①标题;②收件人;③审计意见;④形成审计意

见的基础；⑤管理层对财务报表的责任；⑥注册会计师对财务报表审计的责任；⑦按照相关法律法规的要求报告的事项（如适用）；⑧注册会计师的签名和盖章；⑨会计师事务所的名称、地址和盖章；⑩报告日期。

在适用的情况下，注册会计师还应当按照《中国注册会计师审计准则第 1324 号——持续经营》《中国注册会计师审计准则第 1504 号——在审计报告中沟通关键审计事项》《中国注册会计师审计准则第 1521 号——注册会计师对其他信息的责任》的相关规定，在审计报告中对与持续经营相关的重大不确定性、关键审计事项、被审计单位年度报告中包含的除财务报表和审计报告之外的其他信息进行报告。

二、标题

审计报告应当具有标题，统一规范为“审计报告”。

三、收件人

审计报告的收件人是指注册会计师按照业务约定书的要求致送审计报告的对象，一般是指审计业务的委托人。审计报告应当按照审计业务的约定载明收件人的全称。注册会计师应当与委托人在业务约定书中约定致送审计报告的对象，以防止在此问题上发生分歧或审计报告被委托人滥用。针对整套通用目的财务报表出具的审计报告的报送对象通常为被审计单位的股东或治理层。

四、审计意见

审计意见部分由两部分构成。第一部分指出已审计财务报表，应当包括以下几个方面：

（1）指出被审计单位的名称。

（2）说明财务报表已经审计。

（3）指出构成整套财务报表的每一财务报表的名称。

（4）提及财务报表附注。

（5）指明构成整套财务报表的每一财务报表的日期或涵盖的期间。

为体现上述要求，审计报告可说明：“我们审计了被审计单位的财务报表，包括[指明适用的财务报表编制基础规定的构成整套财务报表的每一财务报表的名称、日期或涵盖的期间]以及财务报表附注，包括重大会计政策和会计估计。”审计意见涵盖由适用的财务报表编制基础所确定的整套财务报表。

第二部分应当说明注册会计师发表的审计意见。如果对财务报表发表无保留意见，除非法律法规另有规定，审计意见应当使用“我们认为，财务报表在所有重大方面按照[适用的财务报表编制基础（如企业会计准则等）]编制，公允反映了……”的措辞。审计意见说明财务报表在所有重大方面按照适用的财务报表编制基础编制，公允反映了财务报表旨在反映的事项。

五、形成审计意见的基础

审计报告应当包含标题为“形成审计意见的基础”的部分。该部分提供关于审计意见的重要背景，应当紧接在审计意见部分之后，并包括以下内容：

(1) 说明注册会计师按照审计准则的规定执行了审计工作。

(2) 提及审计报告中用于描述审计准则规定的注册会计师责任的部分。

(3) 声明注册会计师按照与审计相关的职业道德要求对被审计单位保持了独立性,并履行了职业道德方面的其他责任。声明中应当指明适用的职业道德要求,如中国注册会计师职业道德守则。

(4) 说明注册会计师是否相信获取的审计证据是充分、适当的,为发表审计意见提供了基础。

六、管理层对财务报表的责任

审计报告应当包含标题为"管理层对财务报表的责任"的部分,其中应当说明管理层负责下列方面的内容:

(1) 按照适用的财务报表编制基础编制财务报表,使其实现公允反映,并设计、执行和维护必要的内部控制,使得财务报表不存在舞弊或错误导致的重大错报。

(2) 评估被审计单位的持续经营能力和使用持续经营假设是否适当,并披露与持续经营相关的事项(如适用)。对管理层评估责任的说明应当包括描述在何种情况下使用持续经营假设是适当的。

七、注册会计师对财务报表审计的责任

审计报告应当包含标题为"注册会计师对财务报表审计的责任"的部分,其中应当包括下列内容:

(1) 说明注册会计师的目标是对财务报表整体是否不存在由于舞弊或错误导致的重大错报获取合理保证,并出具包含审计意见的审计报告。

(2) 说明合理保证是高水平的保证,但按照审计准则执行的审计并不能保证一定会发现存在的重大错报。

(3) 说明错报可能是舞弊或错误导致的。在说明错报可能是舞弊或错误导致的时,注册会计师应当从下列两种做法中选取一种:

第一,描述如果合理预期错报单独或汇总起来可能影响财务报表使用者依据财务报表作出的经济决策,则通常认为错报是重大的。

第二,根据适用的财务报表编制基础,提供关于重要性的定义或描述。

八、按照相关法律法规的要求报告的事项

除了审计准则规定的注册会计师对财务报表出具审计报告的责任,相关法律法规可能对注册会计师设定了其他报告责任。例如:

(1) 如果注册会计师在财务报表审计中注意到某些事项,可能被要求对这些事项予以报告。

(2) 注册会计师可能被要求实施额外的规定的程序并予以报告,或对特定事项(如会计账簿和记录的适当性)发表意见。

在一些情况下,相关法律法规可能要求或允许注册会计师将对这些其他责任的报告作为对财务报表出具的审计报告的一部分。在另一些情况下,相关法律法规可能要求或允许

注册会计师在单独出具的报告中进行报告。这些责任是注册会计师按照审计准则对财务报表出具审计报告的责任的补充。如果注册会计师在对财务报表出具的审计报告中履行其他报告责任，应当在审计报告中将其单独作为一部分，并以“按照相关法律法规的要求报告的事项”为标题。

九、注册会计师的签名和盖章

审计报告应当由项目合伙人和另一名负责该项目的注册会计师签名和盖章。在审计报告中指明项目合伙人有助于进一步增强对审计报告使用者的透明度，有利于增强项目合伙人的个人责任感。因此，对上市实体整套通用目的财务报表出具的审计报告应当注明项目合伙人。

十、会计师事务所的名称、地址和盖章

审计报告应当载明会计师事务所的名称和地址，并加盖会计师事务所公章。根据《中华人民共和国注册会计师法》的规定，注册会计师承办业务，由其所在的会计师事务所统一受理并与委托人签订委托合同。因此，审计报告除了应由注册会计师签名和盖章，还应载明会计师事务所的名称和地址，并加盖会计师事务所公章。

注册会计师在审计报告中载明会计师事务所地址时，标明会计师事务所所在的城市即可。在实务中，审计报告通常载于会计师事务所统一印刷的、标有该所详细通信地址的信笺上，无须在审计报告中注明详细地址。

十一、报告日期

审计报告日不应早于注册会计师获取充分、适当的审计证据(包括管理层认可对财务报表的责任且已批准财务报表的证据)，并在此基础上对财务报表形成审计意见的日期。在确定审计报告日时，注册会计师应当确信已获取下列两方面的审计证据：

(1) 构成整套财务报表的所有报表(包括相关附注)已编制完成。

(2) 被审计单位的董事会、管理层和类似机构已经认可其对财务报表负责。

在实务中，注册会计师在正式签署审计报告前，通常把审计报告草稿随附管理层已按调整建议修改后的财务报表提交给管理层；如果管理层批准并签署已按审计调整建议修改后的财务报表，注册会计师即可签署审计报告；注册会计师签署审计报告的日期通常与管理层签署已审计财务报表的日期为同一天，有时会晚于管理层签署已审计财务报表的日期。

对上市实体财务报表出具的无保留意见审计报告的示例如下。

审计报告

ABC 股份有限公司全体股东：

一、对财务报表出具的审计报告

(一) 审计意见

我们审计了 ABC 股份有限公司(以下简称 ABC 公司)财务报表，包括 2×22 年 12 月 31 日的资产负债表，2×22 年度的利润表、现金流量表、股东权益变动表以及相关财务报表附注。

我们认为，后附的财务报表在所有重大方面按照企业会计准则的规定编制，公允反映了 ABC 公司 2×22 年 12 月 31 日的财务状况以及 2×22 年度的经营成果和现金流量。

（二）形成审计意见的基础

我们按照中国注册会计师审计准则的规定执行了审计工作。审计报告的“注册会计师对财务报表审计的责任”部分进一步阐述了我们在这些准则下的责任。按照中国注册会计师职业道德守则，我们独立于ABC公司，并履行了职业道德方面的其他责任。我们相信，我们获取的审计证据是充分、适当的，为发表审计意见提供了基础。

（三）关键审计事项

关键审计事项是根据我们的职业判断，认为对本期财务报表审计最为重要的事项。这些事项是在对财务报表整体进行审计并形成意见的背景下进行处理的，我们不对这些事项提供单独的意见。

[按照《中国注册会计师审计准则第1504号——在审计报告中沟通关键审计事项》的规定描述每一关键审计事项。]

（四）管理层和治理层对财务报表的责任

管理层负责按照企业会计准则的规定编制财务报表，使其实现公允反映，并设计、执行和维护必要的内部控制，使得财务报表不存在舞弊或错误导致的重大错报。

在编制财务报表时，管理层负责评估ABC公司的持续经营能力，披露与持续经营相关的事项（如适用），并运用持续经营假设，除非计划清算ABC公司、停止营运和别无其他现实的选择。

治理层负责监督ABC公司的财务报告过程。

（五）注册会计师对财务报表审计的责任

我们的目标是对财务报表整体是否不存在由于舞弊或错误导致的重大错报获取合理保证，并出具包含审计意见的审计报告。合理保证是高水平的保证，但并不能保证按照审计准则执行的审计在某一重大错报存在时总能发现。错报可能是舞弊或错误导致的，如果合理预期错报单独或汇总起来可能影响财务报表使用者依据财务报表作出的经济决策，则通常认为错报是重大的。

在按照审计准则执行审计的过程中，我们运用了职业判断，保持了职业怀疑。我们同时：

(1) 识别和评估舞弊或错误导致的财务报表重大错报风险，对这些风险有针对性地设计和实施审计程序；获取充分、适当的审计证据，作为发表审计意见的基础。舞弊可能涉及串通、伪造、故意遗漏、虚假陈述或凌驾于内部控制之上，未能发现舞弊导致的重大错报的风险高于未能发现错误导致的重大错报的风险。

(2) 了解与审计相关的内部控制，以设计恰当的审计程序，但目的并非对内部控制的有效性发表意见。

(3) 评价管理层选用会计政策的恰当性和作出会计估计及相关披露的合理性。

(4) 对管理层使用持续经营假设的恰当性得出结论。同时，根据获取的审计证据，就可能导致对ABC公司持续经营能力产生重大疑虑的事项或情况是否存在重大不确定性得出结论。如果我们得出结论认为存在重大不确定性，审计准则要求我们在审计报告中提请报表使用者注意财务报表中的相关披露；如果披露不充分，我们应当发表非无保留意见。我们的结论基于审计报告日可获得的信息。然而，未来的事项或情况可能导致ABC公司不能持续经营。

(5) 评价财务报表的总体列报、结构和内容(包括披露),并评价财务报表是否公允反映相关交易和事项。

我们与治理层就计划的审计范围、时间安排和重大审计发现(包括我们在审计中识别的值得关注的内部控制缺陷)等事项进行沟通。

我们还就遵守关于独立性的相关职业道德要求向治理层提供声明,并就可能被合理认为影响我们独立性的所有关系和其他事项,以及相关的防范措施(如适用)与治理层进行沟通。

从与治理层沟通的事项中,我们确定哪些事项对本期财务报表审计最为重要,因而构成关键审计事项。我们在审计报告中描述这些事项,除非法律法规禁止公开披露这些事项,或在极其罕见的情形下,如果合理预期在审计报告中沟通某事项造成的负面后果超过在公众利益方面产生的益处,我们确定不应在审计报告中沟通该事项。

二、按照相关法律法规的要求报告的事项

[本部分的格式和内容,取决于法律法规对其他报告责任的性质的规定。法律法规规范的事项(其他报告责任)应当在本部分处理,除非其他报告责任与审计准则所要求的报告责任涉及相同的主题。如果涉及相同的主题,其他报告责任可以在审计准则所要求的同一报告要素部分中列示。当其他报告责任和审计准则规定的报告责任涉及同一主题,并且审计报告中的措辞能够将其他报告责任与审计准则规定的责任予以清楚地区分(如差异存在)时,允许将两者合并列示(即包含在"对财务报表出具的审计报告"部分中,并使用适当的副标题)。]

××会计师事务所　　　　　　　　中国注册会计师:×××(项目合伙人)
(盖章)　　　　　　　　　　　　(签名并盖章)
　　　　　　　　　　　　　　　中国注册会计师:×××
　　　　　　　　　　　　　　　(签名并盖章)
中国××市　　　　　　　　　　二×二二年×月×日

第四节 非无保留意见审计报告

一、非无保留意见的含义

非无保留意见包括保留意见、否定意见或无法表示意见。当存在下列情形之一时,注册会计师应当在审计报告中发表非无保留意见。

(一) 根据获取的审计证据,得出财务报表整体存在重大错报的结论

(1) 错报是指某一财务报表项目的金额、分类、列报或披露,与按照适用的财务报表编制基础应当列示的金额、分类、列报或披露之间存在的差异。

(2) 表 13-2 列举了财务报表可能存在重大错报的情形。

表 13-2 财务报表可能存在重大错报的情形

事项	情形
选择的会计政策的恰当性	(1) 选择的会计政策与适用的财务报表编制基础不一致。 (2) 财务报表(包括相关附注)没有按照公允列报的方式反映交易和事项。 (3) 财务报表没有正确描述与资产负债表、利润表、所有者权益变动表或现金流量表中的重大项目相关的会计政策。 如果被审计单位变更了重大会计政策,且没有遵守这些要求,财务报表可能存在重大错报
对所选择的会计政策的运用	(1) 管理层没有按照适用的财务报表编制基础的要求一贯运用所选择的会计政策,包括管理层未在不同会计期间或对相似的交易和事项一贯运用所选择的会计政策(运用的一致性)。 (2) 不当运用所选择的会计政策(如运用中的无意错误)
财务报表披露的恰当性或充分性	(1) 财务报表没有包括适用的财务报表编制基础要求的所有披露。 (2) 财务报表的披露没有按照适用的财务报表编制基础列报。 (3) 财务报表没有作出除适用的财务报表编制基础特定要求之外的其他必要的披露以实现公允反映

(二) 无法获取充分、适当的审计证据,不能得出财务报表整体不存在重大错报的结论

(1) 如果注册会计师能够通过实施替代程序获取充分、适当的审计证据,则无法实施特定的程序并不构成对审计范围的限制。

(2) 表 13-3 列举了可能导致注册会计师无法获取充分、适当的审计证据(也称为审计范围受到限制)的情形。

表 13-3 无法获取充分、适当的审计证据的情形

事项	情形
超出被审计单位控制的情形	(1) 被审计单位的会计记录已被毁坏。 (2) 重要组成部分的会计记录已被政府有关机构无限期地查封
与注册会计师工作的性质或时间安排相关的情形	(1) 被审计单位需要使用权益法对联营企业进行核算,注册会计师无法获取有关联营企业财务信息的充分、适当的审计证据以评价是否恰当运用了权益法。 (2) 注册会计师接受审计委托的时间安排,使注册会计师无法实施存货监盘。 (3) 注册会计师确定仅实施实质性程序是不充分的,但被审计单位的控制是无效的
管理层施加限制的情形	(1) 管理层阻止注册会计师实施存货监盘。 (2) 管理层阻止注册会计师对特定账户余额实施函证

二、确定非无保留意见的类型

(一) 注册会计师确定恰当的非无保留意见类型的影响因素

(1) 导致非无保留意见的事项的性质,是财务报表存在重大错报,还是在无法获取充分、适当的审计证据的情况下,财务报表可能存在重大错报。

(2) 注册会计师就导致非无保留意见的事项对财务报表产生或可能产生影响的广泛性作出的判断。根据注册会计师的判断,对财务报表的影响具有广泛性的情形包括:

第一，不限于对财务报表的特定要素、账户或项目产生影响。

第二，虽然仅对财务报表的特定要素、账户或项目产生影响，但这些特定要素、账户或项目是或可能是财务报表的主要组成部分。

第三，当与披露相关时，产生的影响对财务报表使用者理解财务报表至关重要。

（二）非无保留意见的确定

表 13-4 列示了注册会计师对导致发表非无保留意见的事项的性质、这些事项对财务报表产生或可能产生影响的广泛性作出的判断，以及注册会计师的判断对审计意见类型的影响。

表 13-4　　非无保留意见的事项的性质和影响

导致发表非无保留意见的事项的性质	这些事项对财务报表产生或可能产生影响的广泛性	
	重大但不具有广泛性	重大且具有广泛性
财务报表存在重大错报	保留意见	否定意见
无法获取充分、适当的审计证据	保留意见	无法表示意见

（三）确定非无保留意见的类型时需要注意的内容

（1）在承接审计业务后，如果注意到管理层对审计范围施加了限制，并且认为这些限制可能导致对财务报表发表保留意见或无法表示意见，注册会计师应当要求管理层消除这些限制。

第一，如果管理层拒绝消除限制，除非治理层全部成员参与管理被审计单位，注册会计师应当就此事项与治理层沟通，并确定能否实施替代程序以获取充分、适当的审计证据。

第二，如果无法获取充分、适当的审计证据，注册会计师应当通过下列方式确定其影响：如果未发现的错报（如存在）可能对财务报表的影响重大，但不具有广泛性，应当发表保留意见；如果未发现的错报（如存在）对财务报表的影响重大且具有广泛性，以至于发表保留意见不足以反映情况的严重性，应当在可行时解除业务约定（除非法律法规禁止）

注册会计师应当在解除业务约定前，与治理层沟通在审计过程中发现的、将会导致发表非无保留意见的所有错报事项；如果在出具审计报告之前解除业务约定被禁止或不可行，应当发表无法表示意见。

第三，在某些情况下，如果法律法规要求注册会计师继续执行审计业务，则注册会计师可能无法解除审计业务约定。这些情况可能包括：注册会计师接受委托审计公共部门实体的财务报表；注册会计师接受委托审计涵盖特定期间的财务报表，或者接受一定期间的委托，在完成财务报表审计前或在受托期间结束前，不允许解除审计业务约定。在这些情况下，注册会计师可能认为需要在审计报告中增加其他事项段。

（2）如果认为有必要对财务报表整体发表否定意见或无法表示意见，注册会计师不应在同一审计报告中对按照相同财务报表编制基础编制的单一财务报表或者财务报表特定要素、账户或项目发表无保留意见。当然，对经营成果、现金流量（如相关）发表无法表示意见，但对财务状况发表无保留意见，这种情况可能是被允许的。此时，注册会计师并没有对财务报表整体发表无法表示意见。

三、非无保留意见的审计报告的格式和内容

(一) 导致非无保留意见的事项段

1. 审计报告格式和内容的一致性

如果对财务报表发表非无保留意见，注册会计师还应当直接在审计意见段之后增加一个部分，并使用恰当的标题，如“形成保留意见的基础”“形成否定意见的基础”或“形成无法表示意见的基础”，说明导致发表非无保留意见的事项。审计报告格式和内容的一致性有助于提高使用者的理解和识别存在的异常情况。尽管不可能统一非无保留意见的措辞和对导致非无保留意见的事项的说明，仍有必要保持审计报告格式和内容的一致性。

2. 量化财务影响

如果财务报表中存在与具体金额(包括定量披露)相关的重大错报，注册会计师应当在导致非无保留意见的事项段中说明并量化该错报的财务影响。例如，如果存货被高估，注册会计师就可以在审计报告中形成保留、否定、无法表示意见的基础部分说明该重大错报的财务影响，即量化其对所得税、税前利润、净利润和所有者权益的影响。如果无法量化财务影响，注册会计师应当在审计报告中形成保留、否定、无法表示意见的基础部分说明这一情况。

3. 存在与定性披露相关的重大错报

如果财务报表中存在与定性披露相关的重大错报，注册会计师应当在形成非无保留意见的基础部分解释该错报错在何处。

4. 存在与应披露而未披露信息相关的重大错报

如果财务报表中存在与应披露而未披露信息相关的重大错报，注册会计师应当:与治理层讨论未披露信息的情况;在形成非无保留意见的基础部分描述未披露信息的性质;如果可行并且已针对未披露信息获取了充分、适当的审计证据，在形成非无保留意见的基础部分包含对未披露信息的披露，除非法律法规禁止。

如果存在下列情形之一，则在形成非无保留意见的基础部分披露遗漏的信息是不可行的:管理层还没有作出这些披露，或管理层已作出但注册会计师不易获取这些披露;根据注册会计师的判断，在审计报告中披露该事项过于庞杂。

5. 无法获取充分、适当的审计证据

如果因无法获取充分、适当的审计证据而导致发表非无保留意见，注册会计师应当在形成非无保留意见的基础部分说明无法获取审计证据的原因。

6. 披露其他事项

即使发表了否定意见或无法表示意见，注册会计师也应当在形成非无保留意见的基础部分说明注意到的、将导致发表非无保留意见的所有其他事项及其影响。这是因为注册会计师注意到的其他事项的披露可能与财务报表使用者的信息需求相关。

(二) 审计意见段

1. 标题

在发表非无保留意见时，注册会计师应当对审计意见段使用恰当的标题，如“保留意见”“否定意见”或“无法表示意见”。审计意见段的标题能够使财务报表使用者清楚注册会计师

发表了非无保留意见，并能够表明非无保留意见的类型。

2. 发表保留意见

当由于财务报表存在重大错报而发表保留意见时，注册会计师应当根据适用的财务报表编制基础在审计意见段中说明：注册会计师认为，除了形成保留意见的基础部分所述事项产生的影响，财务报表在所有重大方面按照适用的财务报表编制基础编制，并实现公允反映。

当无法获取充分、适当的审计证据而导致发表保留意见时，注册会计师应当在审计意见段中使用"……可能产生的影响外"等措辞。当注册会计师发表保留意见时，在审计意见段中使用"由于上述解释"或"受……影响"等措辞是不恰当的，因为这些措辞不够清晰或没有足够的说服力。

3. 发表否定意见。

当发表否定意见时，注册会计师应当根据适用的财务报表编制基础在审计意见段中说明注册会计师认为，由于形成否定意见的基础部分所述事项的重要性，财务报表没有在所有重大方面按照适用的财务报表编制基础编制，未能实现公允反映。

4. 发表无法表示意见

当由于无法获取充分、适当的审计证据而发表无法表示意见时，注册会计师应当在审计意见段中说明：形成无法表示意见的基础部分所述事项的重要性，注册会计师无法获取充分、适当的审计证据以为发表审计意见提供基础，因此，注册会计师不对这些财务报表发表审计意见。

（三）非无保留意见对审计报告要素内容的修改

当发表保留意见或否定意见时，注册会计师应当修改形成无保留意见的基础部分的描述，以说明：注册会计师相信，注册会计师已获取的审计证据是充分、适当的，为发表非无保留意见提供了基础。

当由于无法获取充分、适当的审计证据而发表无法表示意见时，注册会计师应当修改审计报告的意见段，说明：注册会计师接受委托审计财务报表；注册会计师不对后附的财务报表发表审计意见；由于形成无法表示意见的基础部分所述事项的重要性，注册会计师无法获取充分、适当的审计证据以作为对财务报表发表审计意见的基础。

当注册会计师对财务报表发表无法表示意见时，注册会计师应当修改无保留意见审计报告中形成审计意见的基础部分，不应提及审计报告中用于描述注册会计师责任的部分，也不应说明注册会计师是否已获取充分、适当的审计证据以作为形成审计意见的基础。

当注册会计师对财务报表发表无法表示意见时，注册会计师应当修改无保留意见审计报告中注册会计师对财务报表审计的责任部分，使之仅包含下列内容：

（1）注册会计师的责任是按照中国注册会计师审计准则的规定，对被审计单位财务报表执行审计工作，并出具审计报告。

（2）但由于形成无法表示意见的基础部分所述的事项，注册会计师无法获取充分、适当的审计证据以作为发表审计意见的基础。

（3）声明注册会计师在独立性和职业道德方面的其他责任。

四、非无保留意见的审计报告的参考格式

(一) 由于财务报表存在重大错报而出具保留意见的审计报告

由于财务报表存在重大错报而出具保留意见的审计报告的示例如下。

审计报告

ABC 股份有限公司全体股东:

一、对财务报表出具的审计报告

(一) 保留意见

我们审计了 ABC 股份有限公司(以下简称 ABC 公司)财务报表,包括 2×22 年 12 月 31 日的资产负债表,2×22 年度的利润表、现金流量表、股东权益变动表以及相关财务报表附注。

我们认为,除"形成保留意见的基础"部分所述事项产生的影响外,后附的财务报表在所有重大方面按照企业会计准则的规定编制,公允反映了 ABC 公司 2×22 年 12 月 31 日的财务状况以及 2×22 年度的经营成果和现金流量。

(二) 形成保留意见的基础

ABC 公司 2×22 年 12 月 31 日资产负债表中存货的列示金额为×元。管理层根据成本对存货进行计量,而没有根据成本与可变现净值孰低的原则进行计量,这不符合企业会计准则的规定。ABC 公司的会计记录显示,如果管理层以成本与可变现净值孰低来计量存货,存货列示金额将减少×元。相应地,资产减值损失将增加×元,所得税、净利润和股东权益将分别减少×元、×元和×元。

我们按照中国注册会计师审计准则的规定执行了审计工作。审计报告的"注册会计师对财务报表审计的责任"部分进一步阐述了我们在这些准则下的责任。按照中国注册会计师职业道德守则,我们独立于 ABC 公司,并履行了职业道德方面的其他责任。我们相信,我们获取的审计证据是充分、适当的,为发表保留意见提供了基础。

(三) 关键审计事项

关键审计事项是根据我们的职业判断,认为对本期财务报表审计最为重要的事项。这些事项是在对财务报表整体进行审计并形成意见的背景下进行处理的,我们不对这些事项提供单独的意见。除"形成保留意见的基础"部分所述事项外,我们确定下列事项是需要在审计报告中沟通的关键审计事项。

[按照《中国注册会计师审计准则第 1504 号——在审计报告中沟通关键审计事项》的规定描述每一关键审计事项。]

(四) 管理层和治理层对财务报表的责任

[按照《中国注册会计师审计准则第 1501 号——对财务报表形成审计意见和出具审计报告》的规定报告。]

(五) 注册会计师对财务报表审计的责任

[按照《中国注册会计师审计准则第 1501 号——对财务报表形成审计意见和出具审计报告》的规定报告。]

二、按照相关法律法规的要求报告的事项

[按照《中国注册会计师审计准则第 1501 号——对财务报表形成审计意见和出具审计

报告》的规定报告。]

××会计师事务所　　　　　　中国注册会计师：×××（项目合伙人）
（盖章）　　　　　　　　　（签名并盖章）
　　　　　　　　　　　　　中国注册会计师：×××
　　　　　　　　　　　　　（签名并盖章）
中国××市　　　　　　　　　二×二二年×月×日

（二）由于无法获取财务报表多个要素的充分、适当的审计证据而出具无法表示意见的审计报告

由于无法获取财务报表多个要素的充分、适当的审计证据而出具无法表示意见的审计报告的示例如下。

审计报告

ABC 股份有限公司全体股东：

一、对财务报表出具的审计报告

（一）无法表示意见

我们接受委托，审计 ABC 股份有限公司（以下简称 ABC 公司）财务报表，包括 2×22 年 12 月 31 日的资产负债表，2×22 年度的利润表、现金流量表、股东权益变动表以及相关财务报表附注。

我们不对后附的 ABC 公司财务报表发表审计意见。由于"形成无法表示意见的基础"部分所述事项的重要性，我们无法获取充分、适当的审计证据以作为对财务报表发表审计意见的基础。

（二）形成无法表示意见的基础

我们于 2×22 年 1 月接受 ABC 公司的审计委托，因而未能对 ABC 公司 2×22 年年初金额为×元的存货和年末金额为×元的存货实施监盘程序。此外，我们也无法实施替代审计程序获取充分、适当的审计证据。并且，ABC 公司于 2×22 年 9 月采用新的应收账款电算化系统，由于存在系统缺陷导致应收账款出现大量错误。截至报告日，管理层仍在纠正系统缺陷并更正错误，我们也无法实施替代审计程序，以对截至 2×22 年 12 月 31 日的应收账款总额×元获取充分、适当的审计证据。因此，我们无法确定是否有必要对存货、应收账款以及财务报表其他项目作出调整，也无法确定应调整的金额。

（三）管理层和治理层对财务报表的责任

[按照《中国注册会计师审计准则第 1501 号——对财务报表形成审计意见和出具审计报告》的规定报告。]

（四）注册会计师对财务报表审计的责任

我们的责任是按照中国注册会计师审计准则的规定，对 ABC 公司的财务报表执行审计工作，以出具审计报告。但由于"形成无法表示意见的基础"部分所述的事项，我们无法获取充分、适当的审计证据以作为发表审计意见的基础。按照中国注册会计师职业道德守则，我们独立于 ABC 公司，并履行了职业道德方面的其他责任。

二、对其他法律和监管要求的报告

[按照《中国注册会计师审计准则第 1501 号——对财务报表形成审计意见和出具审计报告》的规定报告。]

××会计师事务所
(盖章)

中国注册会计师:×××(项目合伙人)
(签名并盖章)
中国注册会计师:×××
(签名并盖章)

中国××市

二×二二年×月×日

第五节 在审计报告中增加强调事项段和其他事项段

一、强调事项段

(一) 强调事项段的含义

审计报告的强调事项段是指审计报告中含有的一个段落,该段落提及已在财务报表中恰当列报或披露的事项,根据注册会计师的职业判断,该事项对财务报表使用者理解财务报表至关重要。

(二) 增加强调事项段的情形

如果认为有必要提醒财务报表使用者关注已在财务报表中列报或披露,且根据职业判断认为对财务报表使用者理解财务报表至关重要的事项,在同时满足下列条件时,注册会计师应当在审计报告中增加强调事项段:

(1) 该事项不会导致注册会计师发表非无保留意见。

(2) 该事项未被确定为在审计报告中沟通的关键审计事项。

某些审计准则对特定情形下在审计报告中增加强调事项段提出具体要求。这些情形包括:

(1) 法律法规规定的财务报表编制基础不可接受,但其是由法律或法规作出的规定。

(2) 提醒财务报表使用者注意财务报表按照特殊目的编制基础编制。

(3) 注册会计师在审计报告日后知悉了某些事实(即期后事项),并且出具了新的审计报告或修改了审计报告。

除了上述审计准则要求增加强调事项的情形,注册会计师可能认为需要增加强调事项段的情形举例如下:

(1) 异常诉讼或监管行动的未来结果存在不确定性。

(2) 提前应用(在允许的情况下)对财务报表有广泛影响的新会计准则。

(3) 存在已经或持续对被审计单位财务状况产生重大影响的特大灾难。

强调事项段的过多使用会降低注册会计师沟通所强调事项的有效性。此外,与财务报表中的列报或披露相比,在强调事项段中包括过多的信息,可能隐含着这些事项未被恰当列报或披露。因此,强调事项段应当仅提及已在财务报表中列报或披露的信息。

(三) 在审计报告中增加强调事项段时注册会计师采取的措施

如果在审计报告中增加强调事项段,注册会计师应当采取下列措施:

(1) 将强调事项段作为单独的一部分置于审计报告中,并使用包含“强调事项”这一术语的适当标题。

(2) 明确提及被强调事项以及相关披露的位置，以便能够在财务报表中找到对该事项的详细描述。强调事项段应当仅提及已在财务报表中列报或披露的信息。

(3) 指出审计意见没有因该强调事项而改变。在审计报告中包含强调事项段不影响审计意见。包含强调事项段不能代替下列情形：

第一，根据审计业务的具体情况，按照《中国注册会计师审计准则第 1502 号——在审计报告中发表非无保留意见》的规定发表非无保留意见。

第二，适用的财务报表编制基础要求管理层在财务报表中作出的披露，或为实现公允，列报所需的其他披露。

第三，按照《中国注册会计师审计准则第 1324 号——持续经营》的规定，当可能导致对被审计单位持续经营能力产生重大疑虑的事项或情况存在重大不确定性时作出的报告。

偏离适用的财务报表编制基础的规定导致的带强调事项段的保留意见审计报告的示例如下。

审计报告

ABC 股份有限公司全体股东：

一、对财务报表出具的审计报告

(一) 保留意见

(二) 形成保留意见的基础

(三) 强调事项——火灾的影响

我们提醒财务报表使用者关注，财务报表附注×描述了火灾对 ABC 公司的生产设备造成的影响。本段内容不影响已发表的审计意见。

……

二、其他事项段

(一) 其他事项段的含义

其他事项段是指审计报告中含有的一个段落，该段落提及未在财务报表中列报或披露的事项，根据注册会计师的职业判断，该事项与财务报表使用者理解审计工作、注册会计师责任和审计报告相关。其他事项段的事项未在财务报表中，这是与强调事项段最大的区别。

(二) 需要增加其他事项段的情形

如果认为有必要沟通，虽然未在财务报表中列报或披露，但根据职业判断认为与财务报表使用者理解审计工作、注册会计师的责任和审计报告相关的事项，在同时满足下列条件时，注册会计师应当在审计报告中增加其他事项段：

(1) 未被法律法规禁止。

(2) 当《中国注册会计师审计准则第 1504 号——在审计报告中沟通关键审计事项》适用时，该事项未被确定为在审计报告中沟通的关键审计事项。例如，对应数据、比较财务报表、期后事项等。

具体来讲，需要在审计报告中增加其他事项段的情形如下所述。

1. 与使用者理解审计工作相关的情形

法律法规可能要求注册会计师在审计报告中沟通与计划及范围相关的事项(如计划的审

计范围或审计时对重要性的运用),或者注册会计师可能认为有必要在其他事项段中沟通这些事项。在极其特殊的情况下,即使由于管理层对审计范围施加的限制导致无法获取充分、适当的审计证据可能产生的影响具有广泛性,注册会计师也不能解除业务约定。在这种情况下,注册会计师可能认为有必要在审计报告中增加其他事项段,解释为何不能解除业务约定。

2. 与使用者理解注册会计师的责任或审计报告相关的情形

法律法规或得到广泛认可的惯例可能要求或允许注册会计师详细说明某些事项,以进一步解释注册会计师在财务报表审计中的责任或审计报告。在这种情况下,注册会计师可以使用一个或多个子标题来描述其他事项段的内容。

3. 对两套以上财务报表出具审计报告的情形

如果注册会计师已确定两个编制基础在各自情形下是可接受的,可以在审计报告中增加其他事项段,说明该被审计单位根据另一个通用目的编制基础(如国际财务报告准则)编制了另一套财务报表以及注册会计师对这些财务报表出具了审计报告。

4. 限制审计报告分发和使用的情形

由于审计报告旨在提供给特定使用者,注册会计师可能认为在这种情况下需要增加其他事项段,说明审计报告只是提供给财务报表预期使用者,不应被分发给其他机构或人员或者被其他机构或人员使用。

5. 比较财务报表

如果认为存在影响上期财务报表的重大错报,但前任注册会计师出具了无保留意见的审计报告,前任注册会计师可能无法或拒绝对上期报表重新出具报告。可以增加其他事项段,指出前任注册会计师对更正前的上期报表出具了报告。如果后任注册会计师针对作出更正的调整事项接受委托实施审计并获取充分、适当的审计证据,也可以增加其他事项段予以说明。

需要注意的是,其他事项段的内容明确反映了未被要求在财务报表中列报或披露的其他事项,不包括法律法规或其他职业准则禁止注册会计师提供的信息,也不包括要求管理层提供的信息。如果在审计报告中包含其他事项段,注册会计师应当将该段落作为单独的一部分,并使用“其他事项”或其他适当标题。

三、与治理层的沟通

如果拟在审计报告中增加强调事项段或其他事项段,注册会计师应当就该事项和拟使用的措辞与治理层沟通。与治理层的沟通能使治理层了解注册会计师拟在审计报告中所强调的特定事项的性质,并在必要时为治理层提供向注册会计师作出进一步澄清的机会。当然,当审计报告中针对某一特定事项增加其他事项段在连续审计业务中重复出现时,注册会计师可能认为没有必要在每次审计业务中重复沟通。

第六节 注册会计师对其他信息的责任

在被审计单位年度报告中,除包含财务报表和审计报告外,还通常包括实体的发展,未来前景、风险、不确定事项、治理层声明,以及包含治理事项的报告等信息,这些财务信息和非财务信息称为其他信息。虽然注册会计师对财务报表发表的审计意见不涵盖其他信息，但是注册会计师应当阅读和考虑其他信息，如果其他信息与财务报表或者与注册会计师在审计中了解到的情况存在重大不一致，可能表明财务报表或其他信息存在重大错报，两者均会损害财务报表和审计报告的可信性。

一、获取其他信息

注册会计师应当通过与管理层讨论，确定哪些文件组成年度报告，以及被审计单位计划公布这些文件的方式和时间安排。年度报告是指管理层或治理层根据法律法规的规定或惯例，一般以年度为基础编制的、旨在向所有者（或类似的利益相关方）提供实体经营情况和财务业绩及财务状况（财务业绩及财务状况反映于财务报表）信息的一个文件或系列文件组合。例如，根据法律法规或惯例，以下一项或多项文件可能构成年度报告：

（1）董事会报告。

（2）公司董事会、监事会及董事、监事、高级管理人员保证年度报告内容的真实、准确、完整，不存在虚假记载、误导性陈述或重大遗漏，并承担个别和连带法律责任的声明。

（3）公司治理情况说明。

（4）内部控制自我评价报告。

为满足特定利益相关者团体的信息需求而编制的报告，或为满足特定监管报告目标（即使该报告应当予以公开）而编制的报告。有些报告如作为独立的文件发布，通常不是组成年度报告的系列文件的一部分。这些报告可能包括：

（1）单独的行业或监管报告（如资本充足率报告），如可能由银行、保险和养老金行业编制的报告。

（2）公司社会责任报告。

（3）可持续发展报告。

（4）多元化和平等机会报告。

（5）产品责任报告。

（6）劳工做法和工作条件报告。

注册会计师应当就及时获取组成年度报告的文件的最终版本与管理层作出适当安排。如果可能，组成年度报告的部分或全部文件应在审计报告日之前获取。如果在审计报告日后才能取得，要求管理层提供书面声明，声明上述文件的最终版本将在可获取时并且在被审计单位公布前提供给注册会计师，使得注册会计师可以完成准则要求的程序。

二、阅读并考虑其他信息

注册会计师应当阅读其他信息。其他信息的类型及其各自的应对措施如表 13-5 所示。

表 13-5　　其他信息的类型及其应对措施

类型	具体信息	应对措施
与财务报表项目相关	有部分内容（金额或其他项目）与财务报表中的金额或其他项目相一致，或对其进行概括，或为其提供更详细的信息。例如，表格、图表、图形或者进一步的披露等	注册会计师应当考虑这些其他信息和财务报表之间是否存在重大不一致，应将两者进行比较以评价其一致性

（续表）

类型	具体信息	应对措施
与经营情况相关	注册会计师在审计财务报表过程中，已经针对其了解到一些情况。例如，产量、推出新产品的声明、主要经营地点的概括	注册会计师应当考虑其与注册会计师在审计中了解到的情况是否存在重大不一致
与财务报表和注册会计师了解情况不相关	有部分与财务报表或注册会计师在审计中了解到的情况不相关。例如，温室气体排放情况的陈述等	注册会计师应当对这些信息似乎存在重大错报的迹象保持警觉

三、当似乎存在重大不一致或其他信息似乎存在重大错报时的应对

如果注册会计师识别出似乎存在重大不一致，或者知悉其他信息似乎存在重大错报，注册会计师应当与管理层讨论该事项。必要时，实施其他程序以确定：

（1）其他信息是否存在重大错报。

（2）财务报表是否存在重大错报。

（3）注册会计师对被审计单位及其环境的了解是否需要更新。

四、当注册会计师认为其他信息存在重大错报时的应对

如果注册会计师认为其他信息存在重大错报，应当要求管理层更正其他信息。

（一）要求管理层更正其他信息

如果注册会计师认为其他信息存在重大错报，应当要求管理层更正其他信息：

（1）如果管理层同意作出更正，注册会计师应当确定更正已经完成。

（2）如果管理层拒绝作出更正，注册会计师应当就该事项与治理层进行沟通，并要求作出更正。

（二）其他信息未得到更正

（1）审计报告日前获取的其他信息。如果注册会计师认为审计报告日前获取的其他信息存在重大错报，并且在与治理层沟通后其他信息仍未得到更正，注册会计师应当采取恰当措施，包括：

第一，考虑对审计报告的影响，并就注册会计师计划如何在审计报告中处理重大错报与治理层进行沟通：注册会计师可在审计报告中指明其他信息存在重大错报；在少数情况下，当拒绝更正其他信息的重大错报导致对管理层和治理层的诚信产生怀疑，进而质疑审计证据总体上的可靠性时，对财务报表发表无法表示意见可能是恰当的。

第二，在相关法律法规允许的情况下，解除业务约定。当拒绝更正其他信息的重大错报导致对管理层和治理层的诚信产生怀疑，进而质疑审计过程中从其获取声明的可靠性时，解除业务约定可能是适当的。

（2）审计报告日后获取的其他信息。注册会计师认为审计报告日后获取的其他信息存在重大错报，应当采取以下措施：

第一，如果其他信息得以更正，注册会计师应当根据具体情形实施必要的程序，包括确定更正已经完成，也可能包括复核管理层为与收到其他信息（如果之前已经公告）的人士沟

通并告知其修改而采取的步骤。

第二,如果与治理层沟通后其他信息未得到更正,注册会计师应当考虑其法律权利和义务并采取恰当的措施,以提醒审计报告使用者恰当关注未更正的重大错报。

在法律法规允许的情况下,注册会计师可能采取的、设法提醒审计报告使用者适当关注未更正错报的措施包括:其一,向管理层提供一份新的或修改后的审计报告,其中指出其他信息的重大错报。同时要求管理层将该新的或修改后的审计报告提供给审计报告使用者。在此过程中,注册会计师可能需要基于审计准则和适用的法律法规的要求,考虑对新的或修改后的审计报告的日期产生的影响。注册会计师也可以复核管理层采取的、向这些使用者提供新的或修改后的审计报告的步骤。其二,提醒审计报告使用者关注其他信息的重大错报,如在股东大会上通报该事项。其三,与监管机构或相关职业团体沟通未更正的重大错报。其四,考虑对持续承接业务的影响。

五、当财务报表存在重大错报或注册会计师对被审计单位及其环境的了解需要更新时的应对

如果注册会计师认为财务报表存在重大错报,或者注册会计师对被审计单位及其环境的了解需要更新,注册会计师应当作出恰当应对,包括修改注册会计师对风险的评估、评估错报、考虑注册会计师关于期后事项的责任。

六、审计报告包括的其他信息

如果在审计报告日存在下列两种情况之一,审计报告应当包括一个单独部分,以“其他信息”为标题:

(1) 对于上市实体财务报表审计,注册会计师已获取或预期将获取其他信息。

(2) 对于上市实体以外其他被审计单位的财务报表审计,注册会计师已获取部分或全部其他信息。

审计报告包含的其他信息部分应当包括:

(1) 管理层对其他信息负责的说明。

(2) 指明:

第一,注册会计师于审计报告日前已获取的其他信息(如有)。

第二,对于上市实体财务报表审计,预期将于审计报告日后获取的其他信息(如有)。

第三,说明注册会计师的审计意见未涵盖其他信息,因此,注册会计师对其他信息不发表(或不会发表)审计意见或任何形式的鉴证结论。

第四,描述注册会计师根据审计准则的要求,对其他信息进行阅读、考虑和报告的责任。

第五,如果审计报告日前已经获取其他信息,则选择下列两种做法之一进行说明:①说明注册会计师无任何需要报告的事项;②如果注册会计师认为其他信息存在未更正的重大错报,说明其他信息中的未更正重大错报。

如果注册会计师根据《中国注册会计师审计准则第 1502 号——在审计报告中发表非无保留意见》的规定发表保留或者否定意见,注册会计师应当考虑导致非无保留意见的事项对上述说明的影响。

审计报告日前获取的其他信息不存在重大错报时的审计报告的示例如下。

审计报告

一、对财务报表出具的审计报告

（一）审计意见（略）

（二）形成审计意见的基础（略）

（三）关键审计事项（略）

（四）其他信息

管理层对其他信息负责。其他信息包括[×报告中涵盖的信息，但不包括财务报表和我们的审计报告]。

我们对财务报表发表的审计意见并不涵盖其他信息，我们也不对其他信息发表任何形式的鉴证结论。

结合我们对财务报表的审计，我们的责任是阅读其他信息，在此过程中，考虑其他信息是否与财务报表或我们在审计过程中了解到的情况存在重大不一致或者似乎存在重大错报。基于我们已经执行的工作，如果我们确定其他信息存在重大错报，我们应当报告该事实。在这方面，我们无任何事项需要报告。

（五）管理层和治理层对财务报表的责任（略）

（六）注册会计师对财务报表审计的责任（略）

二、按照相关法律法规的要求报告的事项（略）

××会计师事务所　　　　　　　　中国注册会计师：×××（项目合伙人）

（盖章）　　　　　　　　　　　　（签名并盖章）

中国注册会计师：×××

（签名并盖章）

中国××市　　　　　　　　　　　二×二二年×月×日

复习思考题

1. 审计意见的类型及判断标准是什么？
2. 审计报告的要素有哪些？
3. 什么情况下需要在审计报告中加入强调事项段或其他事项段？
4. 其他信息的类型包括哪些？注册会计师对其他信息应当采取的应对措施有哪些？

第十四章
企业内部控制审计

教学目标

➢ 知识目标

1. 理解内部控制审计的基本含义和范围。

2. 掌握内部控制审计程序和方法，运用信息系统控制测试。

➢ 能力目标

1. 掌握内部控制缺陷，学会评价企业的内部控制缺陷并能够进行定性描述。

2. 掌握判断内部控制审计意见与报告类型的流程，熟悉不同类型内部控制审计报告的格式。

➢ 素养目标

1. 培养过程思维，而非一定唯结果导向，减少功利倾向和投机心理。

2. 培养参与党和国家伟大事业中各领域内部控制工作的自豪感与使命感。

导入案例

被出具非标意见内控审计/鉴证报告的影响

(一) 被实施其他风险警示(科创板除外)

根据《深圳证券交易所股票上市规则》第13.3条、《深圳证券交易所创业板股票上市规则》第9.4条、《上海证券交易所股票上市规则》第13.9.1条的规定，上市公司最近一年被出具无法表示意见或否定意见的内部控股审计报告或鉴证报告的，沪主板上市公司未能按照规定披露内部控制审计报告的，交易所将对其股票交易实施其他风险警示。根据《深圳证券交易所股票上市规则》第13.9条第三款、《深圳证券交易所创业板股票上市规则》第9.9条第四款、《上海证券交易所股票上市规则》第13.9.7条第二款的规定，上市公司股票因前述情形被实施其他风险警示后，公司内部控制缺陷整改完成，内控有效运行，向交易所申请撤销对其股票实施的其他风险警示的，应当提交会计师事务所对其最近一年内部控制出具的标准无保留意见的审计报告、独立董事出具的专项意见等文件。

（二）一年内不得实行股权激励

根据《上市公司股权激励管理办法》第七条的规定，上市公司最近一个会计年度财务报告内部控制被注册会计师出具否定意见或无法表示意见的审计报告的，不得实行股权激励。

（三）影响公司后续再融资

主板要求根据《上市公司证券发行管理办法》第六条的规定，上市公司公开发行证券的条件要求公司组织机构健全、运行良好，其中就包括要求公司内部控制制度健全，能够有效保证公司运行的效率、合法合规性和财务报告的可靠性；内部控制制度的完整性、合理性、有效性不存在重大缺陷。创业板、科创板要求根据《创业板上市公司证券发行注册管理办法（试行）》第九条，以及《科创板上市公司证券发行注册管理办法（试行）》第九条的规定，上市公司向不特定对象发行股票，应当符合的条件包括：会计基础工作规范；内部控制制度健全且有效执行；财务报表的编制和披露符合企业会计准则和相关信息披露规则的规定；在所有重大方面公允反映了上市公司的财务状况、经营成果和现金流量；最近三年财务会计报告被出具无保留意见审计报告。

（四）可能被交易所作为高风险类监管对象或重点监管公司

上市公司被出具否定意见的内部控制审计报告，说明上市公司内部控制必然存在重大缺陷。根据《深圳证券交易所上市公司风险分类管理办法》第九条的规定，上市公司内部控制存在重大缺陷的，上市公司风险分类等级在原则上应为高风险类。根据《上海证券交易所上市公司自律监管规则适用指引第 3 号——信息披露分类监管》第七条的规定，上交所参考上市公司年度信息披露工作评价结果、年度财务报告和内部控制的审计意见类型及日常监管情况等确定信息披露重点监管公司。上市公司最近一个会计年度财务报告的内部控制被会计师事务所出具无法表示意见或者否定意见的审计报告的，上交所将对其信息披露予以重点关注。

（五）对财务报告审计意见类型的影响

内部控制审计意见的类型与财务报告审计意见的类型密切相关，内部控制被出具了否定意见的审计报告，说明上市公司内控存在重大缺陷，有可能导致注册会计师在对财务报告进行审计时无法获得充分、必要的审计证据，从而影响对相关事项所发表的意见。

资料来源：价值法库. 财务会计报告被出具非标准审计意见的后果（2022 年版）[EB/OL].（2022-04-01）[2022-06-06]. https://caifuhao.eastmoney.com/news/20220401192532614235140.

思考：被出具否定意见的内部控制审计报告说明公司财务报告内部控制的有效性存在重大缺陷，但是相关重大缺陷并不必然导致公司当期财务报告的错报，注册会计师应该如何消除内部控制非标准审计意见涉及事项的影响呢？

第一节/内部控制审计概述

一、内部控制审计的背景

2002 年 7 月，美国国会通过《萨班斯-奥克斯利法案》（Sarbanes-Oxley Act）（以下简称

《萨班斯法案》),其中404条款要求发行者管理层对其内部控制进行自我评估,并要求由出具财务报表审计报告的会计师事务所对管理层单独自我评估进行独立鉴证并出具报告。2004年6月,美国公众公司会计监督委员会(PCAOB)发布审计准则第2号《与财务报表审计协同实施的对财务报告内部控制审计》,对《萨班斯法案》的原则性规定作出更加明确的要求,为注册会计师执行提供可操作性的标准。2006年10月,美国公众公司会计监督委员会提出审计准则第5号,取代审计准则第2号。2008年6月,我国财政部会同证监会等五部门发布《企业内部控制基本规范》。2010年4月15日,财政部会同证监会等五部门发布《企业内部控制应用指引》《企业内部控制评价指引》和《企业内部控制审计指引》,要求执行企业内部控制规范体系的企业,应当对本企业内部控制的有效性进行自我评价,披露年度自我评价报告,同时聘请具有证券期货业务资格的会计师事务所依照相关审计标准对其财务报告内部控制的有效性进行审计,出具审计报告。上述三个指引文件自2011年1月1日起在境内外同时上市的公司施行,自2012年1月1日起扩大到在上海证券交易所、深圳证券交易所主板上市的公司施行;在此基础上,择机在中小板和创业板上市公司施行。同时,鼓励非上市大中型企业提前执行。

二、内部控制审计的范围

内部控制是由企业董事会、监事会、经理层和全体员工实施的旨在实现控制目标的过程。内部控制的目标是合理保证企业经营管理合法合规、资产安全、财务报告和相关信息真实、完整,提高经营效率和效果,促进企业实现发展战略。内部控制审计是指会计师事务所接受委托,对特定基准日内部控制设计与运行的有效性进行审计。

尽管这里提及的是内部控制审计,无论从国外审计规定和实践看,还是从我国的相关规定看,注册会计师执行的内部控制审计严格限定在财务报告内部控制审计。从注册会计师的专业胜任能力、审计成本效益的约束,以及投资者对财务信息质量的需求上看,财务报告内部控制审计是服务的核心要求。因此,内部控制审计审计意见覆盖的范围是:针对财务报告内部控制,注册会计师对其有效性发表审计意见;针对非财务报告内部控制,注册会计师针对内部控制审计过程中注意到的非财务报告内部控制的重大缺陷,在内部控制审计报告中增加"非财务报告内部控制重大缺陷描述段"予以披露。

财务报告内部控制是指公司的董事会、监事会、经理层和全体员工实施的旨在合理保证财务报告及相关信息真实、完整而设计和运行的内部控制,以及用于保护资产安全的内部控制中与财务报告可靠性目标相关的控制。

从注册会计师审计的角度上看,财务报告内部控制包括以下几点内容。

(一)企业层面的内部控制

(1)与控制环境相关的控制(如对诚信和道德价值沟通和落实、对胜任能力的重视、治理层的参与程度、管理层的理念和经营风格、组织结构、职权与责任的分配、人力资源政策与实务)。

(2)针对管理层和治理层凌驾于内部控制之上的风险而设计的内部控制(如针对重大非常规交易的控制、针对关联方交易的控制、减弱伪造或不恰当操作财务结果的动机和压力的控制)。

(3)被审计单位的风险评估过程(如何识别经营风险、估计其重要性、评估其发生的可能性、采取措施应对和管理风险及其结果）。

（4）对内部信息传递和期末财务报告流程的控制（如与会计政策选择和运用相关的程序、调整分录和合并分录的编制和批准等）。

（5）对控制有效性的内部监督（即监督其他控制的控制）和内部控制评价。

（6）集中化的处理和控制、监控经营成果的控制，以及重大经营控制和风险管理实务的政策。

（二）业务流程、应用系统或交易层面的内部控制

（1）授权与审批。

（2）信息技术应用控制。

（3）实物控制（如保护资产的实物安全、对接触计算机程序和数据文档设置授权、定期盘点并将盘点记录与控制记录相核对）。

（4）复核和调节。

三、内部控制审计基准日

内部控制审计基准日是指注册会计师评价内部控制在某一时日是否有效所涉及的基准日，其也是被审计单位评价基准日，即最近一个会计期间截止日。

注册会计师不可能对企业内部控制在某个期间段（如 1 年）内每天的运行情况进行描述，然后发表审计意见，这样做不切实际，并且无法向信息使用者提供准确清晰的信息（考虑到中间对内部控制缺陷的纠正），甚至会误导使用者。

注册会计师对特定基准日内部控制的有效性发表意见，并不意味着注册会计师只测试基准日这一天的内部控制，而是需要考察足够长一段时间内部控制设计和运行的情况。对控制有效性的测试涵盖的期间越长，提供的控制有效性的审计证据越多。单就内部控制审计业务而言，注册会计师应当获取内部控制在基准日之前一段足够长的期间内有效运行的审计证据。在整合审计中，控制测试所涵盖的期间应当尽量与财务报表审计中拟信赖内部控制的期间保持一致。

第二节　内部控制审计程序

注册会计师可以单独进行内部控制审计，也可以将内部控制审计与财务报表审计整合进行，即整合审计。在整合审计中，注册会计师应当对内部控制设计与运行的有效性进行测试，以同时实现下列目标：获取充分、适当的证据，支持在内部控制审计中对内部控制有效性发表的意见；获取充分、适当的证据，支持在财务报表审计中对控制风险的评估结果。

企业内部控制审计程序主要包括以下几点。

一、计划审计工作

合理地计划内部控制审计工作，有助于注册会计师关注重点审计领域、及时发现和解决潜在问题、恰当地组织和管理内部控制审计工作。同时，还可以帮助注册会计师对项目组成

员进行恰当的分工、指导、监督和复核，协调其他注册会计师和外部专家的工作。

（一）计划审计工作时应当考虑的事项

在计划审计工作时，注册会计师应当评价下列事项对财务报表、内部控制和审计工作的影响：

（1）与企业相关的风险，包括在评价是否接受与保持客户和业务时，注册会计师了解的与企业相关的风险情况及在执行其他业务时了解的情况。

（2）相关法律法规和行业概况。

（3）企业组织机构、经营特点和资本结构等相关重要事项。

（4）企业内部控制最近发生变化的程度。

（5）与企业沟通过的内部控制缺陷。

（6）重要性、风险等与确定内部控制重大缺陷相关的因素。

（7）对内部控制有效性的初步判断。

（8）可获取的、与内部控制有效性相关的证据的类型和范围。

（二）总体审计策略和具体审计计划

内部控制审计计划分为总体审计策略和具体审计计划两个层次。

1. 总体审计策略

总体审计策略用以总结计划阶段的成果，确定审计的范围、时间和方向，并指导具体审计计划的制订。制定总体审计策略的过程有助于注册会计师结合风险评估程序的结果确定下列事项：

（1）向具体审计领域分配资源的类别和数量，包括向高风险领域分派经验丰富的项目组成员、向高风险领域分配的审计时间预算等。

（2）何时分配这些资源，如是在期中审计阶段还是在关键日期调配资源等。

（3）如何管理、指导和监督这些资源，包括预期何时召开项目组预备会和总结会，预期项目合伙人和经理如何进行复核，是否需要实施项目质量控制复核等。

注册会计师应当在总体审计策略中体现下列内容：

（1）确定审计业务的特征，以界定审计范围。

（2）明确审计业务的报告目标，以计划审计的时间安排和所需沟通的性质。

（3）根据职业判断，考虑用以指导项目组工作方向的重要因素。

（4）考虑初步业务活动的结果，并考虑对被审计单位执行其他业务时获得的经验是否与内部控制审计业务相关。

（5）确定执行业务所需资源的性质、时间安排和范围。

2. 具体审计计划

具体审计计划与总体审计策略相比更加详细，其内容包括项目组成员拟实施的审计程序的性质、时间安排和范围。计划这些审计程序，会随着具体审计计划的制订逐步深入，并贯穿于审计的整个过程。注册会计师应当在具体审计计划中体现下列内容：

（1）了解和识别内部控制的程序的性质、时间安排和范围。

（2）测试控制设计有效性的程序的性质、时间安排和范围。

（3）测试控制运行有效性的程序的性质、时间安排和范围。

二、实施审计工作

注册会计师应当按照自上而下的方法实施审计工作。自上而下的方法是注册会计师识别风险、选择拟测试控制的基本思路。自上而下的方法始于财务报表层次，从注册会计师对财务报告对内部控制整体风险的了解开始，将关注重点放在企业层面的控制上，并将工作逐渐下移至重要账户、列报及其相关认定。随后，确认其对被审计单位业务流程中风险的了解，并选择能足以应对评估的每个相关认定的重大错报风险的控制进行测试。

自上而下的方法分为以下几个步骤：

(1) 从财务报表层次初步了解内部控制整体风险。

(2) 识别、了解和测试企业层面控制。

(3) 识别重要账户、列报及其相关认定。

(4) 了解潜在错报的来源并识别相应的控制。

(5) 选择拟测试的控制。

注册会计师在实施审计工作时，可以将企业层面控制和业务层面控制的测试结合进行。

注册会计师测试企业层面控制，应当把握重要性原则，至少应当关注以下几点：

(1) 与内部环境相关的控制。内部环境，即控制环境，包括治理职能、管理职能，以及治理层和管理层对内部控制及其重要性的态度、认识和措施。良好的控制环境是实施有效内部控制的基础。

(2) 针对管理层(董事会、经理层)凌驾于控制之上的风险而设计的控制。该控制对所有企业保持有效的内部控制都有重要影响。注册会计师可以根据对企业舞弊风险的评估作出判断，选择相关的企业层面控制进行测试，并评价这些控制能否有效应对管理层凌驾于控制之上的风险。

(3) 企业的风险评估过程。风险评估过程包括识别与财务报告相关的经营风险和其他经营管理风险，以及针对这些风险采取的措施。首先，企业的内部控制能够充分识别企业外部环境(如在经济、政治、法律法规、竞争者行为、债权人需求、技术变革等方面)存在的风险。其次，充分且适当的风险评估过程需要包括对重大风险的估计、对风险发生可能性的评估以及确定应对风险的方法。注册会计师可以先了解企业及其内部环境的其他方面信息，以初步了解企业的风险评估过程。

(4) 对内部信息传递和财务报告流程的控制。财务报告流程的控制可以确保管理层按照适当的会计准则编制合理、可靠的财务报告并对外报告。

(5) 对控制有效性的内部监督和自我评价。企业对控制有效性的内部监督和自我评价可以在企业层面上实施，也可以在业务流程层面上实施，包括对运行报告的复核和核对、与外部人士的沟通、对其他未参与控制执行人员的监控活动，以及将信息系统记录数据与实物资产进行核对等。

此外，企业层面控制还包括以下几点：集中化的处理和控制，包含共享的服务环境；监控经营成果的控制；针对重大经营控制及风险管理实务而采取的策略。

注册会计师测试业务层面控制，应当掌握重要性原则，结合企业实际、企业内部控制各项应用指引的要求和企业层面控制的测试情况，重点对企业生产经营活动中的重要业务与事项的控制进行测试。注册会计师应当关注信息系统对内部控制及风险评估的影响。注册会计师在测试企业层面控制和业务层面控制时，应当评价内部控制是否足以应对舞弊风险。

注册会计师应当测试内部控制设计与运行的有效性。如果某项控制由拥有必要授权和专业胜任能力的人员按照规定的程序与要求执行，能够实现控制目标，则表明该项控制的设计是有效的。如果某项控制正在按照设计运行，执行人员拥有必要授权和专业胜任能力，能够实现控制目标，则表明该项控制的运行是有效的。

注册会计师应当根据与内部控制相关的风险，确定拟实施审计程序的性质、时间安排和范围，获取充分、适当的证据。与控制相关的风险越高，注册会计师需要获取的证据就越多。注册会计师在测试控制设计与运行的有效性时，应当综合运用询问适当人员、观察经营活动、检查相关文件、穿行测试和重新执行等方法。

注册会计师在确定测试的时间安排时，应当在下列两个因素之间作出平衡，以获取充分、适当的证据；尽量在接近企业内部控制自我评价基准日实施测试；实施的测试需要涵盖足够长的期间。在连续审计中，注册会计师在确定测试的性质、时间安排和范围时，应当考虑以前年度执行内部控制审计时了解的情况。

三、完成审计工作

注册会计师完成审计工作后，应当取得企业签署的对内部控制的书面声明，书面声明应当包括下列内容：

（1）企业董事会认可其对建立健全和有效实施内部控制负责。

（2）企业已对内部控制的有效性作出自我评价，并说明评价时采用的标准以及得出的结论。

（3）企业没有利用注册会计师执行的审计程序及其结果作为自我评价的基础。

（4）企业已向注册会计师披露识别出的内部控制所有缺陷，并单独披露其中的重大缺陷和重要缺陷。

（5）对注册会计师在以前年度中识别的、已与审计委员会沟通的重大缺陷和重要缺陷，企业是否已经采取措施予以解决。

（6）在企业内部控制自我评价基准日后，内部控制是否发生重大变化，或者存在对内部控制具有重要影响的其他因素。

此外，书面声明中还包括导致财务报表重大错报的所有舞弊，以及不会导致财务报表重大错报，但涉及管理层和其他在内部控制中具有重要作用的员工的所有舞弊。如果企业拒绝提供或以其他不当理由回避书面声明，注册会计师应当将其视为审计范围受到限制，解除业务约定或出具无法表示意见的内部控制审计报告。

注册会计师认为审计委员会和内部控制审计机构对内部控制的监督无效，应当就此以书面形式直接与董事会和经理层沟通。书面沟通应当在注册会计师出具内部控制审计报告之前进行。注册会计师应当与企业沟通审计过程中识别的所有控制缺陷。对其中的重大缺陷和重要缺陷，应当以书面形式与董事会和经理层沟通。注册会计师应当对获取的证据进行评价，形成对内部控制有效性的意见。

注册会计师对在审计过程中注意到的非财务报告内部控制缺陷，应当区别具体情况予以处理：

（1）注册会计师认为非财务报告内部控制缺陷为一般缺陷的，应当与企业进行沟通，提醒企业加以改进，但无须在内部控制审计报告中说明。

（2）注册会计师认为非财务报告内部控制缺陷为重大缺陷的，应当以书面形式与企业董事会和经理层沟通，提醒企业加以改进，但无须在内部控制审计报告中说明。

（3）注册会计师认为非财务报告内部控制缺陷为重大缺陷的，应当以书面形式与企业董事会和经理层沟通，提醒企业加以改进；同时应当在内部控制审计报告中增加非财务报告内部控制重大缺陷描述段，对重大缺陷的性质及其对实现相关控制目标的影响程度进行披露，提示内部控制审计报告使用者注意相关风险。

第三节 信息系统控制测试

一、与信息技术相关的控制

（一）自动化控制的优点

在信息技术环境下，传统的手工控制越来越多地被自动控制所替代。概括地讲，自动控制能为企业带来以下好处：

（1）自动控制能够有效处理大流量交易及数据，这是因为自动信息系统可以提供与业务规则一致的系统处理方法。

（2）自动控制比较不容易被绕过。

（3）自动信息系统、数据库和操作系统的相关安全控制可以实现有效的职责分离。

（4）自动信息系统可以提高信息的及时性和准确性，并使信息变得更易获取。

（5）自动信息系统可以提高管理层对企业业务活动及相关政策的监督水平。

（二）自动化控制的风险

同时，对自动控制的依赖也可能给企业带来下列财务报表重大错报风险：

（1）信息系统或相关系统程序可能会对数据进行错误处理，也可能会去处理那些本身存在错误的数据。

（2）自动信息系统、数据库和操作系统的相关安全控制如果无效，会增加对数据信息非授权访问的风险。这种风险可能导致系统内数据遭到破坏，系统对非授权交易或不存在的交易作出记录，系统、系统程序、数据遭到不适当的改变，系统对交易进行不适当的记录，以及信息技术人员获得超过其职责范围的过大系统权限等。

（3）数据丢失风险或数据无法访问风险，如系统瘫痪。

（4）不适当的人工干预，或人为绕过自动控制。

因此，被审计单位采用信息系统处理业务，并不意味着手工控制被完全取代，信息系统对控制的影响，取决于被审计单位对信息系统的依赖程度。例如，在基于信息技术的自动信息系统中，系统进行自动操作来实现对交易信息的创建、记录、处理和报告，并将相关信息保存为电子形式（如电子的采购订单、发运凭证和相关会计记录）。但相关控制活动也可能同时包括手工的部分，如订单的审批、事后审阅，以及会计记录调整之类的手工控制。

与财务报告相关的控制活动一般由一系列手工控制和自动控制所组成。由于被审计单位信息技术的特点及复杂程度不同，被审计单位的手工及自动控制的组合方式往往会有所区别。

二、信息技术内部控制测试

在信息技术环境下，手工控制的基本原理与方式在信息环境下并不会发生实质性的改变，注册会计师仍需要按照标准执行相关的审计程序，而对于自动控制，就需要从信息技术一般控制测试与信息技术应用控制测试两方面进行考虑。

（一）信息技术一般控制测试

信息系统一般控制是指为了保证信息系统的安全，对整个信息系统及外部各种环境要素实施的、对所有的应用或控制模块具有普遍影响的控制措施，信息技术一般控制通常会对实现部分或全部财务报告认定作出间接贡献。在有些情况下，信息技术一般控制也可能对实现信息处理目标和财务报告认定作出直接贡献。这是因为有效的信息技术一般控制确保了应用系统控制和依赖计算机处理的自动会计程序得以持续有效地运行。当手工控制依赖系统生成的信息时，信息技术一般控制同样重要。

注册会计师应当清楚记录信息技术一般控制与关键的自动应用控制及接口、关键的自动会计程序、关键手工控制使用的系统生成数据和报告，或生成手工日记账时使用系统生成的数据和报告的关系。由于程序变更控制、计算机操作控制和程序数据访问控制影响到系统驱动组件的持续有效运行，注册会计师需要对上述三个领域实施控制测试。

信息技术一般控制包括程序开发、程序变更、程序和数据访问，以及计算机运行四个方面。

1. 程序开发

程序开发领域的目标是确保系统的开发、配置和实施能够实现管理层的应用控制目标。程序开发一般包括以下要素：

（1）对开发和实施活动的管理。

（2）项目启动、分析和设计。

（3）对程序开发实施过程的控制软件包的选择。

（4）测试和质量确保。

（5）数据迁移。

（6）程序实施。

（7）记录和培训。

（8）职责分离。

2. 程序变更

程序变更领域的目标是确保对程序和相关基础组件的变更是经过申请、授权、执行、测试和实施的，以达到管理层的应用控制目标。程序变更一般包括以下要素：

（1）对维护活动的管理。

（2）对变更请求的规范、授权和跟踪。

（3）测试和质量保证。

（4）程序实施。

(5) 记录和培训。

(6) 职责分离。

3. 程序和数据访问

程序和数据访问这一领域的目标是确保分配的访问程序和数据的权限是经过用户身份认证并经过授权的。程序和数据访问的子组件一般包括安全活动管理、安全管理、数据安全、操作系统安全、网络安全和实物安全。

4. 计算机运行

计算机运行这一领域的目标是确保生产系统根据管理层的控制目标完整准确地运行,确保运行问题被完整准确地识别并解决,以维护财务数据的完整性。计算机运行的子组件一般包括计算机运行活动的总体管理、批调度和批处理、实时处理、备份和问题管理,以及灾难恢复。

(二) 信息技术应用控制测试

信息技术应用控制一般要经过输入、处理和输出等环节。与手工控制一样,信息技术应用控制同样关注信息处理目标的四个要素:完整性、准确性、经过授权和访问限制。然而,信息技术应用控制造成的影响程度比信息技术一般控制要显著得多,并且需要进一步的手工调查。另外,所有的信息技术应用控制都会有一个手工控制与之相对应。例如,通过批次汇总的方式验证数据传输的准确性和完整性时,如果出现例外,就需要有相应的手工控制进行跟踪调查。理论上,在测试的时候,每个信息技术应用控制都要与其对应的手工控制一起进行测试,才能得到控制是否可信赖的结论。例如,一笔交易被否定或者被作标记了,将会进行一个手工调查流程,并且被记录下来。下面将针对不同的信息处理目标来阐述信息技术应用控制测试。

1. 完整性

(1) 顺序标号,可以保证系统每笔日记账都是唯一的,并且系统不会接受相同编号,或者在编号范围外的凭证。此时,需要系统提供一个没有编号凭证的报告,如果存在例外,需要相关人员进行调查跟进。

(2) 编辑检查,以确保无重复交易录入。例如,发票付款的时候,检查发票编号。

2. 准确性

(1) 编辑检查,包括限制检查、合理性检查、存在性检查和格式检查等。

(2) 将客户、供应商、发票和采购订单等信息与现有数据进行比较。

3. 授权

(1) 交易流程中必须存在恰当的授权。

(2) 将客户、供应商、发票和采购订单等信息与现有数据进行比较。

4. 访问限制

(1) 对于某些特殊的会计记录的访问,必须经过数据所有者的正式授权。管理层必须定期检查系统的访问权限来确保只有经过授权的用户才能够拥有访问权限,并且符合职责分离原则。如果存在例外,必须进行调查。

(2) 访问控制必须满足适当的职责分离。例如,交易的审批和处理必须由不同的人员执行。

(3) 对每个系统的访问控制都要单独考虑。密码必须要定期更换,并且在规定次数内不能重复;定期生成多次登录失败导致用户账号锁定的报告,管理层必须跟踪这些登录失败的具体原因。

(三)信息技术应用控制与信息技术一般控制之间的关系

应用控制是设计在计算机应用系统中的、有助于达到信息处理目标的控制。例如,许多应用系统中包含很多编辑检查来帮助确保录入数据的准确性。编辑检查可能包括格式检查(如日期格式或数字格式)、存在性检查(如客户编码存在于客户主数据文档之中),以及合理性检查(如最大支付金额)。如果录入数据的某一要素未通过编辑检查,那么系统可能拒绝录入该数据或系统可能将该录入数据拖入系统生成的例外报告之中,留待后续跟进和处理。

如果带有关键的编辑检查功能的应用系统所依赖的计算机环境存在信息技术一般控制的缺陷,注册会计师可能就不能信赖上述编辑检查功能按设计发挥作用。例如,程序变更控制缺陷可能导致未授权人员对检查录入数据字段格式的编程逻辑进行修改,以至于系统接受不准确地录入数据。此外,与安全和访问权限相关的控制缺陷可能导致数据录入不恰当地绕过合理性检查,而该合理性检查在其他方面将使系统无法处理金额超过最大容差范围的支付操作。

第四节/内部控制审计缺陷

一、控制缺陷的分类

内部控制存在的缺陷包括设计缺陷和运行缺陷。设计缺陷是指缺少为实现控制目标所必需的控制,或现有控制设计不适当、即使正常运行也难以实现预期的控制目标。运行缺陷是指现存设计适当的控制没有按设计意图运行,或执行人员没有获得必要授权或缺乏胜任能力,无法有效地实施内部控制。

内部控制存在的缺陷,按其严重程度分为重大缺陷、重要缺陷和一般缺陷。重大缺陷是内部控制中存在的、可能导致不能及时防止或发现并纠正财务报表出现重大错报的一项控制缺陷或多项控制缺陷的组合。重要缺陷是内部控制中存在的、严重程度不如重大缺陷但足以引起负责监督被审计单位财务报告的人员(如审计委员会或类似机构)关注的一项控制缺陷或多项控制缺陷的组合。一般缺陷是内部控制中存在的、除重大缺陷和重要缺陷之外的控制缺陷。

二、评价控制缺陷的严重程度

注册会计师应当评价其识别的各项控制缺陷的严重程度,以确定这些缺陷单独或组合起来,是否构成内部控制的重大缺陷。然而,在计划和实施审计工作时,不要求注册会计师寻找单独或组合起来不构成重大缺陷的控制缺陷。控制缺陷的严重程度取决于:控制不能防止或发现并纠正账户或列报发生错报的可能性的大小;因一项或多项控制缺陷导致的潜在错报的金额大小。控制缺陷的严重程度与错报是否发生无关,而取决于控制不能防止或发现并纠正错报的可能性的大小。

在评价一项控制缺陷或多项控制缺陷的组合是否可能导致账户或列报发生错报时，注册会计师应当考虑的风险因素包括：所涉及的账户、列报及其相关认定的性质；相关资产或负债易于发生损失或舞弊的可能性；确定相关金额时所需判断的主观程度、复杂程度和范围；该项控制与其他控制的相互作用或关系；控制缺陷之间的相互作用；控制缺陷在未来可能产生的影响。评价控制缺陷是否可能导致错报时，注册会计师无需将错报发生的概率量化为某特定的百分比或区间。如果多项控制缺陷影响财务报表的同一账户或列报，错报发生的概率会增加。在存在多项控制缺陷时，即使这些缺陷从单项看不重要，但组合起来也可能构成重大缺陷。因此，注册会计师应当确定，对同一重要账户、列报及其相关认定，以及内部控制要素产生影响的各项控制缺陷，组合起来是否构成重大缺陷。

在评价因一项或多项控制缺陷导致的潜在错报的金额大小时，注册会计师应当考虑的因素包括：受控制缺陷影响的财务报表金额或交易总额；在本期或预计的未来期间受控制缺陷影响的账户余额或各类交易涉及的交易量。在评价潜在错报的金额大小时，账户余额或交易总额的最大多报金额通常是已记录的金额，但其最大少报金额可能超过已记录的金额。通常，小金额错报比大金额错报发生的概率更高。

在确定一项控制缺陷或多项控制缺陷的组合是否构成重大缺陷时，注册会计师应当评价补偿性控制的影响。在评价补偿性控制是否能够弥补控制缺陷时，注册会计师应当考虑补偿性控制是否有足够的精确度以防止或发现并纠正可能发生的重大错报。一般缺陷和重大缺陷的案例如下。

案例一：一般缺陷

A 注册会计师执行甲公司内部控制审计，财务报表整体重要性确定为 2 000 万元，实际执行的重要性水平为 1 000 万元。在对付款授权进行控制测试时，其中一项程序是检查付款发票是否有适当的审批且有相关的文件对其进行支持这一关键控制，这项控制活动与 1 600 万元的发票交易相关，选择 25 笔付款并测试它们是否经过了适当的审批，理想状态下应没有异常。但测试结果表明有 1 笔付款（与维修维护相关）未经过授权。

步骤一：发现的缺陷是否与一个或多个财务报表认定直接相关？

由于该缺陷涉及支出，直接影响财务报表认定。

步骤二：该项缺陷是否可能不能防止或发现财务报表错报？

是，付款没有得到审批，有可能导致错报。

步骤三：该项缺陷可能导致财务报表潜在的错报的金额大小？

涉及支出问题的总金额是 1 600 万元，大于 1 000 万元的实际执行的重要性水平。

步骤四：是否存在补偿性控制并有效运行，足以防止或发现财务报表重大错报？

经了解和测试，维修与维护服务环节存在下列补偿性控制：

维修与维护服务环节的采购订单审批和发票审批流程中存在权限分离机制，因此采购订单审批和付款发票审批需要多人合作进行（已测试且该控制有效）。

对采购订单的审批与政策保持一致（已测试且该控制有效）。

每月进行成本中心和盈亏状况审阅，即将实际开销与成本及上季度数据进行对比。对于误差，差异容忍度为 100 万元，对于差异大于 1 000 万元的情况会进行调查（已测试且控制有效）。

步骤五:该缺陷的重要程度是否足以引起负责监督企业财务报告的相关人员的关注?

否。

因此,该缺陷为一般缺陷。

案例二:重大缺陷

A 注册会计师执行甲公司内部控制审计,财务报表整体重要性确定为 2 000 万元,实际执行的重要性水平为 1 000 万元。在对月度银行对账进行控制测试时,其中一项程序是检查公司每月是否对其付款账户与银行进行对账,这项控制活动与 6 000 万元现金收据以及付款相关,选择两笔对账并且确定是否每笔对账都已完成以及是否对所有重大或异常事件进行了调查并及时解决,理想状态下应没有例外。但测试结果表明这两笔银行对账都没有完全完成,存在重大的未对账差异(共计 200 万元),并且差异存在已超过 1 年。

步骤一:发现的缺陷是否与一个或多个财务报表认定直接相关?

是,涉及银行存款和付款的问题,直接影响财务报表认定。

步骤二:该项缺陷是否可能不能防止或发现财务报表错报?

是,对账没有完成,有可能导致错误不能及时发现。

步骤三:该项缺陷可能导致财务报表潜在错报的金额大小?

这项控制与交易相关且所涉及金额大于 6 000 万元,超过了判定指标。

步骤四:是否存在补偿性控制,并有效运行,足以防止或发现财务报表重大错报?

会计经理会对每次银行对账进行审核并签字确认,由于经理没有能够发现这些重大的对账错误,补偿性控制也被判断为失效。

因此,该缺陷为重大缺陷。

三、控制缺陷的整改

如果被审计单位在基准日前对存在缺陷的控制进行了整改,整改后的控制需要运行足够长的时间,才能使注册会计师得出其是否有效的审计结论。注册会计师应当根据控制的性质和与控制相关的风险,合理运用职业判断,确定整改后控制运行的最短期间(或整改后控制的最少运行次数)以及最少测试数量。整改后控制运行的最短期间(或最少运行次数)和最少测试数量如表 14-1 所示。

表 14-1　整改后控制运行的最短期间(或最少运行次数)和最少测试数量

控制运行频率	整改后控制运行的最短期间或最少运行次数	最少测试数量
每季 1 次	2 个季度	2
每月 1 次	2 个月	2
每周 1 次	5 周	5
每天 1 次	20 天	20
每天多次	25 次(分布于涵盖多天的期间,通常不少于 15 天)	25

如果被审计单位在基准日前对存在重大缺陷的内部控制进行了整改,但新控制尚没有运行足够长的时间,注册会计师应当将其视为内部控制在基准日存在重大缺陷。

第五节 内部控制审计报告

一、形成审计意见

注册会计师应当对获取的证据进行评价，形成对内部控制有效性的意见。注册会计师应当评价从各种来源获取的审计证据，包括对控制的测试结果、财务报表审计中发现的错报以及已识别的所有控制缺陷，形成对内部控制有效性的意见。在评价审计证据时，注册会计师应当查阅本年度涉及内部控制的内部审计报告或类似报告，并评价这些报告中指出的控制缺陷。只有在审计范围没有受到限制时，注册会计师才能对内部控制的有效性形成意见。如果审计范围受到限制，注册会计师需要解除业务约定或出具无法表示意见的内部控制审计报告。

在对内部控制的有效性形成意见后，注册会计师应当评价企业内部控制评价报告对相关法律法规规定的要素的列报是否完整和恰当。

根据中国证监会《上市公司实施企业内部控制规范体系监管问题解答》的规定，公开发行证券的公司在年度报告中应披露的财务报告内部控制评价报告应包括以下内容：

(1) 公司董事会关于建立健全和有效实施财务报告内部控制是公司董事会的责任，并就公司财务报告内部控制评价报告真实性作出的声明。

(2) 财务报告内部控制评价的依据。

(3) 根据自我评价情况，认定于评价基准日存在的财务报告内部控制重大缺陷情况。

(4) 对发现的重大缺陷已采取或拟采取的整改措施的说明。

(5) 公司董事会对评价基准日财务报告内部控制有效性的自我评价结论。

(6) 在财务报告内部控制自我评价过程中关注到的非财务报告内部控制重大缺陷情况。

二、审计报告类型

注册会计师在完成内部控制审计工作后，应当出具内部控制审计报告。注册会计师需要在审计报告中清楚地表达对内部控制有效性的意见，并对出具的审计报告负责。在整合审计中，注册会计师在完成内部控制审计和财务报表审计后，应当分别对内部控制和财务报表出具审计报告，并签署相同的日期。

(一) 无保留意见内部控制审计报告

如果符合下列所有条件，注册会计师应当对内部控制出具无保留意见的内部控制审计报告：

(1) 在基准日，被审计单位按照适用的内部控制标准的要求，在所有重大方面保持了有效的内部控制；

(2) 注册会计师已经按照《企业内部控制审计指引》的要求，计划和实施审计工作，并且在审计过程中未受到限制。

内部控制审计报告包括下列要素：

第一，标题。内部控制审计报告的标题统一规范为“内部控制审计报告”。

第二，收件人。内部控制审计报告的收件人，一般是指审计业务的委托人，即注册会计师按照业务约定书的要求报送内部控制审计报告的对象。内部控制审计报告需要载明收件人的全称。

第三，引言段。内部控制审计报告的引言段说明企业的名称和内部控制已经过审计。

第四，企业对内部控制的责任段。企业对内部控制的责任段说明，按照《企业内部控制基本规范》《企业内部控制应用指引》《企业内部控制评价指引》的规定，建立健全和有效实施内部控制，并评价其有效性是企业董事会的责任。

第五，注册会计师的责任段。注册会计师的责任段说明在实施审计工作的基础上，对财务报告内部控制的有效性发表审计意见，并对注意到的非财务报告内部控制的重大缺陷进行披露是注册会计师的责任。

第六，内部控制固有局限性的说明段。内部控制无论如何有效，都只能为企业实现控制目标提供合理保证。内部控制实现目标的可能性受其固有限制的影响，包括：①在决策时人为判断可能出现错误和因人为失误而导致内部控制失效；②控制的运行也可能无效；③控制可能由于两个或更多的人员进行串通舞弊或管理层不当地凌驾于内部控制之上而被规避；④在设计和执行控制时，如果存在选择执行的控制以及选择承担的风险，管理层在确定控制的性质和范围时需要作出主观判断。

因此，注册会计师需要在内部控制固有局限性的说明段说明，内部控制具有固有局限性，存在不能防止和发现错报的可能性。此外，由于情况的变化可能导致内部控制变得不恰当，或对控制政策和程序遵循的程度降低，根据内部控制审计结果推测未来内部控制的有效性具有一定风险。

第七，财务报告内部控制审计意见段。审计意见段应当说明企业是否按照《企业内部控制基本规范》和相关规定，在所有重大方面保持了有效的财务报告内部控制。

第八，注册会计师的签名和盖章。

第九，会计师事务所的名称、地址和盖章。

第十，报告日期。审计报告的日期不应早于注册会计师获取充分、适当的审计证据（包括董事会认可对内部控制及评价报告的责任且已批准评价报告的证据），并在此基础上对内部控制的有效性形成审计意见的日期。如果内部控制审计和财务报表审计整合进行，注册会计师对内部控制审计报告和财务报表审计报告需要签署相同的日期。

（二）非无保留意见的内部控制审计报告

1. 内部控制存在重大缺陷时的处理

如果认为内部控制存在一项或多项重大缺陷，除非审计范围受到限制，注册会计师应当对内部控制发表否定意见。否定意见的内部控制审计报告还应当包括重大缺陷的定义、重大缺陷的性质及其对内部控制的影响程度。

如果重大缺陷尚未包含在企业内部控制评价报告中，注册会计师应当在内部控制审计报告中说明重大缺陷已经识别、但没有包含在企业内部控制评价报告中。如果企业内部控制评价报告中包含了重大缺陷，但注册会计师认为这些重大缺陷未在所有重大方面得到公允反映，注册会计师应当在内部控制审计报告中说明这一结论，并公允表达有关重大缺陷的必要信息。此外,注册会计师还应当就这些情况以书面形式与治理层沟通。

如果拟对内部控制的有效性发表否定意见,在财务报表审计中,注册会计师不应依赖存在重大缺陷的控制,然而,需要实施实质性程序确定与该控制相关的账户是否存在重大错报。如果实施实质性程序的结果表明该账户不存在重大错报,注册会计师可以对财务报表发表无保留意见。在这种情况下,注册会计师应当确定该意见对财务报表审计意见的影响,并在内部控制审计报告中予以说明。

如果对财务报表发表的审计意见未受影响,注册会计师应当在内部控制审计报告的导致否定意见的事项段中增加以下类似说明:"在××公司××年财务报表审计中,我们已经考虑了上述重大缺陷对审计程序的性质、时间安排和范围的影响。本报告并未对我们在××年×月×日对×公司××年财务报表出具的审计报告产生影响。"这一说明对于保证审计报告使用者理解注册会计师为何对财务报表发表无保留意见非常重要。

如果对财务报表发表的审计意见受到影响,注册会计师应当在内部控制审计报告的导致否定意见的事项段中增加以下类似说明:"在××公司××年财务报表审计中,我们已经考虑了上述重大缺陷对审计程序的性质、时间安排和范围的影响。"

2. 审计范围受到限制时的处理

注册会计师只有实施了必要的审计程序,才能对内部控制的有效性发表意见。如果审计范围受到限制,注册会计师应当解除业务约定或出具无法表示意见的内部控制审计报告。

如果法律法规的相关豁免规定允许被审计单位不将某些实体纳入内部控制的评价范围,注册会计师可以不将这些实体纳入内部控制审计的范围。这种情况不构成审计范围受到限制,但注册会计师应当在内部控制审计报告中增加强调事项段或者在注册会计师的责任段中,就这些实体未被纳入评价范围和内部控制审计范围这一情况,作出与被审计单位类似的恰当陈述。注册会计师应当评价相关豁免是否符合法律法规的规定,以及被审计单位针对该项豁免作出的陈述是否恰当。如果认为被审计单位有关该项豁免的陈述不恰当,注册会计师应当提请其作出适当修改。如果被审计单位未作出适当修改,注册会计师应当在内部控制审计报告的强调事项段中说明被审计单位的陈述需要修改的理由。

在出具无法表示意见的内部控制审计报告时,注册会计师应当在内部控制审计报告中指明审计范围受到限制,无法对内部控制的有效性发表意见,并单设段落说明无法表示意见的实质性理由。注册会计师不应在内部控制审计报告中指明所执行的程序,也不应描述内部控制审计的特征,以避免对无法表示意见的误解。如果在已执行的有限程序中发现内部控制存在重大缺陷,注册会计师应当在内部控制审计报告中对重大缺陷作出详细说明。

只要认为审计范围受到限制将导致无法获取发表审计意见所需的充分、适当的审计证据,注册会计师不必执行任何其他工作即可对内部控制出具无法表示意见的内部控制审计报告。在这种情况下,内部控制审计报告的日期应为注册会计师已就该报告中陈述的内容获取充分、适当的审计证据的日期。

当注册会计师拟出具无法表示意见的审计报告时,如果已执行的有限程序使其认为内部控制存在重大缺陷,审计报告还应当包括下列内容:重大缺陷的定义;对识别出的重大缺陷的描述,该描述应当包括重大缺陷的性质,以及重大缺陷在存在期间对企业编制的财务报表产生的实际和潜在影响等信息。在因审计范围受到限制而无法表示意见时,注册会计师应当就未能完成整个内部控制审计工作的情况,以书面形式与管理层和治理层进行沟通。

三、强调事项、非财务报告内部控制重大缺陷

（一）强调事项

如果认为内部控制虽然不存在重大缺陷，但仍有一项或多项重大事项需要提请内部控制审计报告使用者注意，注册会计师应当在内部控制审计报告中增加强调事项段予以说明。注册会计师应当在强调事项段中指明，该段内容仅用于提醒内部控制审计报告使用者关注，并不影响对内部控制发表的审计意见。

如果存在下列情况，注册会计师应当考虑在内部控制审计报告中增加强调事项段：

（1）如果确定企业内部控制评价报告对要素的列报不完整或不恰当，注册会计师应当在内部控制审计报告中增加强调事项段，说明这一情况并解释得出该结论的理由。

（2）如果注册会计师知悉在基准日并不存在、但在期后期间发生的事项，并且这类期后事项对内部控制有重大影响，注册会计师应当在内部控制审计报告中增加强调事项段，描述该事项及其影响，或提醒内部控制审计报告使用者关注企业内部控制评价报告中披露的该事项及其影响。

（二）非财务报告内部控制重大缺陷

对于审计过程中注意到的非财务报告内部控制缺陷，如果发现某项或某些控制对企业发展战略、法规遵循、经营的效率效果等控制目标的实现有重大不利影响，确定该项非财务报告内部控制缺陷为重大缺陷的，注册会计师应当以书面形式与企业董事会和经理层沟通，提醒企业加以改进；同时，在内部控制审计报告中增加非财务报告内部控制重大缺陷描述段，对重大缺陷的性质及其对实现相关控制目标的影响程度进行披露，提示内部控制审计报告使用者注意相关风险，但无需对其发表审计意见。

无保留意见内部控制审计报告的参考格式如下。

内部控制审计报告

××股份有限公司全体股东：

按照《企业内部控制审计指引》及中国注册会计师执业准则的相关要求，我们审计了××股份有限公司（以下简称××公司）2×22年×月×日的财务报告内部控制的有效性。

一、企业对内部控制的责任

按照《企业内部控制基本规范》《企业内部控制应用指引》《企业内部控制评价指引》的规定，建立健全和有效实施内部控制，并评价其有效性是××公司董事会的责任。

二、注册会计师的责任

我们的责任是在实施审计工作的基础上，对财务报告内部控制的有效性发表审计意见，并对注意到的非财务报告内部控制的重大缺陷进行披露。

三、内部控制的固有局限性

内部控制具有固有局限性，存在不能防止和发现错报的可能性。此外，由于情况的变化可能导致内部控制变得不恰当，或对控制政策和程序遵循的程度降低，根据内部控制审计结果推测未来内部控制的有效性具有一定风险。

四、财务报告内部控制审计意见

我们认为，××公司于2×22年×月×日按照《企业内部控制基本规范》和相关规定在

所有重大方面保持了有效的财务报告内部控制。

××会计师事务所　　　　　　　　　　中国注册会计师：×××
（盖章）　　　　　　　　　　　　　（签名并盖章）
　　　　　　　　　　　　　　　　　中国注册会计师：×××
　　　　　　　　　　　　　　　　　（签名并盖章）
中国××市　　　　　　　　　　　　二×二二年×月×日

带强调事项段的无保留意见内部控制审计报告的参考格式如下。

内部控制审计报告

××股份有限公司全体股东：

按照《企业内部控制审计指引》及中国注册会计师执业准则的相关要求，我们审计了××股份有限公司（以下简称××公司）2×22年×月×日的财务报告内部控制的有效性。

［“一、企业对内部控制的责任”至“四、财务报告内部控制审计意见”参见标准内部控制审计报告相关段落表述。］

五、强调事项

我们提醒内部控制审计报告使用者关注，［描述强调事项的性质及其对内部控制的重大影响。］本段内容不影响已对财务报告内部控制发表的审计意见。

××会计师事务所　　　　　　　　　　中国注册会计师：×××
（盖章）　　　　　　　　　　　　　（签名并盖章）
　　　　　　　　　　　　　　　　　中国注册会计师：×××
　　　　　　　　　　　　　　　　　（签名并盖章）
中国××市　　　　　　　　　　　　二×二二年×月×日

否定意见内部控制审计报告的参考格式如下。

内部控制审计报告

××股份有限公司全体股东：

按照《企业内部控制审计指引》及中国注册会计师执业准则的相关要求，我们审计了××股份有限公司（以下简称××公司）2×22年×月×日的财务报告内部控制的有效性。

［“一、企业对内部控制的责任”至“三、内部控制的固有局限性”参见标准内部控制审计报告相关段落表述。］

四、导致否定意见的事项

重大缺陷是内部控制中存在的、可能导致不能及时防止或发现并纠正财务报表出现重大错报的一项控制缺陷或多项控制缺陷的组合。

［指出注册会计师已识别出的重大缺陷，并说明重大缺陷的性质及其对财务报告内部控制的影响程度。］

有效的内部控制能够为财务报告及相关信息的真实完整提供合理保证，而上述重大缺陷使××公司内部控制失去这一功能。

××公司管理层已识别出上述重大缺陷，并将其包含在企业内部控制评价报告中。上述缺陷在所有重大方面得到公允反映。

在××公司2×22年财务报表审计中，我们已经考虑了上述重大缺陷对审计程序的性质、时间安排和范围的影响。本报告并未对我们在2×22年×月×日对××公司2×22年财务报表出具的审计报告产生影响。

五、财务报告内部控制审计意见

我们认为,由于存在上述重大缺陷及其对实现控制目标的影响,××公司于2×22年×月×日未能按照《企业内部控制基本规范》和相关规定在所有重大方面保持有效的财务报告内部控制。

××会计师事务所　　　　　　　　　中国注册会计师:×××
（盖章）　　　　　　　　　　　　　（签名并盖章）
　　　　　　　　　　　　　　　　　中国注册会计师:×××
　　　　　　　　　　　　　　　　　（签名并盖章）

中国××市　　　　　　　　　　　　二×二二年×月×日

无法表示意见内部控制审计报告的参考格式如下。

内部控制审计报告

××股份有限公司全体股东:

我们接受委托,对××股份有限公司(以下简称××公司)2×22年×月×日的财务报告内部控制进行审计。

[删除注册会计师的责任段,"一、企业对内部控制的责任"和"二、内部控制的固有局限性"参见标准内部控制审计报告相关段落表述。]

三、导致无法表示意见的事项

[描述审计范围受到限制的具体情况。]

四、财务报告内部控制审计意见

由于审计范围受到上述限制,我们未能实施必要的审计程序以获取发表意见所需的充分、适当证据,因此,我们无法对××公司财务报告内部控制的有效性发表意见。

五、识别的财务报告内部控制重大缺陷

[如在审计范围受到限制前,执行有限程序未能识别出重大缺陷,则应删除本段]

重大缺陷是内部控制中存在的、可能导致不能及时防止或发现并纠正财务报表出现重大错报的一项控制缺陷或多项控制缺陷的组合。

尽管我们无法对××公司财务报告内部控制的有效性发表意见,但在我们实施的有限程序的过程中,发现了以下重大缺陷:

[指出注册会计师已识别出的重大缺陷,并说明重大缺陷的性质及其对财务报告内部控制的影响程度。]

有效的内部控制能够为财务报告及相关信息的真实完整提供合理保证,而上述重大缺陷使××公司内部控制失去这一功能。

××会计师事务所　　　　　　　　　中国注册会计师:×××
（盖章）　　　　　　　　　　　　　（签名并盖章）
　　　　　　　　　　　　　　　　　中国注册会计师:×××
　　　　　　　　　　　　　　　　　（签名并盖章）

中国××市　　　　　　　　　　　　二×二二年×月×日

非财务报告重大缺陷的内部控制审计报告的参考格式如下。

内部控制审计报告

××股份有限公司全体股东：

按照《企业内部控制审计指引》及中国注册会计师执业准则的相关要求，我们审计了××股份有限公司(以下简称××公司)2×22年×月×日的财务报告内部控制的有效性。

[“一、企业对内部控制的责任”至“四、财务报告内部控制审计意见”参见标准内部控制审计报告相关段落表述。]

五、非财务报告内部控制重大缺陷

在内部控制审计过程中，我们注意到××公司的非财务报告内部控制存在重大缺陷[描述该缺陷的性质及其对实现相关控制目标的影响程度]。由于存在上述重大缺陷，我们提醒本报告使用者注意相关风险。需要指出的是，我们并不对××公司的非财务报告内部控制发表意见或提供保证。本段内容不影响对财务报告内部控制有效性发表的审计意见。

××会计师事务所　　　　　　　　　　中国注册会计师：×××
（盖章）　　　　　　　　　　　　　　（签名并盖章）
　　　　　　　　　　　　　　　　　　中国注册会计师：×××
　　　　　　　　　　　　　　　　　　（签名并盖章）
中国××市　　　　　　　　　　　　　二×二二年×月×日

复习思考题

1. 内部控制审计产生和发展的动因是什么？
2. 简述内部控制审计的主要程序。
3. 信息技术内部控制测试包含哪些要点？
4. 信息技术应用控制与信息技术一般控制之间存在什么关系？
5. 简述内部控制审计缺陷的类型及判断依据。
6. 简述出具内部控制审计意见的类型和各类内部控制审计报告的要素。